Así Éramos

MEMORIAS DE UNA ÉPOCA

TOMÁS ANTONIO GONZÁLEZ

Publicado por **Ibukku** 2016
www.ibukku.com
Diseño de portada: **Índigo estudio gráfico**
Maquetación: **Índigo estudio gráfico**
ISBN paperback: 978-1-944278-47-2
ISBN ebook: 978-1-944278-48-9
Library of Congress Control Number: 2016945077

Índice

DEDICATORIA 7
AGRADECIMIENTOS 9
PREFACIO 10
BREVE SINOPSIS 15
A MANERA DE PRÓLOGO 19
PRIMERA PARTE 25
LA DESPEDIDA 26
- SOY DE AQUÍ 36
- MIS PRIMEROS AÑOS 38
- LA RONDA 41
- LA CASA DE ALTO 50
- KINDER 55
- LA GRANJA 71
- COLEGIO SAN MIGUEL 76
- SANTA LUCÍA 90
- LA ESCUELA MORAZÁN 93
- EL H.P.U 107

SEGUNDA PARTE 143
ASÍ ÉRAMOS 144
- RADIO MORAZÁN 144
- RADIO COMAYAGÜELA 158
- LOS RELATOS DE DON BETO ANDINO 168
- H.R.N. 195
- RADIO CENTRO 260
- RADIO AMÉRICA 323

ACERCA DEL AUTOR 367
- ACTIVIDADES Y SERVICIOS PROFESIONALES EN HONDURAS 367
- ENTREVISTAS Y REPORTAJES 368
- OTROS RECONOCIMIENTOS 370
- TITULO: "ASÍ ÉRAMOS" 371

"La vida no es lo que uno vivió, sino la que uno recuerda y como la recuerda para contarla".

Gabriel García Márquez

DEDICATORIA

A mis padres (Q.D.D.G), José Noé y Mariana Durón de González.

Por darme la vida.

A mis hermanos, Gerardo y Rosa (Q.D.D.G).

Por ser mis amigos.

A Carmen Heroína y Sonia Linda González.

Por ser las madres de mis hijos.

A MIS HIJOS,

Por permitirme ser su padre.

AGRADECIMIENTOS

A Marlene Leyva, por su valiosa asistencia legal.

A mis amigos Gloria Curiel y Enrique Arevalo, por su decidido estímulo y entusiasta apoyo.

A Luis J. Crowe, eje central de Editorial Ibukku con quien iniciamos este proyecto con honestos desacuerdos y amigables acuerdos.

A Diana Patricia González, Ángel FloresGuerra e Índigo Estudio Gráfico. Excelentes diseñadores. Gracias por las valiosas sugerencias.

A Haydee Ramos por la titánica labor de revisar, corregir y familiarizarse con el coloquialismo "catracho".

PREFACIO

Cuando en el mes de noviembre de 1973 El departamento de Relaciones Públicas de la estación de radio KWKW, de la Cadena Lotus Corporation, con sede en la ciudad de Los Ángeles, me notificó que la serie de reportajes que yo había logrado en Honduras, mi país de origen, azotado cruelmente por los embates del huracán Fi Fi, habían sido nominados por la Asociación de Radio y Televisión de California como potencial receptor del codiciado Micrófono de Oro que dicha asociación entrega anualmente a los miembros que se han destacado por su labor periodística, los recuerdos de aquella tragedia se agolparon en mi mente y cobraron de nuevo vigencia.

Fue doloroso revivir los cuadros desgarradores sobre los que me tocó reportar durante la cobertura informativa de dicho evento en aquellos aciagos días cuando traté, y creo que logré, al menos momentáneamente, olvidar mis hondureñas raíces para controlar las encontradas y humanas emociones que aquella tragedia provocó en muchos corresponsales, nacionales y extranjeros, que fuimos testigos presenciales del sufrimiento de los miles de damnificados que dejó el destructor meteoro. Tenía que ser así. Teníamos que anteponer nuestra objetividad profesional a los sentimientos personales que nos embargaban. En mi caso la humana reacción era doblemente dolorosa pues tenía que reportar sobre los destrozos provocados por el huracán Fi Fi que a su paso, había flagelado con furia parte de la geografía de Honduras, dejando tras sí una profunda huella de muerte y destrucción. Durante la ceremonia de entrega de la dorada presea, cuando Larry McCormick, el famoso periodista y presentador de noticias de la cadena de televisión KTLA, quien ese año fungió como maestro de ceremonias en tan prestigioso evento, dio lectura a la presentación de los contendientes en la categoría de "Mejor reportaje desde el lugar de los hechos" y en los altavoces de aquel elegante salón se escucharon breves segmentos de cada uno de los cinco reportajes nominados, incluida nuestra presentación con la respectiva traducción al inglés, para luego anunciar: "Y el ganador es: Antonio González por la serie de reportajes "Hurricane Fifí smashes Honduras", (El Huracán Fifí azota Honduras) de inmediato se agolparon en mi mente las imágenes de una destrozada porción de la geografía de mi patria lejana. "Gracias Larry. Gracias a todos ustedes por esos aplausos. De verdad que su calidez estimula el espíritu en una noche tan especial como esta", dije al subir al podio, "quiero agradecer al comité examinador de la asociación. A mis asistentes en el departamento de noticias. Hicieron una excelente labor programando, editando y distribuyendo esta serie de reportajes desde Honduras a las estaciones de nuestra cadena. A mis otros colegas nominados, cuyos respectivos reportajes son muestra de indudable profesionalismo, dedicación y entrega. Cada uno de ellos es merecedor de este dorado micrófono. Pero, más que todo, quiero dedicar este reconocimiento, ya que no lo puedo compartir desde aquí, a mis hermanos de Honduras, especialmente a aquellos que fueron víctimas y aún sufren las secuelas de los furiosos embates del huracán Fi Fi". "Hermanos hondureños", dije cambiando de idioma y hablando en español, "esto es de ustedes. Gracias". No era la primera vez que recibía este honroso galardón, pero sí fue la más significativa.

A lo largo de mi carrera he recorrido varios países y he cubierto innumerables reportajes, algunos más especiales que otros. He logrado entrevistas con personajes de diverso tipo e importancia y he comentado, en programas de ese anglicismo que llaman "radio hablada", sobre diversos tópicos. Es precisamente en este último escenario radial en donde muchas veces he escuchado preguntas relacionadas con mi profesión y lo feliz y fácil que esta parece ser. Otros han inquirido y preguntado por mis primeros pasos ante los micrófonos que me vieron nacer en el mundo de la radiodifusión. Es evidente que en el fondo de estas preguntas subyace la idea de que muchos pueden seguir la misma ruta. Mi respuesta a estas interrogantes, cuando se presentan, se reduce a una sola palabra: "retos". Siempre pensé que los retos deben enfrentarse. El viaje por ese camino que se llama vida así me lo ha confirmado. Sin haber sido ni nacido pobre, tampoco fui rico. Ya en la adolescencia enfrenté mi primer reto, ser padre y esposo. Tal vez suene irresponsable pero a temprana edad, cuando mis contemporáneos soñaban y hacían lo que hacen los jóvenes, yo pretendía involucrarme en actividades propias de otra edad y otra capacidad. Al captar el interés de mis oyentes he reflexionado sobre alguna posible enseñanza que pudiera tener mi vida profesional sobre alguien más. Esta reflexión se profundizó aún más cuando durante una conferencia que sobre periodismo radial dicté en U.C.L.A. (Universidad de California en Los Ángeles), un estudiante me preguntara quién o quienes habían sido los moldes en los que forjé mi profesión.

La respuesta está en estas páginas en donde describo el sueño inicial, quizá desde temprana edad, de convertirme en locutor, algo que en su momento parecía imposible de alcanzar. Pero finalmente se dio. En todos estos años aprendí que cuando tienes un sueño y lo deseas con vehemencia, lo más negativo es enmarcarlo en el cuadro de la fantasía. Las fantasías son, por lo regular, lejanas y sólo son eso, fantasías. Los sueños, por el contrario, pueden tener la capacidad y el valor de despertarnos a una realidad positiva cuando aplicamos con determinación, la voluntad de lograrlos. Es como respuesta a la pregunta que me hiciera aquel estudiante de U.C.L.A. que me decidí a emprender la aventura de escribir no sólo sobre mí, lo que he sido y lo que soy; como una persona común y corriente, con anhelos y prejuicios, tal vez con pocas virtudes y muchos defectos, pero más que todo con sueños de lograr una realidad. Mi realidad. También escribo y menciono a aquellos que en los albores de mi profesión, compartieron conmigo sus alegrías, anhelos, penas y tristezas pero que fundamentalmente, me honraron con su amistad. Para ellos mi profundo agradecimiento. Estas páginas no son, ni mucho menos, una descripción biográfica. Son, eso sí, memorias personales en las que describo, quizá en forma selectiva, esos momentos de los que aún perduran los recuerdos. Posiblemente algunos de mis colegas y compañeros tengan un recuerdo descriptivo más vívido y claro de los eventos que aquí describo y en los cuales tuvieron activa participación. Ojalá coincidamos y estemos de acuerdo en lo fundamental de aquellos hechos. Para estos relatos recurrí a viejas notas que me ayudaron a reconstruir algunos acontecimientos y conversaciones. También establecí contacto telefónico y electrónico con varios de mis colegas y otras figuras públicas de esa época para confirmar ciertos eventos. Reconozco que hay fallas en el orden cronológico en algunos acontecimientos, esto es debido a la falta de fechas específicas y al inevitable paso de los años. Pero, he tratado a toda costa de mantener la objetividad para evitar caer en la ficción pues mi propósito es narrar los hechos que fueron la base para escribir esta historia. Antes de escribir estas páginas no había hablado públicamente de varias experiencias, algunas sumamente dramáticas, debido a que, como lo describo, hay situaciones que subyacen en el subconsciente por mucho tiempo para emerger posteriormente con fuerza telúrica, debido a la intensidad con que se vivieron. Por su naturaleza, hay experiencias que son difíciles de describir. Es posible que algunos de mis compañeros, amigos y hasta familiares no encuentren su nombre en esta narración. No es por la importancia que tengan o dejen de tener en mi vida. Estas páginas están basadas en como éramos los que en aquella época pretendíamos conquistar el sol, la luna y las estrellas. A mis compañeros de entonces, tanto a los que aún están entre nosotros, como a los que ya emprendieron

el viaje hacia lo ignoto, gracias por todo lo compartido. Al Supremo Creador Universal, gracias por darme lo que tengo y permitirme ser lo que hoy soy.

BREVE SINOPSIS

El primer reportero latinoamericano en los Estados Unidos en recibir once Micrófonos de Oro otorgados por la Asociación de Radio y Televisión de California, todo un récord todavía no superado, Antonio González, paso a ser un ejemplo a seguir por las nuevas generaciones de reporteros y periodistas de la radiodifusión moderna.

En la páginas siguientes Antonio nos describe, con cándida sinceridad, no sólo el viaje emprendido a lo largo de muchos años en busca de un sueño, sino que nos brinda una inspiradora descripción de lo que fue y sigue siendo su incansable determinación por hacer realidad sus sueños en una sólida base: aceptar los retos, de donde vengan, como vengan. Creer en uno mismo. Esta narración comienza con el nacimiento en el seno de una familia en donde un padre atolondradamente arriesgado, producto de una incipiente dipsomanía, enfrenta los retos que el mismo se impone, como, cuando por dar vivas al partido liberal es remitido por las autoridades a un tenebroso sótano de la policía nacional. Su papá se salva de una inminente deportación a su país de origen, gracias a la filiación política y al rango militar del padre de su esposa. También nos habla de una madre, graduada de colegio pero educada a la antigua y con altos niveles de dignidad humana, que se convirtió en la guía y orientadora en sus primeros años. De la pila bautismal, (en donde de paso hace una tenue pero mordaz crítica cuando dice que no sabía porque lo habían bautizado, sin su permiso, ni de que pecado original se le acusaba a los tres días de nacido) pasando por una casa llena de azoros y apariciones fantasmagóricas hasta sus años de párvulos. Tomás Antonio describe, con destellos de humorismo, algunos detalles que lo llevaron a saltar de alegría el día que escuchó una estación de radio y su reacción cuando vio por primera vez a un señor, al que le decían "locutor" que hablaba y tocaba música en una caja que llamaban radio. Tomás Antonio nos da una reseña de sus andanzas infantiles tanto en una escuela de párvulos, como en compañía de sus vecinos del barrio "La Granja" y nos describe sus impresiones cuando vio por primera vez a un alto funcionario que era ministro del gobierno del general Tiburcio Carías. Ese funcionario, nos dice, tenía una novia frente a la casa de mis padres y más tarde fue presidente de Honduras. Así nos habla y nos plasma imágenes del ambiente político de la época. Fue en esta etapa de su vida que contrajo sarampión. El pediatra que lo atendió sería más adelante presidente de la nación e intercambiaría opiniones y comentarios con él. Del Colegio San Miguel, en donde tenía buenos amigos, al pequeño pueblo de Santa Lucía. De éste, a la escuela general Francisco Morazán en donde, relata que contrario a la rigidez del colegio salesiano del que venía, ahí todos se conocían por el apodo. Del cual no se escapó. Fue en esta época de su vida que su madre, de ancestrales partidarios del conservador Partido Nacional, decepcionada por los abusos de la férrea dictadura de entonces, pasaría a formar parte de las filas del Partido Liberal. Esto despertó interés inusitado en Tomás Antonio quien lenta pero decididamente, se fue involucrando en las actividades políticas de su progenitora. Ya entrado en lo que nos describe como el viaje de su vida, Tomás Antonio nos lleva a las huelgas estudiantiles de 1956, en donde relata la inesperada muerte de uno de sus mentores. A los violentos hechos del primero de agosto de ese año que culminó con el golpe militar del 21 de octubre. Y de aquí, continuando con su viaje, nos describe el ambiente político y social que se vivió en esa época en la región Centroamericana y el Caribe para adentrarse en el servicio militar voluntario durante la guerra no declarada entre Honduras y Nicaragua, en donde describe como un grupo de muchachos soñadores pero decididamente patriotas, se ofrecen para defender la integridad territorial de su país. Sus modelos en el ambiente radial, fueron personajes de amplia y reconocida trayectoria en aquel entonces. Fueron su inspiración los compañeros de sueños que al igual que él, anhelaban entrar a formar parte de la radiodifusión nacional. Durante este recorrido vemos como Tomás Antonio se moldeó y forjó en diversas experiencias. Algunas dramáticamente dolorosas, como lo fue su participación en los trágicos eventos del doce de julio de 1959 sobre los que según confiesa, habla públicamente por primera vez. Obviamente, Tomás Antonio moldeó su carrera y su personalidad con diversas experiencias. Entre ellas un matrimonio y paternidad a los 16 años de edad. Reconoce como de la mano de guías y mentores para él de inapreciable valor, logró alcanzar la meta buscada. En estas páginas llegamos a conocer experiencias y hechos inéditos no sólo de la radiodifusión de entonces sino que nos adentramos en las intimidades, al menos profesionales, que dieron paso al nacimiento de programas que fueron un icono en su momento. De esta manera nos informamos de la creación del programa "Platicando con mi Barbero", sus fundadores y el qué y quiénes inspiraron la creación de algunos de sus personajes. "Las aventuras de Margarito, el Guardia". Cómo, quién y qué fue lo que inspiró su creación. Cómo, por una necesaria improvisación nació la pareja "Bingo y Tomasín", dando paso al programa del mismo nombre. González es el único sobreviviente de aquel famoso grupo artístico radial, lo que le da a su narrativa un valor único y especial.

A MANERA DE PRÓLOGO

A las siete de la mañana de un día que auguraba ser soleado, con cielos despejados y sin las amenazantes nubes cargadas de agua, propias del mes de mayo, arribé a la terminal del aeropuerto internacional de Toncontín. Me acompañaban mi esposa, mis tres pequeños hijos, mi padres, mis dos hermanos y mis tres cuñadas en compañía de mis suegros.

Trataba de controlar mi nerviosismo pues a partir de ahora, aunque fuera una breve despedida, una larga ausencia me separaría de mi núcleo familiar. Llegar al mostrador de la línea aérea Taca, en cuyo vuelo matinal saldría rumbo a la ciudad de México, escala inicial para luego viajar a la ciudad de Los Ángeles, no fue cosa muy fácil.

No existían entonces las cintas separadoras que obligan al viajero a formar una fila ordenada para hacer el registro de viaje en la línea aérea correspondiente. Así las cosas, había que aplicar la ley del más fuerte pues todos queríamos ser los primeros en ser atendidos. La terminal aérea estaba congestionada con viajeros, algunos que llegaban y otros que salían. Había muchos extranjeros, estadounidenses la mayoría, según deduje por su acento y aspecto y desde luego una gran cantidad de hondureños que o salían de viaje o se habían dado cita en la terminal para recibir a algún ser querido que retornaba al suelo patrio.

Aquello era una algarabía interminable en la que todos queríamos registrarnos prontamente en la aerolínea correspondiente a como diera lugar. Abundaban los empujones y codazos para abrirnos paso, arrastrando las respectivas maletas. Estábamos en medio de aquel barullo cuando se dejó escuchar una voz potente. "¡Con permiso, gracias, con permiso!". Era una señora alta, para el promedio de estatura femenina, y de recia como abundante humanidad. La dama en mención hacían buen uso de su exceso anatómico y de una pesada maleta, la que usaba a manera de ariete para abrirse paso dando empujones a diestra y siniestra.

Un vozarrón propio para anunciar el juicio final, acentuaba el avance inexorable de la decidida matrona quien con gran destreza, logró hacernos a un lado para colocarse a tres o cuatro viajeros de distancia del ansiado mostrador.

Otros más y yo quedamos a la zaga de aquella aguerrida dama, que más parecía un tanque de guerra en plan de ataque en un campo de batalla. Los tres pasajeros al frente fueron atendidos de manera cortés y sin mayores contratiempos. El empleado les revisó sus boletos para verificar que todo estaba en regla, les entregó sus pases de abordar, les tomó las maletas, las que colocó a un lado del mostrador.

Aún no existían las bandas automáticas de carga. En forma mecánicamente amable les deseo buen viaje. Le tocaba el turno a la físicamente opulenta matrona. Con voz de bajo profundo pero con resonancia microfónica, la agresiva viajera entregó su boleto. Allí mismo empezó un conato de violencia verbal cuando el empleado le informó que el vuelo de Taca era a la ciudad de México y no a Miami, al parecer el destino de la ya alterada señora.

"Pero es que yo voy a Miami, no a México" explicó con voz que resonó ampliamente en la sala de registro del aeropuerto. "Señora", le dijo el empleado, "este vuelo va a la ciudad de México; su vuelo a Miami sale más tarde". "A mi", insistió la ya alterada señora, "me dijeron que tenía que estar temprano en la mañana aquí, para ir a Miami, no a México", reiteró. "Señora, su boleto es de la línea aérea Tan, esta es la línea aérea Taca" dijo el empleado tratando de explicar el mal entendido. "Pero a mi me dijeron que estuviera aquí temprano y aquí estoy para viajar a Miami", volvió a la carga la dama, cuyas mejillas habían adquirido de pronto un color rojo que me hizo recordar a un tomate maduro. "Ya le dije señora, su vuelo a Miami sale más tarde", trato de explicar el empleado, haciendo acopio de toda la tranquilidad posible. "Lo que pasa es que vos no querés hacer bien tu trabajo y me querés mandar a México", sentenció la matrona, ya con la respiración alterada.

Obviamente el nerviosismo, típico de todo viajero antes de abordar un vuelo, sobre todo de larga distancia, comenzó a manifestarse en algunos de nosotros que a coro, le señalamos a la iracunda viajera que nosotros también teníamos que registrarnos y que ella estaba retrasándonos y hasta podíamos perder nuestro vuelo. Prácticamente nos fulminó con el lanzallamas de su furibunda mirada. No dijo nada, simplemente nos ignoró olímpicamente. "Yo voy a Miami", dijo a gritos al ya sudoroso empleado. "Señora, con quién más viene" preguntó él. "Con mi hija, que anda buscando donde dejar el carro", fue la rotunda respuesta. "¿Cómo se llama su hija"? inquirió. Dijo el nombre, el que de inmediato se escuchó por los altavoces, pidiéndole se hiciera presente en el mostrador de Taca.

"Señora" le dijo dulcemente el ya atribulado empleado, "¿sería tan amable de esperar aquí, a un lado? ". "Yo voy a Miami", rugió de nuevo la matrona. Pero se hizo a un lado. Minutos después, una damita, de unos 20 años se acercó y de inmediato comenzó a hablar con la todavía enfurecida dama. "Mami", le escuchamos decir, "este vuelo es para otro lado".

El escritorio de Tan todavía está cerrado. "¿Sí? y por qué no me dijeron" refunfuñó, pero en tono más calmado.

"Por qué yo voy a Miami". Algunos nos sonreímos, otros se apresuraron al mostrador, no fuera que la dama cambiara de opinión y también decidiera cambiar de vuelo. "Esto" pensé, será un recuerdo interesante e inolvidable del país que hoy dejo hasta no sé cuando. Me registré. Recibí mi pase de abordar y las instrucciones correspondientes para que, a la hora señalada, abordara el avión. "Buen viaje", escuché decir mecánicamente al empleado. Mi familia y yo nos colocamos a un costado de la sala. Hablábamos nerviosamente. Era mi primer vuelo internacional de larga distancia y viajaba a una ciudad desconocida. Dejaba atrás esposa, tres hijos y uno más en camino, madre y hermanos. Nos tomamos varias fotografías. Aparte de mi maleta, yo llevaba conmigo los documentos migratorios que se me había entregado en el consulado de Estados Unidos.

Algunos de estos documentos los portaba en la bolsa interior de mi saco. Entre estos estaban: Pruebas de vacuna antibacilar, resultados de exámenes de sangre certificando no ser portador de ninguna enfermedad exótica y viral. Resultados de exámenes fecales confirmando la ausencia definitiva de alguna amebiasis crónica y otros exámenes más. Incómodamente tenía que llevar en mano un sobre largo y ancho en el interior del cual portaba radiografías que avalaban mi limpidez pulmonar, requisito indispensable solicitado por el departamento de salud de los Estados Unidos.

Un mes antes el asistente del cónsul general, después de revisar mi solicitud me dio oficialmente la bienvenida a los Estados Unidos. Claro, estábamos en la embajada, considerada territorio estadounidense. "Firme aquí", me dijo señalando un renglón en el que me comprometía a reportarme al Servicio Selectivo, antesala del Servicio Militar, obligatorio en aquella época.

"¿Ya tiene su pasaje?" me preguntó. "Sí, de ida nada más", contesté. "Le sugiero que compre ida y vuelta, ¿qué tal si le no gusta Estados Unidos?". Sonreí. Me gustaba su acento al hablar español. Sonrió también, nos dimos un apretón de manos y nos despedimos. "Buena suerte" le escuché decir, ahogando la letra R.

Estábamos platicando con mi mamá, mi esposa y demás familia, cuando escuché la voz de alguien que expresó en ese coloquial estilo de los hondureños: "Ajá Tomás Antonio, ya es viaje vos?". Era mi amigo Adolfo Cuadra quien estaba cargando a su pequeño hijo Adolfo Antonio, había llegado hasta El Toncontín para desearme buen viaje. Nos saludamos, hablamos de generalidades y me informó que él también estaba haciendo los trámites del caso pues había decidido irse a los Estados Unidos.

"Pasajeros con destino a la ciudad de México vía Taca, favor de abordar por la puerta dos". Era el llamado para abordar nuestro vuelo. Nos dimos un apretón de manos con "Fito" Cuadra. "Allá nos vemos, buen viaje", me dijo. Abracé largamente a mi esposa Carmen Erohina, a mi mamá, a mis hermanos y me incliné para abrazar a dar un beso a mis niños, Alan, Lourdes y Tomás. "Que Dios te bendiga y te lleve con bien", dijo mi madre. Cuidáte mucho y me escribís cuando llegués", me recomendó mi esposa después de otro largo abrazo. Me despedí de la familia de ella y me encaminé a la puerta de salida. No quise voltear para verlos, especialmente a los niños. La partida hubiera sido más dura aún.

"Tercer llamado, pasajeros con destino a la ciudad de México y conexiones vía Taca, favor de abordar por la puerta dos"; decía en forma monótona una agradable voz femenina.

Al pasar por la sala de espera, rumbo al área de abordaje, escuché la estentórea voz que temprano había escenificado un breve altercado con el operador de vuelo. "Entonces ¿el siguiente vuelo es el de Miami?". Sonaba ya más calmada. En compañía de otros pasajeros abordamos el avión que nos llevaría, a cada uno de nosotros, a nuestro destino final. La nave aérea despegó con rumbo norte. Al elevarse pude ver desde la ventanilla la cima del cerro "El Picacho". A mi derecha y en la distancia divisé la construcción de la Basílica de Nuestra Señora de Suyapa. Los conos gemelos de "La Montañita" le hacían un fondo que me pareció más verde que nunca. Por un momento pensé en todo lo que dejaba atrás. No sólo ese paisaje de la tierra que me vio nacer. Dejaba también amigos, compañeros y recuerdos. Muchos recuerdos.

Era el viernes tres de mayo de 1963.

PRIMERA PARTE

LA DESPEDIDA

Unos seis días antes, en compañía de mi amigo y compañero, Marco Antonio Mazariegos, había comprado en la tienda El Pequeño Despacho, el traje con el que haría el viaje. La indumentaria, saco y corbata eran en esos tiempos, requisito indispensable de una etiqueta no escrita para el viajero. Más aún, para el viajero internacional.

Marco Antonio me ayudo a escoger el traje, color negro con tenues rayas grises. Iría muy bien con una corbata gris. "Negra no", le dije, "voy a parecer enterrador de cementerio". Tomada la decisión y hecha la compra del traje, decidimos ir al Jardín de Italia, punto de reunión de periodistas, locutores, estudiantes, profesionales, políticos y hasta uno que otro vago de profesión. Allí nos aguardaban Abelardo Enrique Avendaño, Ricardo Licona, Julio López Fuentes y Herman Allan Padgett.

La plana mayor de "Platicando con mi Barbero", el programa de mayor audiencia a nivel nacional que transmitía Radio América y del cual yo había sido parte hasta hacía unos días. "Ajá vos, ¿a qué nos vas a invitar"?, fue la alegre pregunta de Licona. "No jodás, "enorme", apodo que le habíamos puesto a Ricardo por su estatura, "el que se va es éste, así que hay que echarnos la despedida", dijo Avendaño sonriendo picarescamente. Pedimos cerveza, Nacional algunos e Imperial, los más valientes. Hablamos de todo y nada.

De pronto, Herman Allan, con su característico estilo dijo; "Bueno, creo que la ocasión amerita algo digno del momento" diciendo y haciendo pidió al mesero nos trajera unos "whiskeys". "Mire González" dijo Herman Allan con su tono ceremonioso: "siempre nos tratamos de Usted. Usted ha tomado una decisión muy audaz, se va a un país que no conoce, con otra cultura, otro idioma y otra idiosincrasia. Creo que esto ya lo hemos hablado. Aquí, no se puede quejar, le ha ido bien, gana bien, tiene su casa propia, su familia y hasta su carro, y es más, le puede ir mejor. Pero, en fin, su decisión es realmente loca, pero es su decisión y creo expresar el sentimiento de los compañeros aquí presentes", hizo una pausa y agregó, "que tenga buen viaje y mucha suerte. Salud".

"Gracias Padgett", dije. "Es cierto, ha sido una decisión muy difícil pero, la suerte está echada, ya no hay para atrás". "Yo siempre lo he dicho, ¡este jodido está loco!", dijo Julio López Fuentes, quien hasta ese momento había permanecido en silencio, dedicado a masticar los trocitos de queso que el mesero nos había puesto como boca.

"No, hombre" dijo Avendaño," la verdad es que si yo pudiera me iba también", mientras le hacía señas al mesero para que nos trajera otra "ronda". "¡Se armó la batahola!", exclamó Toño Mazariegos, haciendo uso de su característica expresión. En medio de la conversación estábamos cuando se nos acercó un hombre poco más alto que el promedio. "Hola muchachos" dijo. "¿Ya empezaron a chupar desde tan temprano?".

"Es que estamos despidiendo a Tomás Antonio, que va para Los Estados", le anunció Avendaño. "Ajá", dijo el inesperado visitante, "y ¿cuándo te vas"? Y en seguida continuo, "¿a qué lugar de Los Estados vas? ", "A Los Ángeles" le contesté. "Yo conozco Los Ángeles, es una ciudad tamaña pipa y con un cachimbo de humo, pero es bonita", puntualizó.

Era el "Popeye" Sikafy. Todo un personaje que había hecho del Jardín de Italia su cuartel de operaciones. "El Popeye", nunca supe su primer nombre, ni el lo mencionaba a menos que se le preguntara, aseguraba que había viajado por todo el mundo y que tenía relación con personajes de alto nivel en varios países. Para comprobarlo y confirmar lo dicho, mostraba una fotografía con Fidel Castro la que, según decía "El Popeye", se había tomado con el líder cubano en el palacio presidencial, en La Habana.

Me dio indicaciones de que hacer al llegar a Los Estados Unidos y no sé que más, pues ya a esas alturas, mis compañeros habían agarrado vuelo y los "whisquitos", como les decían, continuaban llegando a la mesa y sus efectos comenzaban a hacerse sentir.

"El Popeye" se despidió de todos nosotros; me dio un fuerte apretón de manos y me informó que de repente nos encontraríamos en Los Ángeles. Unas dos horas después salimos del Jardín de Italia. Nos encaminamos al edificio donde estaban las instalaciones de Radio América. Este edificio había sido la sede de la embajada de Estados Unidos hacia muchos años atrás y estaba ubicado frente al Parque Valle, un pequeño jardín del que guardo gratos recuerdos, contiguo al histórico cuartel San Francisco y a la pequeña iglesia del mismo nombre.

Antes de llegar a la radio nos detuvimos momentáneamente en el Parque Central. "Mirá a Morazán por última vez", me dijeron casi a coro Mazariegos y Avendaño, señalando la estatua ecuestre de nuestro Héroe Nacional. "Mirá jodido, vas a llorar cuando te acordés de tu Catedral", me dijo López Fuentes. "No jodás viejo" contesté, "¿es que acaso soy cura pues?" Continuamos nuestro camino, casi abrazados creo que no tanto por la calidez del aprecio, el compañerismo y la amistad sino que por el efecto de los tragos ingeridos.

Al llegar a la radio me fui directamente a la oficina de Don Rafael Silvio Peña, gerente general de la empresa. "Don Silvio", le dije, "quiero agradecerle todo lo que hizo por mi durante el tiempo que trabajé en Radio América. Para mi ha sido muy agradable trabajar con Usted, y créamelo, lo voy a recordar siempre". "Mirá, me dijo, con su acento cubano-hondureño o cuba-tracho, como en ocasiones él le llamaba; te vas por decisión propia". "Si alguna vez volvés, no te olvidés que ésta es tu casa".

"Gracias Don Silvio, por favor, también agradezca de mi parte al doctor Andonie por darnos la oportunidad", le dije. Extendí la mano. Él me dio un abrazo. "Que tengas buena suerte", le oí decir cuando ya me encaminaba a los pasillos de la radio.

No sé si el nudo que sentía en la garganta era producto de la emoción del momento o de los etílicos efectos de los "whisquitos"; lo cierto es que logré despedirme de algunos de mis compañeros, entre los que recuerdo a Frankie Palacios, Alberto "El Chato" Morales, Margarita Arias, excelente actriz y locutora radial y magnifica compañera.

"Mirá Tomás Antonio", me dijo "El Chato", "yo también ya empecé a tramitar mis papeles en el consulado", me dijo en voz baja y en forma confidencial. Con apretones de mano me despedí de "Pacharaca", un operador de audio; de "El Cuervo", también operador de audio y de Marco Tulio Díaz, quien era grabador y editor de programas.

En Honduras los apodos son cosa común, de allí que recurra a estos para mencionar a aquellos compañeros cuyo nombre de pila quedó sepultado bajo el lapidario y contundente peso del apodo.

Bajé al primer piso. Allí me encontré con Alfredo Hoffman, excelente locutor y gran compañero, no sólo de micrófono sino que de alegres farras. A Hoffman le llamaban "melón", por lo pelirrojo de su cabello. "Salúdame a tu mamá", era la respuesta que invariablemente daba cuando escuchaba su apodo. Lo decía con una sonrisa que desarmaba a cualquiera.

"Así que, ¿ya es el viaje?". Me preguntó. "Sí", le contesté. "Me voy el próximo viernes, ya tengo la reservación". "Mirá", me dijo, "yo también estoy preparando maletas y si todo sale bien estaré de viaje antes de que termine el año o a principios del próximo". "Lo sé", le contesté.

Hoffman había establecido contacto con la embajada de Holanda y, después de cumplir con algunos trámites que el calificaba de complicados pero seguros, logró obtener una plaza en Radio Neederland Internacional. Sin temor a equivocarme creo que fue el primer y posiblemente hasta ahora el único locutor hondureño, en llegar a tan importante medio internacional de comunicación.

Mis compañeros de "Platicando con mi Barbero", con la excepción de Padgett, que se había retirado aduciendo compromisos previos y de Mazariegos, que se había ido a cabina a conducir un programa en Radio América, seguían al pie del cañón, listos y dispuestos a continuar y confirmar la despedida. Esta vez contaban con el refuerzo decidido de Alfredo Hoffman.

Continuo el desfile de "whisquitos", apenas medio dedo de licor por el que pagábamos veinticinco centavos. Y es que en la cafetería de la radio, para beneplácito de algunos, se permitía la venta de bebidas espirituosas.

Después de ingerir ceremoniosamente el consabido "whisquito" recordé algo sumamente importante. Iba a viajar, tenía la reservación pero no tenía el boleto. "¿Saben que?", les dije. Tengo que ir a pagar mi pasaje. "No se vayan a ir que ya regreso", confirmé. "¿Dónde lo vas a comprar?", preguntó Avendaño. "En Maya Travel, aquí cerca", contesté. Diciendo y haciendo me levanté para encaminarme a la agencia de viajes. "Te voy a acompañar" me dijo Licona, quien de inmediato se colocó a mi lado, a manera de escolta militar.

Dora Erhler Ugarte era la propietaria de dicha agencia de viajes cuyas oficinas estaban ubicadas frente al Hotel Prado, para ser más exactos, contiguo a la histórica pulpería de "Chinda" Díaz. La Sra. Erhler, a quien yo conocía desde hacia algún tiempo, me atendió gentilmente ¿Así que se nos va Tomás Antonio? dijo, mientras llenaba el boleto. "Así es", asentí. A renglón seguido le pregunté, "¿cuánto me va a costar el boleto?". "Serán quinientos cincuenta Lempiras, pues es boleto de ida y vuelta". "No", le contesté. "Este es de ida solamente". "¿Está seguro Tomás Antonio?", preguntó. "Seguro", fue mi respuesta.

"Mire", dijo en tono casi maternal, "le sugiero el de ida y vuelta. "¿Qué tal si no le gusta allá? Muchos regresan pues aquello es otro mundo y un mundo bastante difícil". "Sí", le dije, así me lo recomendó el vice cónsul de la embajada pero no, Dorita", le dije, "voy hasta el fondo y por difícil que sea, no quiero la tentación de regresar, hasta lograr lo que quiero".

"¿Cómo está su inglés"?, preguntó, "más o menos, lo que aprendí en el colegio, fue mi respuesta, pero lo voy a aprender bien", dije. Exhaló un leve suspiro, movió la cabeza de lado a lado y concluyó el llenado del boleto". Esté a tiempo en el aeropuerto, va vía ciudad de México y llega a Los Ángeles el viernes tres, a las ocho de la noche", me informó.

"Muy bien", dijo. "Le deseo la mejor de las suertes". Me dio un apretón de manos y un abrazo. "Que Dios lo acompañe", susurró. Minutos después salíamos de la agencia de viajes de regreso a nuestro cuartel general de despedidas.

"Como dice el "viejo" López Fuentes," vos definitivamente estás loco, irte a lo desconocido cuando aquí estás bien", sentenció Licona mientras caminábamos. Mirá quién habla", respondí. "Qué más loco que ir a meterse a la frontera con Nicaragua con un grupo de rebeldes de AVC". "Por cierto, ¿por qué lo hiciste jodido, si a vos ni te gusta la política", pregunté. "Ganas de joder" fue la lacónica respuesta enmarcada en una franca y amplia sonrisa.

La batahola, como la describía Mazariegos, estaba en su punto máximo cuando regresamos a la cafetería. La plática subía o bajaba de intensidad según el tema. Nos sentamos en una esquina a hacer recuerdos de épocas no muy lejanas. En esas estábamos cuando una voz, indudablemente radiofónica, expresó: "Coño, pero que merequetengue caballero". Era Richard Pedraza, quien dirigía el Noticiero el Minuto que se transmitía en horas de la mañana por radio América.

Richard había llegado a Honduras con la oleada de refugiados políticos que se dispersó por varios países de América Latina después del triunfo de la revolución en Cuba, e hizo de Honduras su segunda patria. Era un locutor muy dinámico y aunque fuera del micrófono no dejaba su acento cubano, en el aire era dueño de una excelente dicción y de un magnífico ritmo de lectura. Era, aparte, un buen amigo.

"¿Así que te vas?", me preguntó sin mayores preámbulos.

"El viernes de la próxima semana", le contesté.

"El día de la Cruz", confirmó.

"Oye, ven acá" dijo en su cubano estilo, "¿por qué te vas? Aquí estás bien".

Richard era el primero que me preguntaba las razones que yo pudiera tener para dejar mi trabajo, mi familia y mi país. Los demás se habían limitado a señalar lo atolondrado de mi decisión o, como decía Padgett: "lo temerario" de esa determinación. Padgett, Avendaño y yo, con la silenciosa presencia del "viejo" Julio, habíamos tenido una amigable discusión sobre mi decisión de irme a Los Estados Unidos. En aquel momento Herman Allan llegó inclusive a describirla como "descabellada".

"Mirá Richard", dije, mientras alguien me acercaba un "whisquito"; "acabo de cumplir veintiún años, creo que aquí, ya llegué al tope. ¿Qué más puedo hacer?".

"Coño chico, ¡no me digas eso!", expresó Pedraza. "Tú ganas bien, estás en el programa más popular de Honduras, trabajás en "Las Aventuras de Margarito el Guardia". Aparte tenés el programa de "Bingo y Tomasín" con Padgett y a veces hasta escribís con los ñángaras de El Cronista. ¿Qué más querés? y allá, ¿en qué vas a trabajar?, preguntó. "Y ¿qué va a pasar cuando esos dejen de ser programas populares?", pregunté sin dar respuesta a su pregunta.

"Por otra parte, fijate como esta la situación, en cualquier momento se deja venir algo más duro que lo de el doce de Julio con AVC y ahí sí, quien sabe, si no pregúntenle al "enorme", dije señalando a Licona. Ya casi todos sabíamos que se había unido al grupo de AVC, pues él nos lo había contado en más de una ocasión. "Mirá, los soldados del batallón y la guardia civil a cada rato se cachimbean a balazos", concluí.

"No creo, intercedió Mazariegos, quien había terminado su programa y se nos había unido nuevamente. El doctor tiene todo bajo control". "No es cierto" exclamó Hoffman, "también antes del doce de Julio parecía que todo estaba bajo control y ya ven lo que pasó". Hizo una pausa y agregó: "Por eso yo también estoy haciendo maletas y si me sale lo de la Neederlands, me voy". "Pero ustedes tienen buenos contactos tanto con el doctor como con los militares", insistió Richard.

"Sí Richard", dije, pero, supónete que no hay golpe y los militares se quedan tranquilos; ¿qué va a pasar con los cachurecos si gana "Modestón"?. Lo que va a pasar es que va a regresar AVC y va querer dar otro cachimbazo", intercedió Avendaño.

"Pues yo me quedo aquí hasta que el barco llegue a buen puerto o hasta que se hunda", dijo Licona quien por lo regular se mantenía al margen cuando abordábamos temas de carácter político. Cinco meses después el presidente Villeda Morales era derrocado en un cruento golpe de estado encabezado por el entonces coronel Oswaldo López Arellano, Jefe de las Fuerzas Armadas.

Ricardo Antonio Redondo Licona, el más joven del grupo, pasó a ser uno de los mejores actores teatrales de Honduras y de Centro América. Más tarde se graduaría de médico. De hecho fue el "heredero universal" de "Platicando con mi barbero", cuando el resto de sus integrantes, después de la repentina muerte de "Don Fígaro", personaje central del programa que encarnaba Julio López Fuentes, buscaran nuevos rumbos. "¡Puta!", exclamé de pronto, "Me güeviaron el traje o lo dejé en el Jardín de Italia". "No hombre", contestó Mazariegos. "Lo dejaste en El Pequeño Despacho para que le ajustaran el ruedo; te lo entregan mañana".

"Lo que pasa es que ustedes ya están medio bolos", dijo Richard, levantándose y dándome un abrazo me dijo: "te deseo la mejor de las suertes y acordate que aquí tenés un amigo" y se retiró al segundo piso.

"Yo también ya me voy", exclamó López Fuentes. "Lo que pasa es que a este viejo lo cachimbea la mujer" dijo Licona sarcásticamente. Nos reímos. "El viejo" ignoró las risas. "Mirá", me dijo, "se que estás loco, pero te deseo mucha suerte y que tengás buen viaje" y acto seguido me dio un fuerte abrazo. Fue la última vez que lo vi.

"Miren", dijo Hoffman, "en el Pingüino dan una boquita de yuca con chicharrón muy sabrosa, ¡vamos!". Los demás asintieron "vamos pues". "Mirá, Alfredo", le dije, "yo ya no tengo carro pues ya lo vendí". "Yo te llevo a tu casa" me dijo sin dejarme terminar la frase. Abordo del auto de Alfredo Hoffman Reyes nos encaminamos al Pingüino, un popular Drive Inn que estaba ubicado frente al aeropuerto Toncontín. Mis escoltas, aparte de Hoffman eran, Marco Antonio Mazariegos Velasco, Abelardo Enrique Avendaño y Ricardo Antonio Redondo Licona.

Un sol perezoso se recostaba, somnoliento, en su lecho del horizonte. La tenue luz del atardecer iba siendo borrada lentamente por el incipiente anochecer. Los cocuyos del alumbrado eléctrico comenzaban a encenderse en Tegucigalpa

SOY DE AQUÍ

El acta, o partida de nacimiento dice en parte:

“En la ciudad de Tegucigalpa, Distrito Central, a los cinco días del mes de septiembre de mil novecientos cuarenta y uno. Ante mí, Florentino Álvarez Canales, Secretario del Consejo del Distrito Central, comparece el señor Don JOSÉ NOÉ GONZÁLEZ, comerciante, mayor de edad, casado, ciudadano salvadoreño y residente de este domicilio quien asegurándome hallarse en el pleno goce de sus derechos civiles, libremente dice: Que está casado con la señora Doña MARIANA DE JESÚS DURÓN ESCOBAR, hondureña, Perito Mercantil y Contador Publico y de este domicilio.

Continua diciendo el Señor González que el día cuatro de septiembre del presente año, a las dos y treinta minutos de la madrugada, en la Casa de Salud la Policlínica, sita en la jurisdicción de Comayagüela, nació un hijo varón quien llevara por nombre TOMÁS ANTONIO GONZÁLEZ DURÓN.

Después de un montón de datos, entre los que se incluía el tipo de papel sellado, la cantidad de timbres y sellos que me oficializaban como hondureño concluía el extenso documento: “Enterado del derecho que tiene para leer este instrumento por si y por acuerdo admitido por el señor GONZÁLEZ procedí a dar lectura integra del mismo después de lo cual el compareciente ratificó su contenido y firma en compañía de los correspondientes testigos”.

Más adelante y ya, como corolario de mi asentamiento oficial como originario de esta ciudad decía el docto funcionario: “Dejo constancia, sello y firmo la presente partida de nacimiento la que queda inserta en el registro de nacimientos correspondiente a esta fecha".

Me cuentan que mi papá, contento por tener ya un heredero, se fue a celebrar alegremente al Café de París, ubicado en los antañones "Corredores", contiguo a las oficinas del Distrito Central. Mucho tiempo después me daría cuenta que mi papá era bueno en eso de celebrar acontecimientos importantes.

La ratificación del registro de mi nacimiento tenía que estar avalada por un documento todavía más definitorio. Fue así como a las setenta y dos horas de haber pegado mi primer grito en este mundo, me llevaron a la pila bautismal de la capilla de la Policlínica.

Mis padrinos fueron el Perito Mercantil Fernando Villar y la señorita María Encarnación Laurinda. Desconozco quien fue el sacerdote encargado de limpiarme del pecado original. Todavía no sé que pecado, y si era original o no, había cometido yo tres días después de nacido. La verdad es que no supe, hasta mucho tiempo después, que yo había quedado registrado en la grey católica por medio de este importante sacramento.

La razón para mi desconocimiento de este eclesial evento es fácil de entender: una, acababa de nacer. Dos, estaba profundamente dormido durante la ablución y ni el torrente de agua bendita que el cura derramó sobre mi frente logro despertarme. Afortunadamente mis padrinos respondieron por mí cuando llego el momento, durante el sacro rito, en que el sacerdote pregunto si renunciaba al pecado.

MIS PRIMEROS AÑOS

Desde luego, no tengo idea que paso en los primeros cuatro años de mi vida. Si acaso tenues y vagos recuerdos de acontecimientos, para mi difusos, que poco a poco he logrado reconstruir basado en la narrativa, más que todo de mi madre.

Sé que crecí hasta los tres años, más o menos, en la casona familiar de las tías y primas de mi mamá. Esta casa, dividida por herencia en varias partes, estaba ubicada en el tradicional barrio de Los Horcones.

Las tías de mi madre, me dicen que eran personas sumamente trabajadoras. A principios del siglo pasado habían establecido una panadería. Creo que se llamaba la Panadería de las Escobar. Entiendo que el producto era muy popular y contaban con una fiel y dedicada clientela. Naturalmente, en esa época este tipo de empresa se desarrollaba más que todo en forma artesanal, en un horno, pues aún no llegaban a Honduras los modernos equipos para tener una panadería que produjera industrialmente la deliciosa variedad de panes y pasteles.

Tanto por el lado materno como paterno mi madre venía de una familia numerosa, supuestamente descendiente de inmigrantes españoles de mediados del siglo diez y ocho. Las Escobar, parte materna y los Durón, la parte paterna de mi madre. Sin embargo, la familia inmediata de mi mamá, su única hermana, Rosa, murió antes de mi nacimiento. Conocí a la familia de mi papá, en San Salvador muchos años después.

Mi mamá me contaba y yo me embelesaba escuchándola, que ella a temprana edad, había sido testigo de la revolución de 1924.Mi abuelo materno, el Coronel Filadelfo Durón, según narraba mi madre, había peleado a lado de las huestes del general Tiburcio Carías. Nacionalista azul profundo, mi abuelo, cuyo padre, mi bisabuelo, el también Coronel Apolinario Durón, había obtenido un rango militar, creo que en España, era nacionalista de firmes convicciones y al parecer, murió antes de dicha revuelta.

Por el lado de mi madre, puros militares. Nacionalistas todos ellos. Un tío de ella, Sergio Durón fue, me dicen, capitán de aviación en México. Me relataba mi mamá que mi abuelo poseía un pequeño fundo en Valle de Ángeles, en donde se había desempeñado como comandante de armas hasta 1924, cuando decidió unirse a la revuelta iniciada por el General Carías.

Me comentaba mi progenitora que mi abuelo también era propietario de una hacienda en Sulaco, en el departamento de Yoro, en donde le gustaba permanecer por largas temporadas en compañía de mi abuela. Complicaciones derivadas de una operación quirúrgica intestinal, truncaron la vida de Don Filadelfo Durón en Diciembre de 1925. Mi abuela, Concepción Escobar de Durón moriría de una masivo paro cardíaco al año siguiente, precisamente en el mismo mes de diciembre. Paradójicamente el azul de mis ancestros maternos se diluiría con el tiempo y daría paso a un rojo liberal que se acentúo cuando trascendieron a la luz pública los efectos del férreo gobierno del general Carías.

Mi madre, una vez que mi padre dejó de celebrar el nacimiento de su primogénito aquel cuatro de septiembre, decidió llamarlo al orden: "O se hace cargo de su esposa e hijo y forma una familia en serio o hablemos decididamente con un abogado para iniciar el divorcio". No había vuelta de hoja. Mi papá decidió hacerse serio.

En ese entonces mi padre trabajaba para la empresa Dean en donde, entiendo, era jefe de motoristas y mecánicos. Me contaba mi padre que el administrador general y contador de la empresa, a la sazón propiedad de un ciudadano estadounidense llamado Roy Gordon, era una persona muy amable y generosa que se llamaba don Julio Lozano Díaz.

El primer paso que debía dar mi padre para demostrar que estaba seriamente interesado en formar una familia, era sacar a mi mamá y a mí de la casona familiar, mudarse a una casa independiente, establecer un negocio propio y arremeter con toda determinación el camino hacia el éxito empresarial que él tenía en mente. No era para menos, venía otro heredero en camino.

Antes, había que reclamar la parte del inmueble que le correspondía a mi mamá, de la heredad de Los Horcones. Entiendo que lo primero que hizo casi de inmediato fue que con fondos de lo que mis abuelos habían dejado a mi madre, a la muerte de mi tía y ya convertida ésta en heredera única, mi padre compró una planchaduría o Dry Cleaning, a un ciudadano cubano que había estado en el negocio desde hacía ya varios años y ahora deseaba regresar a su país. Este señor se llamaba Roberto Cueto. La planchaduría era La Americana y estaba ubicada en el barrio la ronda.

El reclamo de la parte de la propiedad que le tocaba a mi madre tomó más tiempo, pero se logró.

LA RONDA

No tengo memoria de cuando nos mudamos a La ronda. Sé que era una casa grande, en donde estaban las instalaciones de la planchaduría. Esta casa, en donde años después estuvo el hotel La ronda, colindaba al sur con la Escuela de Niñas José Trinidad Reyes, al norte con la casa que habitaba una señora a quien llamaban "La Yaca" y, sí tengo los datos correctos, al este con la casa del padre Ramón Salgado.

La casa de "La Yaca", quien tenía un hijo de unos siete u ochos años de edad a quien, para variar llamaban "El Yaco", tenía algunos árboles frutales y un pequeño gallinero. Cada mañana el canto de los gallos era el despertador de los vecinos.

La casa de La Ronda, contaba además del área de la planchaduría, con las habitaciones nuestras, un área pequeña que hacia las veces de comedor, los servicios sanitarios que quedaban contiguo a una pila de lavar y una cocina de madera, separada del resto de la vivienda. Suficiente para una familia de cuatro: mi mamá, mi papá, mi hermano Gerardo y yo.

Esta casa tenía una particularidad muy especial. Decían que ahí azoraban. Los trabajadores de la planchaduría, entre recogedores, planchadores y calderoneros, rehusaban trabajar de noche pues decían que después del oscurecer, se escuchaban pasos, vajillas que caían al piso y había uno que hasta juraba que en una ocasión había visto la imagen de una mujer vestida de blanco, la que confundió con una de las trabajadoras de la cocina a la que saludo únicamente para verla seguir de frente sin contestar y esfumarse en la nada.

Cierto esto o no, en la noche mi mamá rezaba no sé cuántos "padresnuestros" y otras tantas "avemarías". Mi papá, católico ferviente, se quedaba al lado de una imagen del sagrado corazón de Jesús que había en el dormitorio.

Tan lejos llegó esta situación que en una ocasión vi llegar a un señor con una indumentaria que yo no recordaba haber visto antes pues la ropa que este señor vestía era color negro y era una especie de falda negra, pensé.

Tiempo después, cuando mi madre me describía el evento, me di cuenta que trataba de un sacerdote que mi papá había ido a buscar para que regara agua bendita y rezara para alejar a cualquier alma en pena que habitara en la casa.

Parece que el exorcismo falló pues, según me cuentan, los ruidos nocturnos continuaron. Las fugaces imágenes de damas vestidas de blanco que veían los trabajadores siguieron asustando a estos y el temor mantenía atenazados a todos. Bueno, menos a mi hermano y a mí que nunca oímos, ni vimos nada.

Recuerdo que la casa de La Ronda aparte de los ya mencionados, tenía como vecinos, calle de por medio, a una pareja de hermanas. Sé que una se llamaba Ana y la otra Delia y ambas tenían una pequeña pulpería en donde vendían los popcicles más sabrosos que hasta entonces yo había probado. Cada uno de estos deliciosos helados costaba dos centavos. Casi contiguo a esta pulpería vivía una familia estadounidense en la que había dos hijos, también de unos cinco y seis años. Él se llamaba Robert y ella Chila. Al menos era la pronunciación que le dábamos en español pues su nombre anglo era Sheila. Contiguo a la casa de esta familia estaba otro establecimiento similar al de Ana y Delia otra pulpería, poco más grande y en la esquina de la calle.

El propietario de esta otra pulpería se llamaba don Roberto Díaz. Don Roberto tenía un hijo, más o menos de mi edad, que se llamaba, o se llama Gilberto Díaz. Años más tarde nos encontraríamos con Gil Díaz.

En la misma esquina. Había una sastrería, se llamaba "Sastrería el Fénix". El propietario de la misma era un ciudadano salvadoreño, según decía mi papá, que se llamaba Don Félix Alvarenga. Hacia el sur estaba el cuartel San Francisco. Al costado norte de este la Escuela Americana a donde, creo asistían Chila y Robert. Vagamente recuerdo el día en que instalaron el rótulo de la planchaduría.

Según me lo leyó mi mamá decía más o menos: "La Americana-Dry Cleaning" de José Noé González. Más abajo decía: "Planchaduría y tintorería". Mi papá había sacado, no sé de dónde, la idea de cambiar los colores de los trajes por medio de tintes que convertían un traje viejo en uno de nuevo color.

Otra innovación que introdujo fue la de un sistema de recogedores. Me parece que había obtenido un préstamo y con los fondos adquiridos había comprado varias bicicletas, a las cuales adapto una parrilla en la parte frontal para ir a recoger la ropa a la casa de los clientes.

Las cosas iban viento en popa. El negocio prosperaba, pero en La Ronda continuaban los azoros nocturnos, vajillas que caían al piso, ruidos en la cocina, los trabajadores cada vez más asustados que se rehusaban a salir solos al patio a recoger la leña para alimentar la caldera, que a presión hacía funcionar no sé qué mecanismo para mantener la planchas en su debida temperatura.

Entre los nombres que recuerdo está el de un señor, José Santos, creo que era el encargado de la caldera y de planchar la ropa. José Santos era el que decía haber visto a la mujer de blanco una noche decembrina, época en que abundaba el trabajo pues los clientes querían lucir sus mejores galas.

Estaba uno que le decían "el poeta", creo por que le daba por declamar. También trabajaba un señor muy circunspecto, lo recuerdo alto, al menos así lo miraba yo, blanco y le decían "pata de pluma". Con el tiempo me di cuenta que le llamaban así por ser originario del departamento de Santa Bárbara, en donde la mayoría de los habitantes guardan algo de sus raíces hispanas y casi todos son de tez blanca. Y son buenos para correr ante el peligro. Este señor se apellidaba Rodas. Años después, según supe, Rodas entraría a formar parte de la policía nacional.

Había otro, creo que era recogedor de ropa pues en más de una ocasión lo vi a él y a Rodas salir en bicicleta y regresar con la parrilla cargada de pantalones, camisas y sacos. Este era un tipo trigueño, muy alegre y se llamaba Mónico.

En la Tegucigalpa de esos días había tres planchadurías: el Akron la que según me contaba mi papá, estaba cerca del Parque Finlay. El Águila, propiedad de un señor de apellido Mizelen y la que estaba ubicada en el barrio abajo, en las cercanías del Parque La Concordia, y desde luego La Americana.

Las tres coexistían pacíficamente y para las tres había clientela. A mi papá se le ocurrió la idea de hacer reparaciones, remiendos y alteraciones de trajes. El conocía algo de sastrería pues había sido aprendiz de este oficio en El Salvador.

Años después me contaba que él había llegado a un acuerdo con su compatriota, Don Félix Alvarenga, el de la Sastrería El Fénix. Don Félix le hacía los trabajos de reparaciones y alteraciones difíciles y cuando así lo requería, mi papá le transformaba el color de las telas con los que don Félix confeccionaba elegantes trajes.

Mientras tanto, mi mamá reclamaba legalmente la parte de la heredad que le correspondía en la casona de Los Horcones. Era una buena porción de la propiedad que hasta entonces había sido jurisdicción exclusiva de las Escobar, las tías de mi madre, pero ahora extendiéndose a sus primas y primos que eran seis, cada quien considerando tener derecho a su parte.

Hubo *un estira y afloja* legal pero al final, todo quedó solucionado y mi madre pudo reclamar el lote correspondiente a su herencia.

Pero continuaban los ruidos nocturnos, más vajillas rotas que al día siguiente, aparecían intactas y en su lugar y más miedo entre los trabajadores y trabajadoras de la casa.

De estas anécdotas recuerdo a Lucía, una señora de cara redonda, trigueña y muy cariñosa con mi hermano menor. De mí decía que yo era muy "malcriado" y todo lo quería por la fuerza.

También estaba Dolaura. Una señora que yo miraba de más edad aunque, en retrospectiva, no tendría más de treinta años. Al parecer a Dolaura yo si le caía bien pues cada vez que cocinaba, la cocina era su cuartel general, me llamaba y me decía: "Tomasito, venga, que le hice su burrita". La "burrita" era una tortilla recién hecha y salida del comal con un poco de queso y mantequilla crema. Par mi eso era una delicia digna del más exigente de los paladares.

También estaba Elvia. Ella era la encargada de ayudarle a mi mamá quien, como perito contable que era, llevaba las cuentas de la planchaduría.

En una ocasión oí decir a José Santos, creo que Elvia ”tan bonita ella, muy pronto nos va a dejar”. Su novio, que era tractorista, se iba a casar con ella. Parece que algo hubo de eso pues creo recordarla muy alegre, más alegre que de costumbre y a mi mamá felicitándola. Yo no tenía idea que era eso de “casarse”. Mucho menos sabía que era un tractorista.

Si recuerdo vívidamente el día en que llegó un señor muy apresurado a buscar a mi papá. Este no estaba y pregunto entonces por mi mamá. Lo que siguió después fueron gritos desgarradores, los trabajadores corriendo a una farmacia a buscar Agua de Florida y a Elvia, la eficiente secretaria, caída en el piso.

Su prometido había muerto en un accidente. Parece que el tractor que manejaba en un área lodosa y empinada, había volcado, provocándole la muerte inmediata. Elvia siguió por un tiempo con mis padres. Luego no volví a saber de ella.

***

Mi papá tenía sus planes de ser el líder serio de una familia en la que ya había dos vástagos que requerían de atención, uno de los cuales era yo, tendría que ir a kínder, según decía mi mamá. Yo le oía decir que ya muy pronto yo estaría listo para kínder. Ni idea de lo que el tal kínder sería. Pero no me atrevía a preguntar pues sospechaba que no era nada bueno y que me querían mandar a algún lugar lejano y tenebroso.

Con el negocio floreciente, mi padre imaginativo y audaz, decidió conseguir dinero prestado en uno de los dos bancos que creo funcionaban en Tegucigalpa. El Banco de Honduras y el otro, sí tengo la información correcta, era el Banco Atlántida.

Yo lo miraba con papeles. Llegaban señores de saco y corbata que se sentaban con él y con mi mamá a hablar por largo tiempo acerca de no sé qué cosas. Yo lo que hacía era que me iba con mi hermano menor y con la "gringuita" Chila a jugar al patio de la casa. A veces se nos unía el hermano de Chila y ya cansados de tanto retozo, regresábamos todos "caretos", como decía mi mamá, para que nos diera unos cuantos centavos con los que cruzábamos la calle para ir a comprar popsicles a la pulpería de Ana y Delia.

En una ocasión vi a un señor que llegó a la casa. Este caballero llamó a mi papá y a mi mamá. Lo que me llamó la atención es que llevaba un atuendo sobre la cabeza, parecido al que había visto en los policías que a veces pasaban al anochecer en lo que llamaban la ronda. Era un casco de safari.

El señor sacó un rollo de largos papeles, los extendió sobre una mesa y se puso a describir no se qué. Mucho después me di cuenta que eran los planos de la nueva casa que mi papá había planeado construir en la parte que le correspondía a mi mamá de la heredad de Los Horcones.

***

Los azoros nocturnos no paraban. El miedo de los trabajadores al oscurecer crecía noche a noche. Había que hacer algo. Llegó otro cura. Este no vestía el largo y negro traje que yo había visto la primera vez. Más bien me pareció que su vestimenta, aunque larga, era color café; con un lazo blanco en torno a la cintura. El padre entró, roció agua bendita por todos lados y con el lazo blanco que llevaba en la cintura, agarró a azotes las puertas de la casa, especialmente la cocina a la vez que rezaba y conjuraba en voz alta. Como precaución tomé la mano de mi mamá pues aquel señor hablaba, mas bien, gritaba y parecía estar enojado.

Antes de irse, formó unas cruces con cera de candela de castilla, según escuche decir, y las pegó en algunas de las puertas. Esa noche, los mismos ruidos.

Al día siguiente José Santos le dijo a mi papá que había que hacer algo. No sé que más le dijo pero si le escuché decir que había que juntar "huevos" y salir al patio en la noche a ver de donde venían los ruidos.

Llevé a mi hermano al patio y le dije que si miraba algún huevo, que lo juntara, aunque no teníamos gallinas. Esa noche, la recuerdo muy bien, mi mamá se quedó con Dolaura y Lucía en el interior de la casa mientras que todos los trabajadores, algunos armados con palos y otros con machetes, salieron al patio. Llevaban una botella grande que yo había visto en algún lado, pero que en aquel momento creí que era agua por si les daba sed mientras juntaban huevos.

Dolaura les dio un termo con café para el "piquete' según dijo. Claro, yo consideré que posiblemente había zancudos que los podían picar.

No sé cuanto tiempo pasó. Lo que sí sé es que mi mamá me contaba que después de un rato habían regresado todos al interior de la casa "muy alegres", según decía. "Han de ser ratones", dijo mi mamá que afirmó Mónico. Todos se fueron a sus casas. Mi papá salió con ellos. Lo volví a ver cuatro días después, cuando mi mamá fue informada que lo habían metido al "sótano", en el viejo edificio de la policía, ubicado en el barrio Abajo. Todo, por andar dando vivas al partido liberal, "¡hijos de puta!".

Me contaba mi madre que el oficial que la atendió le dijo que la acusación en contra de mi padre era muy seria pues lo señalaban no solo como un alterador del orden publico, sino que de incitar a la rebelión en contra del gobierno.

Lo iban a dejar en libertad, le dijo, por que sabían que ella era hija del Coronel Durón, sino y si volvía a escandalizar, lo sacarían del país pues era salvadoreño. Reproches, enojos, reclamos. Todo en uno. "No ve que tenemos un negocio, dos hijos y ya la casa nueva la van terminar", habría dicho mi madre a mi papá después de sacarlo de la ergástula policial a la que mi papá, según me contó una vez, "jamás querría regresar".

Volvió a la seriedad. Trabajaba muy duro y se iba casi a diario a inspeccionar la construcción de la nueva casa. Desde ya, le llamaban la casa "de alto", pues sería de dos pisos.

Recuerdo que a la hora de ir a la cama, mis padres hablaban de la casa de alto. Describían como utilizarían los espacios. "En la parte de atrás" decía mi papá, "hay un lugar muy amplio, allí vamos a poner la caldera y las planchas". Dice el ingeniero que habrá cuatro habitaciones abajo, las vamos a alquilar a estudiantes" agregaba. Yo me dormía pensando en aquella "casa de alto". No sé mi hermano en que pensaba, pues apenas tendría unos tres años.

Mi mamá y mi papá, mientras tanto rezaban no sé cuántos rosarios pues los ruidos, ahora hasta con el chirrido de puertas que se abrían y vajillas que caían, continuaban, manteniéndolos en constante vigilia. Recuerdo que un día mi papá llegó alegremente agitado. "Mariana", la llamo: "vamos a la casa. El ingeniero ya me dio las llaves". Le dieron indicaciones no se a quien para que cuidara el negocio. De la mano y casi a remolque nos llevaron a ver la nueva casa.

A mi me parecía enorme. "Aquí", dijo mi papá, va a ser la sala. Estos son los cuartos que se van a alquilar, le indicó a mi mamá. Allá va a estar la caldera y más abajito, las dos planchas. "Mirá", continuo, "aquí voy a poner los toneles de la tintorería".

Para mi hermano y para mí, aquello era otro mundo.

"Vení, vamos al segundo piso" dijo mi papá. Diciendo y haciendo subimos unas gradas que tenían media vuelta al llegar a la parte alta. "Aquí va a ser la sala", afirmó mi mamá, señalando una habitación que a mi se me hizo bonita no sé por qué. "Este es el dormitorio de los muchachos", dijo mi papá; "él que sigue es el de nosotros. Este es el baño y, vení" dijo encabezando nuevamente el recorrido. "El ingeniero me dijo que este cuarto está adecuado para comedor pues aquí al lado está la cocina y las muchachas" se refería a Lucia y Dolaura, "van a tener su cuarto al otro lado".

***

El traslado a la nueva casa no fue cosa fácil. Había que desarmar equipo de planchar. Lo más pesado, la caldera, requería de mucho cuidado y las planchas había que sacarlas con precaución. Pero, con todo y familia, la planchaduría La Americana, de José Noé González, fue trasladada a su nuevo local. Ya el negocio contaba con un número telefónico: 1319.

Atrás quedaba la Ronda. Ya no vería más a Chila ni a Robert. Ya no comería los ricos popsicles de Ana y Delia. Pero, ya nadie tendría miedo de los ruidos que se escuchaban en las noches y que aterrorizaban a todos.

LA CASA DE ALTO

Me gustaba mucho la casa de alto. Había muchas razones para ello. Estaba ubicada contiguo a la casona familiar en donde me iba a jugar con mi primo José Francisco, a quien llamábamos "chico". "Chico" era uno o dos años mayor que yo. Ojos claros y medio rubio, era alborotador como todo niño de su edad. Aparte, ahí estaba "Mamá Nila", una de las tías de mi mamá a quien yo quería entrañablemente, como a la abuela que nunca conocí y, lo sé, era cálidamente correspondido. Creo que "Mamá Nila" miraba en mí, especialmente, al hijo que nunca tuvo ya que, aunque casada con don Eusebio, "Chebito", nunca tuvo descendientes.

Estaba también la otra tía de mi mamá. Francisca o "tía Pancha". Era algo seria pero siempre mostraba algo del afecto que nos tenía a todos. También estaban mis tías. Victoria, a quien llamábamos "Toya" o "Toyita", quien era profesora de educación colegial. La tía "Trina", otra educadora quien con más de noventa años vivió en Canadá en compañía de su hija Suyapa, su yerno, el ingeniero Ernesto Crespo y sus nietos.

La tía Trina era la única sobreviviente del clan de los Rodríguez Escobar. Pasó a mejor vida en el año 2013. María Antonia, "Tuta" era la menor y estudiante de no sé qué, todavía soltera en ese entonces y los varones del grupo, Rafael, José María y Luis, aparte del padre de estos, don Pedro Rodríguez, tercera generación de inmigrantes españoles, según oí decir.

Mamá Nila nos consentía y mimaba a mi hermano Gerardo, a mi primo "chico" y a mí, preparándonos lo que ella llamaba "machitos". Tortillas recién salidas del comal, las que, con un poquito de queso molido, convertía en una deliciosa masa a la que ella le daba forma de "machito".

Calle de por medio, vivía la familia López Soto. Dos hijos, Marco Antonio y Mario Edmundo. El padre se llamaba don Marcial o "marcialito", como le decían pues no era muy alto y la mamá, Antonia o "Toñita" y dos hermanas más, Ana María y Tonita. Don Marcial trabajaba en la Casa Uhler. Al par de la familia López Soto vivían un señor que se llamaba Miguel Morazán y su esposa, Raquelita Pineda.

Contiguo a nuestra casa vivía la familia Burgos, y a la par de ésta estaba la vidriería Euskadi. Seguida de la casona familiar estaba la casa de Don Tomás Cerrato Callejas, quien había sido el padrino de bautizo de mi mamá y su hermana, Rosa. En su honor llevo mi primer nombre.

A grandes rasgos, ese era nuestro pequeño mundo en el cual vivíamos e inexorablemente, crecíamos. Mi mejor amigo era Mario Edmundo. Jugábamos de todo, especialmente de vaqueros y de vez en cuando, hacíamos de los Tres Mosqueteros. Alternativamente, según el estado de ánimo infantil , personificábamos ya fuera a D'artagnan, Athos, Porthos o a Aramís, los personajes de la novela de Alejandro Dumas.

***

Para mi mamá y mi papá el negocio iba muy bien. Las cuatro habitaciones del primer piso estaban alquiladas. Creo que pagaban diez lempiras mensuales. Entre los inquilinos recuerdo haber escuchado el de un estudiante de ingeniería a quien llamaban el ingeniero Valle.

Había otro, que de acuerdo a lo que escuchaba, era estudiante de derecho. Se llamaba Elías Cálix yo oía decir que era líder estudiantil que apoyaba al General Carías Andino. Los nombres de los demás no los recuerdo. Yo no tenía idea de lo que quería decir la palabra "líder".

En ocasiones llegaba un señor a quien yo miraba alto y fornido; siempre bien vestido. Saco y corbata. Ahí viene el compadre "Nando", decía mi mamá. Mis padres lo recibían y saludaban efusivamente. A veces dejaba algunas prendas de vestir para que las lavaran y plancharan en seco. Conversaban alegremente no sé de qué y antes de partir mi mamá me llamaba "vení, despedite de tu padrino que ya se va".

Me gustaba saludarlo pues antes de irse me dejaba cinco o diez centavos. Con aquel dinero yo me sentía todo un potentado. Me iba corriendo a la casa de mi amigo, Mario Edmundo y juntos nos íbamos a una pulpería que quedaba a unos pasos de nuestras casas. Comprábamos dos centavos de caramelos y regresábamos contentos a continuar jugando de vaqueros o mosqueteros, según el caso.

No sé de dónde pero los sábados al anochecer uno de los trabajadores de la planchaduría llegaba con un pequeño balde metálico. "Ahí vienen los nacatamales", oía decir a los empleados. Estos hacían un alto en sus actividades y se arremolinaban en torno al balde del cual sacaban los todavía humeante nacatamales. "Estos son de chancho y estos de pollo", decía el improvisado conserje, señalando un marca hecha a cada uno de los paquetes cuya envoltura estaba confeccionada con hojas de plátano.

Lucia o Dolaura les traían café, semitas y otros panes. Así comenzaba la cena sabatina. Nosotros también paladeábamos los deliciosos nacatamales. Me encantaban los de "chancho", del cual sólo me daban un pequeño trozo pues eran "nacatamales de a quince centavos", más grandes que los de a diez.

***

Los domingos "Chebito", el esposo de "Mamá Nila" sacaba una vitrola. Era una ceremonia invariable. Una caja de metal con una rueda en el centro. Luego, de una caja de cartón, en donde estaba la imagen de un perro viendo atentamente al aparato sacaba unas ruedas negras, que el llamaba "discos", los limpiaba delicadamente con un paño y los iba colocando sobre un trozo de tela.

Terminada esta operación, procedía a instalar un cartucho metálico en un área del cuadro. Luego, ponía un disco en aquella pieza circular y empezaba a activar esta con una manivela con la que le daba cuerda a la caja. De la misma salía música, que "Chebito" y a veces "Mamá Nila", escuchaban con toda atención.

"Chico", a veces mi hermano Gerardo, en ocasiones Mario Edmundo y yo, seguíamos con atención, en silencio y desde prudente distancia, todo aquel ceremonial. Yo pasaba el tiempo más en la casa de Mario o en la casona, con mi primo "Chico" y con "Mamá Nila" quien constantemente nos hacía "machitos' de masa y queso. Mi hermano estaba aún muy pequeño para jugar con él mientras que mi amigo Mario o mi primo eran más o menos mis contemporáneos.

Aparte, en la casa de alto, estaba el negocio de la planchaduría y todos estaban siempre atareados, especialmente mi mamá que se ocupaba de que todo estuviera en orden. "Hay clientes que son muy exigentes y hay que llevarles la ropa a tiempo y bien presentada", la escuchaba decir frecuentemente. Mi papá alternaba el tiempo ayudando a planchar, tiñendo ropa o telas , a veces, confeccionando ganchos metálicos para colgar las piezas de vestir.

***

Con frecuencia llegaban visitas a la casona. Las tías o las primas de mi mamá las recibían en la sala de enfrente en donde mis parientes, también fervientes católicas, tenían una urna de vidrio de mediano tamaño, dentro del cual estaba la imagen de cristo crucificado. Dos cosas habían hecho muy populares a las Escobar, aparte del pan que confeccionaban y que era delicioso. La celebración de no sé qué santo y los nacimientos que armaban para la navidad.

***

En una ocasión mi primo, por lo regular alegre y juguetón, se mostró callado y hasta cabizbajo. Lo invité a jugar pues los Tres Mosqueteros eran precisamente tres: el, Mario y yo, pero no quiso unirse a nosotros. Al día siguiente me di cuenta de que se había ido con su mamá, de quien su papá estaba separado, creo que a San Pedro Sula. Lo volví a ver ya cuando ambos éramos púberes.

KINDER

Mi mamá continuaba con su idea de que ya era tiempo de que yo entrara al Kínder. A estas alturas, yo ya no tenía temor ni sospechaba que mis padres me querían mandar muy lejos. Mario Edmundo también iría a Kínder y seríamos compañeros de escuela.

Mario era un niño muy listo con los números. Su papá se había encargado de instalar un pizarrón en un área de su casa y a diario les enseñaba a sumar a él y a su hermano Marco Antonio. Años después ambos se graduaron de ingenieros.

Mi mamá y Toñita, la mamá de Mario, fueron juntas a matricularnos. Iríamos al Jardín de Niños Federico Froebel, que dirigía una excelente educadora de párvulos. Se trataba de Paquita Guerrero, una dama que había hecho de la guía de los niños, una misión especial.

El primer día de kínder fue todo un acontecimiento. A Mario lo acompañaba su mamá y a mí, mi progenitora. Otras señoras estaban ya en el edificio de la escuela y se habían quedado en el vestíbulo de entrada para asegurarse que ninguno de sus retoños diera rienda suelta a lloriqueos y buscara la manera de desertar de aquel lugar.

Hubo dos o tres incidentes y las respectivas mamás tuvieron que hacer gala de su capacidad maternal para calmar los ánimos de sus asustados polluelos. Mario Edmundo y yo nos portamos estoicamente. Hicimos fila, como se nos indicaba. Contestamos levantando la mano y diciendo presente cuando pasaron lista. Jugamos no sé qué y no sé con quiénes y creo que después nos quedamos dormidos.

Nos gustaba la escuela de párvulos. Hicimos amigos y amigas, pues el kínder era mixto. A veces jugábamos con niños algo mayores que nosotros. Recuerdo a Carlos Quezada y Cesar Maradiaga, entre otros.

Ahí nos flecharon dos niñas, tal vez de la misma edad. Supimos sus nombres por que estábamos en la misma aula. Una se llamaba Liliana y la otra Edna. Aunque casi nunca cruzamos palabra con ellas, cuando regresábamos a casa y jugábamos de vaqueros solíamos decir: "Voy a ir con mi novia Liliana" o yo con "mi novia" Edna.

El tiempo transcurría alegremente en aquel centro pre-escolar en donde ya comenzaban a enseñarnos lo elemental de las vocales, el abecedario y los números. Ya éramos candidatos para el primer grado y había que entrar al mismo debidamente preparados.

Mi amigo de aventuras parvularias era muy bueno para los números. Yo, en cambio, era lo que ahora llaman matemáticamente disléxico por que aunque me fue fácil aprender las vocales, luego el abecedario y más tarde hasta ligar las letras hasta formar una palabra y leer ésta, a los números les tenía fobia.

Mario y yo teníamos amigos a quienes invitábamos a participar en nuestros juegos infantiles. Los primeros días iban alternativamente, Toñita, la mamá de Mario o mi mamá a recogernos. Con el tiempo nos acostumbramos a irnos solos de regreso a casa pues la escuela estaba a unos cinco o diez minutos de nuestras respectivas viviendas y no era nada raro que niños de nuestra edad caminaran a solas por las, por lo regular, casi vacías calles del área. El tráfico vehicular era raro lo que nos daba la facilidad de caminar sin el peligro de sufrir algún percance.

En cuanto a la seguridad ciudadana, se decía que bajo el régimen del General Carías se podía dormir con las ventanas y hasta las puertas abiertas sin temor de ninguna clase.

Yo escuchaba a los mayores hablar de la "mano de hierro" del general. Me imaginaba y lo platicábamos con Mario, que el presidente, por alguna razón tenía una mano metálica.

***

Una tarde miré a mi papá que llegó acompañado de un señor que traía una caja de cartón. Ambos se fueron directamente a la sala de la casa, ubicada en el segundo piso. Pasado un rato escuché música. Se armó el alboroto, Dolaura, Lucía, una muchacha de unos doce años que se llamaba Santos y era la encargada de cuidar a mi hermano, mi mamá y todos nosotros fuimos a ver de donde procedía aquella música.

Mi papá había comprado un aparato de radio. Oí decir que era un Philco. Ni idea de que quería decir Philco, pero sí me gustaba la música. Bajé corriendo las gradas hasta llegar a la casa de Mario para traérmelo, casi a rastras, a que escuchara la música que salía de aquella caja que tenía unos botones extraños. Nos levantábamos con música y nos acostábamos con música, que salía del Philco.

Había un par de canciones que, por años, se me quedaron grabadas en la mente. Una de las canciones me llenaba de una especie de tristeza pues se refería a un bosque de la China, donde una china se perdió. *Era de noche y la chinita miedo tenía. Miedo tenia de andar solita*, según decía letra. Había otra canción que también se me pegó aunque, al parecer era la favorita de mi hermano.

Arre que llegando al caminito, aquimichú, aquimichú, pobrecita mi burrita ya no quiere caminar da dos pasos pa'delante y dos pasos para atrás. Oíamos la voz de un señor que considerábamos, estaba en algún lugar de aquella caja. Por mucho tiempo Mario y yo nos quebramos la cabeza tratando de desentrañar el misterio aquel. Como le hacía el señor aquel para hablar desde el interior de aquella caja.

Entre tanto, los domingos "Chebito" continuaba con su gramófono pero ya no nos preocupábamos por ir a la ceremonia de sacar la caja, las ruedas negras que él llamaba discos y darle cuerda con una manivela. El aparato aquel al que llamaban radio era más fácil y sonaba más fuerte.

***

Un domingo mi mamá y mi papá decidieron llevarnos a pasear al campo. Desde la noche anterior Dolaura había estado preparando el almuerzo que disfrutaríamos durante nuestro paseo. Huevos cocidos, frijoles fritos, queso y no sé que más era lo que la diligente cocinera nos había preparado. Pero ni ella ni Lucía nos acompañaron. Solo vino Santos a quien le decían la "china" de Gerardito, mi hermano menor.

Nos fuimos temprano en la mañana en un autobús que abordamos en el parque Central y el que nos llevó hasta un lugar que se llamaba La Granja. De la terminal caminamos por un sendero que a los lados tenía cercos de alambre de púas hasta llegar a una pendiente en donde había un portón, que estaba abierto y a través del cual entramos por el mismo sendero hasta llegar a la orilla de un río. No éramos los únicos. Había otras personas y deduzco, eran grupos familiares que buscaban pasar en ese lugar un momento agradable.

Lo primero que me llamó la atención es que el área estaba sembrada de muchos árboles de mango. Estos estaban regados por el suelo pues los árboles eran sumamente frondosos y estaban cargados de fruta. Hicimos lo que hacían los demás, recoger mangos o tratar de bajar a pedradas los que se miraban ya maduros. Así, llenamos la bolsas en las que Dolaura había acomodado nuestras viandas. Jugamos en la orilla del río. Nos quitamos los zapatos y tratamos de atrapar lo que yo consideraba eran peces, pero a los que mi mamá y papá llamaban "olominas".

Antes de regresar nos detuvimos en una casa donde había un aparato en donde metían caña y a la que hacían girar con una palanca que trituraba la caña de la cual salía jugo. Cinco centavos el vaso mediano y diez el grande. El jugo era riquísimo y refrescante. Después me di cuenta que ese aparato se llamaba trapiche.

Había unas cuantas casas en el área de La Granja. Mi papá vio una que le llamó la atención y en la puerta de la cual había un rótulo. Mi incipiente capacidad de lectura no daba lo suficiente como para que yo entendiera lo que decía aquel rótulo, pero sí pude adivinar algunas letras que yo ya conocía. El caso es que a mi papá aquel rótulo lo ánimo visiblemente, pues por todo el camino le habló a mi mamá de lo bonito del área y de no sé qué otras cosas más. Regresamos varias veces, siempre en domingo, a La Granja. Íbamos directamente a la orilla del río, a recoger mangos, a tomar jugo de caña y mi mamá y mi papá veían la casa aquella con interés.

Uno de esos domingos de paseo de campo por la orilla del río mi papá decidió que nos fuéramos mas temprano que de costumbre. Al parecer llevaba prisa pues ni siquiera nos detuvimos a tomar jugo de caña. Llegamos a la casa que tanto les había llamado la atención a mis padres. Ahí los esperaba un señor, con el que estrecharon las manos y comenzaron un recorrido por el interior de aquella vivienda. El inmueble estaba vacío pero se notaba que tenía varias habitaciones. Había cuatro corredores y un solar bastante grande, según decía el señor que nos acompañaba. A un extremo de aquel extenso terreno había algo que no había visto antes. Una edificación circular cubierta de ladrillo, con dos postes a cada lado los que terminaban con un travesaño metálico en el centro del cual había una argolla que sostenía un mecanismo muy raro. Era un pozo de malacate. Yo no podía ver hasta el fondo porque el cerco de ladrillo que rodeaba a aquel pozo era muy alto, al menos para mí. "Tiene agua en abundancia", me parece que dijo el señor que acompañaba a mis progenitores.

"Es parte de la casa", habría preguntado mi mamá. "Sí", fue la respuesta del guía. "De allí hasta la casa, todo es parte de la propiedad. De donde está aquel árbol de mango para abajo, ya es propiedad del General Rodríguez". Dijeron no sé qué más. El señor. Nos encaminó hasta la terminal de autobuses, que no quedaba muy lejos y les oí decir que más adelante se iban a juntar en la casa de alto.

***

Mario Edmundo era "gallo" para los números. Creo que era el mejor del grado. En eso de los números yo, ni para atrás ni para adelante. Había una profesora, creo que se llamaba Mela, quien con paciencia franciscana me decía: "el uno es un palito, el dos es un patito y el tres, es un pajarito". Diciendo y haciendo dibujaba el uno.

A ver, decía con la dulzura de que podía hacer gala, ahora escriba el dos, que es un patito". Yo escribía el palito, "uno" decía señalando éste. "Muy bien", contestaba ella. "Ahora el dos". Y yo dibujaba el patito pero con la cabecita orientada al lado derecho. "No", decía la profesora. "La cabeza del patito siempre va al lado izquierdo". "Pero es que el patito quiere ir para aquél lado", decía yo, señalando el lado derecho. Profundo suspiro de la maestra y a convencerme de que el dos, o el patito, tenía siempre que estar con la cabeza hacia el lado izquierdo. "Ahora, el tres" decía. "Dibújeme el pajarito". Dibujé un pajarito en pleno vuelo, es decir, con las alas hacia abajo.

"Las alas para el otro lado Tomasito," dijo la noble educadora. "Fácil", pensé. Dibujé el pajarito con las alas hacia arriba, a manera de doble U. Otro no. "Con las alitas para el otro lado". Dibuje el pajarito con las puntas de las alas apuntando para el lado derecho. Otro suspiro de la paciente maestra. "Con las puntitas para este lado", dijo y me enseñó como hacerlo. Lo logré. Finalmente dibujé el tal pajarito que representaba el número tres.

Mi mamá fue invitada por la profesora para que fuera a la escuela para hablar con ella y con doña Paquita Guerrero. Después de esa plática todas las tardes, invariablemente, mi mamá o mi papá, se sentaban para enseñarme como hacer los números. Años después mi mamá me decía que durante aquella plática con mis maestras, ellas le habían dicho que "el problema que tiene Tomasito son los números. Las letras las ha aprendido bien y rápido". No todo estaba perdido. Era un consuelo saber que con el abecedario estaba más adelante de mis compañeros.

***

A mi papá le oí decir un día que uno de los locutores que se oían en la radio era casi vecino nuestro. Primera vez que yo escuchaba la palabra "locutor". "Vive al cruzar la calle de la Euskadi", dijo mi papá. Oí decir que se llamaba Brevé Martínez.

Con Mario Edmundo nos apostábamos en las cercanías para ver si le echábamos un vistazo a aquel señor que se oía en la radio y al que llamaban "locutor". Creo que una vez lo vimos, cuando salía de la vivienda. Era alto, blanco y delgado. Salimos corriendo y nos fuimos hasta donde estaba mi mamá. "Acabamos de ver al señor que habla en el radio", le dijimos casi al mismo tiempo y emocionados por aquel acontecimiento tan importante.

Al día siguiente, al llegar a la escuela le comentamos al que nos quisiera escuchar, que habíamos visto al señor que hablaba en el radio. Con mi mamá y mi papá fuimos a ver una película al cine Clamer. La primera de que tengo memoria. Se llamaba "La maldición de la momia", según supe mucho tiempo después. Obviamente era en blanco y negro. Me dio mucho miedo. Provocó en mí dos reacciones. La primera, se me aflojaron los esfínteres de la vejiga. Que bueno que sólo fueron los de la vejiga. La segunda, juré que jamás volvería a ningún cine. Aunque fuera con mis padres. Pero, mi juramento no duró mucho. Tiempo después regresé al cine. Era una película de Walt Disney que era de dibujos animados. Se trataba de "Fantasía". Me gusto mucho porque allí pude ver al ratón Mickey.

***

Se acercaban las fiestas navideñas. El olor a pino aromatizaba las calles del vecindario. Mis tías, las Escobar y las Rodríguez Escobar, se preparaban para construir su ya famoso nacimiento. Mi mamá buscaba un arbolito de pino para confeccionar el tradicional árbol. Y nosotros, al menos yo, tratábamos de portarnos bien para que San Nicolás nos trajera algo.

En la Federico Froebel hubo una pastorela. Mario y yo íbamos disfrazados de pastores. Al pie de un árbol de navidad que se había erigido en una de las aulas, encontramos un montón de paquetes envueltos en papel navideño. Cada uno de estos tenía una etiqueta, con el nombre del niño a quien iba dirigido el presente.

Después de la pastorela las profesoras fueron llamando a los respectivos recipientes de aquellos regalos. Recuerdo que a Mario Edmundo le tocó un carrito metálico, color rojo. A mi una pistola, color plateado.

***

El señor que yo había visto en la casa de La Granja se presentó un día en que mi mamá y mi papá estaban haciendo números no sé de qué en la oficina de la planchaduría. Lo recibieron alegremente. Le ofrecieron algo de tomar y mandaron a uno de los trabajadores a traer unas Coca Colas. No teníamos lo que llamaban en ese entonces "nevera".

Como mi hermano y yo estábamos en la oficina nos pidieron que nos fuéramos pues estábamos haciendo lo que hacen los niños a esa edad...Alboroto. Creo que mi hermano se fue con Santos, su niñera, y yo me fui a la casa de Mario. Marco Antonio, el hermano mayor de él, se tomó el tiempo para enseñarnos como confeccionar avioncitos de papel. Se nos hizo fácil y empezamos a jugar lanzando los avioncitos al aire para verlos como eran movidos por la brisa.

Marco Antonio, con unos amigos de su edad, hablaban de una película que habían ido a ver al Cine Variedades, creo. Oí mencionar a un tal Flash Gordon quien no sé en que planeta lejano le daba duro a unos tipos malos. Flash Gordon era el "muchacho" de la película.

Cuando regresé a casa le dije a mi mamá que me llevara al cine a ver a Flash Gordon. Me prometió que me iba a llevar la película. Lo cumplió. Me llevo a una matiné dominical y se quedó conmigo viendo las aventuras de aquel personaje que tripulaba aviones súper rápidos y dominaba no sé a cuántos tipos malos.

Al día siguiente en la escuela, les comenté a mis amigos que había ido a ver a Flash Gordon y les aseguré que yo también podía volar al igual que él , para demostrarlo me subí al marco de la ventana de un aula que colindaba con el pequeño campo de recreo y me lancé al vacío, cayendo, afortunadamente, sobre un pequeño túmulo de arena. Los había convencido. Yo también era el "muchacho de la película". Aunque lleno de arena hasta por las orejas.

Con Mario Edmundo y otros compañeros hablábamos y nos identificábamos con los vaqueros del cine estadounidense de aquella época. De esta manera a veces éramos Tom Mix, Hopalong Cassidy, Roy Rogers o Gene Autry. Este último me gustaba especialmente porque se lanzaba del balcón de una cantina y caía a horcajadas en su montura. Luego salía a todo galope. Unos treinta y cinco años después, ya en Estados Unidos, tendría yo la oportunidad de compartir momentos y trabajar en una de las estaciones de radio de Gene Autry. Rió alegremente, cuando le dije que en mi niñez yo imitaba sus heroicas acciones. Ese día Gene, como pedía que le llamaran, nos cantó un par de canciones a su manera y en su español.

***

Mi papá andaba entusiasmado y contento; mi mamá más bien estaba cabizbaja. “Ojala sea una buena adquisición”, le oí decir. Ni idea de lo que aquello significaba. La verdad es que mi papá la había convencido para que, con algo de los ahorros logrados, compraran aquella casa que habíamos visitado en La Granja.

***

En el parque Central habían levantado unas instalaciones de madera. Una vez que pase por ahí con mi mamá, mi hermano, Santos, de hecho su guardaespaldas y yo, miramos como vendían comidas de diverso tipo, bebidas entre las que se incluía cerveza y muchas cosas más. También había unas ruedas que hacían girar sobre unas mesas. Los parroquianos se arremolinaban en torno a aquellas mesas y a veces gritaban muy alegres por que habían ganado no sé que.

Otros jugaban con una tarjetitas a las que llamaban naipes. Total, era la “Feria”, según le llamaban. Mi papá desaparecía por largas horas y cuando llegaba yo lo miraba diferente. Hablaba medio raro. Mi mamá entonces lo regañaba. Le decía a Dolaura que le diera café caliente para que se le bajara.

No sabía yo que era lo que tenía que bajársele. Pero a mi mamá le enardecía mucho ver a mi papá caminando de lado y hablando raro. Una vez escuché a Mónico que dijo: “Ya Don José anda agarrando la pata”. No supe si entender que andaba agarrando a alguna pata, la compañera de algún desprevenido pato o si Mónico al decir “pata” se refería al pie de alguien.

Una noche estábamos escuchando en el radio música de navidad, que a mi mamá le gustaba mucho y al señor que hablaba por aquel aparato, al que le decían “locutor”, mandando saludos a un montón de gente, cuando la puerta del piso de abajo sonó fuerte. Mi mamá salió al balcón superior para ver que pasaba. Mi papá no tenía la llave de entrada y le estaba urgiendo para que le abrieran.

Mi madre bajó. Lo dejó entrar, diciendo y haciendo, comenzó con un sermón que iba subiendo de tono mientras ambos subían las gradas para el segundo piso. No entendía lo que decía mi mamá. Oí la palabra "colmo" que se me hizo rara.

Mi hermano, custodiado por Santos, y yo, escuchábamos atentamente la radio con la música de navidad, intercalada por las canciones aquellas del bosque de la china, donde una china se perdió o la de arre que llegando al caminito, aquimichú, aquimichú.

Si recuerdo que mi papá saco unos billetes y le dijo a mi mamá: "Mirá, acabo de ganar cincuenta lempiras. Se los gané a Moussa". "Tomá, esto es tuyo", le dijo. Le entregó no sé cuánto, que mi mamá tomó de inmediato. Mi papá se quedó profundamente dormido. Hasta el día siguiente. Nunca supe que o quien era Moussa.

Aquellas incursiones de mi papá a la feria del parque Central eran ya diarias. Salía al medio día y regresaba bien entrada la noche. Siempre bamboleándose al caminar. Mi mamá buscaba y encontraba apoyo moral entre las tías y sus primos a quienes contaba lo que estaba pasando.

"Vas a tener que hacer algo en serio", escuché decir una vez a "Mamá Nila". "Sí, no podés seguir así" le comentó una de las primas, sobre todo ahora que los niños están creciendo".

Aunque mi progenitora trataba de multiplicarse en el quehacer del negocio, las cosas no eran lo mismo. Algunos clientes comenzaban a impacientarse porque en plena época navideña, la ropa que querían planchada y arreglada o con un color distinto, no estaba lista. "Ojala que ya pase está navidad", oí decir una vez a mi mamá.

Yo no quería que eso pasara pues había algarabía por todos lados. Las tías y las primas de mi mamá, celebraban algo que llamaban las posadas. No sé de donde llegaba gente cantando. "Allá vienen los peregrinos", gritaban. Lanzaban cohetes y quemaban cohetillos y luego comían pan y tomaban algo que llamaban "mistela".

A mí, a Mario Edmundo y a mi hermano, que a veces entraba en el grupo, vigilado de cerca por el omnipresente Santos, nos gustaba aquel ambiente. Yo no entendía porque mi mamá quería que se acabara esa navidad.

Un primo de mi mamá, Luis Rodríguez, quien ya era perito mercantil y don Adolfo Mejía otro perito que trabajaba en el Banco de Honduras y era el esposo de la tía Toya, se ofrecieron de voluntarios para hablar con mi papá y hacerle ver que el "chivo" y "el guaro" no eran lo mejor, ni para él ni para mi mamá. Mucho menos para los niños y el negocio.

"Mirá", me contó una vez el tío Luis que le había dicho a mi papá. "Mariana ya se está cansando y va a hablar con un abogado. A vos te va a llevar putas si seguís así". Me parece que mi papá los escuchó con atención. Les invitó a unos tragos y se fue a la cama. Esa noche no fue la feria.

Al día siguiente estuvo en la casa. Hablaba con los trabajadores. Se puso a teñir una ropa, cuyos dueños estaban reclamando y después lo vi confeccionando ganchos metálicos para colgar las camisas. Sudaba copiosamente, aunque hacia frío.

Mi mamá no le decía nada. No le hablaba. Ya al anochecer el estudiante que se llamaba Elías Cálix lo llamó: "Don José, venga" le dijo. Mi hermano y yo, que jugábamos en el pasillo de entrada, los miramos que se sentaron en unas sillas de la habitación del señor Cálix. Le oí decir a este algo así como: "La goma lo tiene jodido, ¿verdad?". "Si", dijo mi papá. Elías sacó una botella de no sé dónde y en un vaso le dio un poco a mi papá y en otro vació un poco de aquel líquido para él.

No sé cuánto tomaron. Lo que si sé, es que mi mama, alertada por una de las trabajadoras, bajo a donde estaban ambos y creo haberla oído decir: "mire Elías, si Usted es bolo, ese es su problema, pero no le de whisky a José, que le hace daño". No sé que dijo el Sr. Cálix. Recuerdo que mi mamá le dijo: "si no le parece, puede irse cuando quiera". Tres días después el Sr. Cálix se fue de la casa. Finalmente llegó la noche buena. Cohetes y cohetillos por todos lados. Las tías y las primas de mi mamá, con los primos y sus amigos, también mi papá celebraron aquella navidad.

San Nicolás me trajo un cañoncito que disparaba pequeñas balas esféricas de madera. También me trajo una pelota grande de plástico multicolor. A mi hermano Gerardo le trajo un caballito de madera, una pistola de plástico y un sombrero vaquero.

El año nuevo también fue motivo de alegre celebración, pero había problemas. Alguna de la ropa que debía ser teñida no estaba lista. Trajes que se necesitaba entregar desde hacía algunos días tampoco estaban terminados.

Mi papá se enojaba con los trabajadores a quienes culpaba por ser tan haraganes, según decía.

Mi mamá lo regañaba. "No le eche la culpa a ellos", le decía. "Es Usted quien tiene que estar aquí, trabajando y supervisando, no bebiendo guaro y chiviando". Las fiestas de navidad y la forma en que mi padre las había celebrado, habían dejado una secuela sumamente negativa.

"Ya Tomás Antonio está listo para el primer grado", dijo mi mamá "Gerardo ya va a tener que ir a Kínder", agregó. Mi amigo Mario y yo estábamos listos para aquella gran aventura escolar que, adivinábamos, sería más seria que el kínder. Ojalá que nuestras respectivas "novias" compartieran la misma aula con nosotros, decíamos con Mario.

***

"Mirá Mariana", dijo un día mi papá, hablando en voz baja, "esto ya no está dando, lo mejor es vender todo esto y nos vamos a la casa de La Granja". "¿Y ahí que vamos a hacer?" Había sido la pregunta de mi mamá. "Pues mirá, vendemos esto, hay un Señor que quiere comprar la planchaduría". "¿Y la casa qué?" preguntó mi mamá. "Pues también la vendemos y con ese dinero ponemos un negocio muy bueno". "¿Negocio de qué?", respondió ella. "He hablado con tu primo José María Durón quien administra un hospital allá por San Felipe y ya me prometió que si nos vamos a La Granja nos va a comprar todo lo que sea verduras, frutas, huevos, en fin. También podremos vender los productos al Hotel Marichal que esta nuevo y al Boarding House American y a otros".

Esta conversación me la conto mi mamá muchos años después. Hubo un estira y afloja. Mi mamá tratando de persuadir a mi papá de lo temerario de la decisión y mi papa tratando de convencerla de que aquello era lo mejor que se podía hacer, pues el negocio de la planchaduría ya lo tenía cansado. "Esta gente lo quiere todo a la llama", dijo refiriéndose a los clientes.

***

Estábamos ya en las primeras semanas del primer grado en la Federico Froebel. Inicialmente nos estaba yendo muy bien a Mario y a mí. Él era muy bueno en aritmética, yo no tanto, pero ya conocía mejor los números. En cuanto a las letras, yo allí sí me sentía a mis anchas. Ya las conocía bien, al menos las vocales, las que no sólo identificaba sin mayores problemas, sino que garabateaba en el pizarrón leyéndolas con facilidad. Lo mismo pasaba con el ABC, ya lo iba desentrañando.

En una ocasión, Mario Edmundo y yo regresábamos de la escuela, ya íbamos y regresábamos solos, cuando miramos que delante de nosotros iba caminando aquel señor alto, blanco y bien vestido que hablaba en el radio. "Es Rodolfo Brevé Martínez", me dijo Mario en voz baja. "¿Y vos como sabés que ese es su nombre?", le pregunté. "Porque él hace anuncios de la tienda donde trabaja mi papá y él lo conoce", fue la respuesta. Se me pegó el nombre de aquel señor.

***

Un día mi papá llamó a los trabajadores. Les informó que había vendido la planchaduría. Que el nuevo dueño era otra persona y que él les iba a mantener su trabajo de ahora en adelante. La Americana, de José Noé González. Planchaduría y tintorería, Teléfono 1319, tenía nuevo dueño. Este había decidido trasladarla nuevamente a la casa del barrio La Ronda, precisamente allí, donde azoraban.

Continuamos un par de meses en la casa de alto. La casa de La Granja estaba siendo acondicionada pues pronto nos mudaríamos para allá. Personas que yo nunca había visto antes llegaban a la casa de alto. Se metían por todos lados, como inspeccionándola y luego hablaban con mis padres, quienes les acompañaban durante el recorrido.

Finalmente aquella parte de la que había sido la herencia de mi mamá fue vendida. Creo haber escuchado el nombre Coronado García como comprador, pero hasta allí. Teníamos que mudarnos a La Granja. Salí de la escuela Federico Froebel. Yo me sentía mal. Tenía que despedirme de mi "amigo del alma" Mario Edmundo López Soto. Él también se mostró triste, cuando nos despedimos. Ni Lucía ni Dolaura vinieron con nosotros. Sólo la dedicada Santos decidió seguirnos a La Granja. Le tenía un cariño muy especial a mi hermano. Aparte, creo que era huérfana.

LA GRANJA

No me costó mucho aclimatarme en La Granja. Los vecinos no eran muchos como en Los Horcones, pero las familias que había, tenían niños de mi misma edad, más o menos.

Al costado norte de nuestra casa vivía un señor, Don Pío Cardona y su esposa Dorita, si mal no recuerdo. Tenían dos hijas jóvenes, una de ellas estudiaba medicina y al parecer estaba ya en los cursos avanzados pues prestaba servicio en el hospital San Felipe. Me parece que se llamaba Ena. La segunda, la menor creo estudiaba en un colegio de Tegucigalpa. Lamentablemente no recuerdo su nombre. Huerto de por medio (casi todas las casas tenían huerto o amplios jardines) después de la casa de Don Pío, vivía el General Roque Rodríguez. El general tenía una extensa prole. David, Roberto, a quien llamaba "Toto", Danilo, Kathy, Nobella, le decían "Nobellita" y un hermano mayor, Jorge Colindres.

Al costado sur de nuestra casa vivía una señora que se llamaba o le decían "Mina" de apellido Tavarone. Tenía un hijo llamado Ricardo Alduvin. Frente a la entrada frontal de nuestra vivienda, que tenía cuatro corredores en torno, vivía una señora, no recuerdo su nombre, de quien decían era la "novia" del doctor Juan Manuel Gálvez de quien yo oía decir, era Ministro no sé de qué cosa. Raras veces se miraba a esta señora.

En una ocasión vi al doctor Gálvez descender de un carro que a mi se me hizo grande, color negro; todos los autos eran de color negro entonces. Era un señor delgado con traje de saco y corbata, alto y serio. Cuando lo vi, venía con un chofer al que le dijo no sé qué, le dio la mano a manera de despedida y procedió luego a entrar rápidamente a la casa.

A la par de esa casa había un campo bastante amplio, que era utilizado por los boyeros que venían desde la aldea de Mateo, de acuerdo a lo que yo escuchaba. Allí desenganchaban las carretas, amarraban a las reses a unas estacas y les daban zacate. Los boyeros dormían en improvisadas casas de manta o lona gruesa.

Poco más al sur había un extenso campo que los vecinos o sus hijos, utilizaban como campo de futbol. Había dos casas en la margen de este campo. Una era amplia y elegante, para los estándares de la época mientras que la otra era una humilde vivienda de madera o tabla de orilla.

En la primera vivía el capitán Luis Alonso Fiallos y su esposa doña Sonia Fasquelle de Fiallos. Tenían tres hijos, Luis Alonso o "Luisito", Sonia y Roberto, el menor.

En la segunda casa vivía un señor, ahora entiendo que era un obrero, creo de la construcción, que se llamaba Benito Urquía. Cada sábado la esposa de don Benito, nunca supe su nombre, cocinaba tamales y nacatamales, que vendía entre los residentes del área. También vendía tortillas.

Don Benito tenia otra particularidad, era liberal de "hueso colorado" y según yo escuchaba decir a los adultos, en voz baja, distribuía clandestinamente un periódico que llamaban "El Pueblo".

Casi frente a la casa del capitán Fiallos vivía un señor que si la memoria no me falla, se llamaba Guillermo Buck; su esposa, Sara había sido compañera de mi mamá en el colegio María auxiliadora.

Con el tiempo la familia Buck se mudó del área y la casa fue habitada por don Herman Eyl, un inmigrante alemán que tenía dos hijos: Herman y Willy. Yo escuché decir que el señor Eyl era distribuidor de productos alemanes Bayer o algo así.

Uno o dos kilómetros más adelante estaba un lugar que llamaban el Basilón. Había dos o tres casas de campesinos que vendían huevos y gallinas. Allí era popular un lugar que llamaban la poza del Canalón, donde decían, "hay buenos pescados". También decían que en la parte más honda del Canalón había una sirena que atraía a los nadadores para llevárselos a una cueva submarina de donde no salían más. Unos dos kilómetros arriba, estaba el aeropuerto de Toncontín.

Por cierto, años después, ya adolescentes, cuando El Basilón había sido abandonado por los campesinos y en lugar de corrales con gallinas había estancos y cantinas con rockolas, mis compañeros, Luis Velásquez, Ramón Enríquez y yo fuimos testigos de un incidente al que todavía no le he encontrado explicación.

Un hombre joven, la parecer en estado de ebriedad, se lanzó desde la cima de un peñasco, tratando de zambullirse en la parte profunda del Canalón. Después de varios minutos de espera no salía a la superficie. Varios nadadores locales se metieron al agua sin encontrarlo. En esa época no existían los sistemas de comunicación inmediata para llamar a la policía o a los bomberos. Dos o tres bañistas, haciendo gala de su habilidad para bucear se zambulleron en el área profunda, sin resultado alguno. El nadador o su cadáver, no aparecía por ningún lado. La búsqueda era infructuosa.

Llegó un señor, fornido, de mediana edad. Se identificó como nicaragüense y pidió de inmediato un huacal y una vela de cera. Después de encender la mecha de la vela se ubicó cerca de la orilla del río y dejó que el huacal se fuera a la deriva arrastrado por la corriente, que era algo fuerte. "Allí, donde se detenga, allí estará el cuerpo", dijo.

El huacal navegó lentamente, corriente abajo. Inesperadamente se detuvo en un área y se quedó en el lugar, girando lentamente, concéntricamente. El señor nicaragüense se persignó, rezó algo y se lanzó al agua, zambulléndose en el lugar donde giraba el huacal, todavía con la vela encendida. Instantes después reapareció. "Esta allí abajo", dijo, "pero necesito ayuda para sacarlo". Dos de los nadadores locales se sumergieron en el agua con él. Momentos después emergieron, jalando el cuerpo del infortunado bañista. Nosotros seguimos todo el incidente con mucha atención y por mucho tiempo lo platicamos entre nosotros y hasta llegamos a pedir alguna explicación a aquel fenómeno a uno de nuestros profesores. Nadie supo darnos una respuesta coherente y aclararnos aquel suceso.

***

En La Granja mis nuevos compañeros de juego se habían multiplicado. Nos llevábamos bien con los Rodríguez, especialmente David. También nos juntábamos a menudo con "Luisito" Fiallos y con Ricardo Alduvin. Cuando llegaron los hermanos Eyl, de inmediato entramos en contacto y más que todo con Willy, Herman era un poco mayor. Formábamos tremendas correrías. Por alguna causa a Luis Fiallos y a mí, Willy por lo regular nos hablaba en inglés del que no entendíamos absolutamente nada. A Luis Fiallos a Willy Eyl y a mi, Alduvin nos llamaba "los cheles".

Nuestra Granja quedaba a una cuadra de la terminal de autobuses Fasquelle, propiedad de los padres de "Luisito". De hecho, había dos empresas de transporte urbano en el área: La Fasquelle y la empresa Ramírez, que estaba ubicada en las cercanías del puente Guacerique.

Pronto mi papá se dio a la tarea de establecer el nuevo negocio. Compró pollos, los que adquirió de los boyeros que venían de Mateo. Previamente había construido un área, grande, que hacía las veces de gallinero. También compró patos, a los que en una esquina del terreno, les hizo una pequeña pila para que nadaran. Al principio había picotazos y violentos aletazos entre patos, gallos y gallinas pero, al parecer hubo un armisticio y decidieron coexistir pacíficamente.

Acondicionó en un rincón, debajo de un árbol al que llamaban flor de izote, un cuadrángulo de medianas dimensiones en el que construyó un chiquero para meter los "chanchos". También teníamos dos perros de los que decían eran perros policía: Rex: el macho, Darma: la hembra. Estos cuidaban la casa como verdaderos policías.

Una mañana vi a mi papá con un grupo de trabajadores, empujando un buey que estaba enganchado de la testuz con unos arneses. Estaban arando y sembraban maíz. Mas adelante sembraron varias legumbres y verduras, entre los que recuerdo una parra de patastes.

A mi gustaba cosechar algunos de aquellos productos. Me deleitaba cortar las mazorcas de maíz por que los trabajadores o los hacían hervidos o los asaban, echándoles una pequeña capa de sal.

Me atraía especialmente cosechar los tubérculos. Desenterrar las papas, o sacar las zanahorias o los rábanos era para mi un premio.

COLEGIO SAN MIGUEL

Mi papá había hecho acuerdos con José María Durón, primo hermano paterno de mi mamá, quien era el administrador de un centro asistencial que quedaba en las cercanías del hospital San Felipe. A este lugar le llamaban: El Sanatorio.

También tenía un contrato con el Colegio San Miguel, a quienes vendía pollos y verduras y con el Colegio San Francisco, al que surtía de igual manera. Un día mi papá llegó bien entusiasmado. "Chema" Durón, el primo de mi mamá y, desde luego mi tío, le había vendido un automóvil, Buick, creo. Color negro, para variar. Ahora ya ni los curas del San Miguel o el San Francisco tendrían que venir a comprar los productos. Él se los llevaría. También haría lo mismo con los hoteles, a los que ahora había agregado El hotel Prado.

A tal grado llegó la demanda de productos, que mi papá salía temprano con Manuel, su trabajador de confianza, y ambos se iban a Mateo, a veces hasta por el Cerro de Hula, a buscar huevos, pollos, patos y no sé que otras cosas más.

Terminó el periodo de vacaciones. Había que entrar nuevamente a la escuela. Mi mamá y mi papá llenaron no sé qué documentos y me matricularon en el Colegio Salesiano San Miguel.

Me gustaba especialmente ese colegio, porque en el mismo, aunque en distinto grado, asistía Luis Fiallos con quien salíamos y regresábamos juntos, por lo regular abordo de uno de los autobuses de la empresa Fasquelle. Obviamente, como esos vehículos eran propiedad del padre de mi amigo, no nos cobraban el pasaje. Yo utilizaba ese dinero, diez centavos, para comprar "carne suiza", un dulce que vendía un señor que se apostaba a la salida del colegio. El competidor de éste era un tipo gordo, que se cubría la cabeza con un sombrero ancho y vendía tajaditas de plátano. "Vitaminas", anunciaba con voz gruesa. En ocasiones comprábamos helados a otro vendedor ambulante; le llamaban "Patachón". Comprábamos cualquiera de las golosinas con el importe del autobús. Para nosotros aquello era toda una ¡delicia!

Hice buenos compañeros en el San Miguel. Recuerdo a Leopoldo Díaz Pineda, Salvador Valladares, con quien años después compartiríamos opiniones en las noches de tertulias en las que pretendíamos cambiar el mundo. Salvador tenía un hermano, Antonio José, en grados superiores pues era mayor que nosotros.

Estaban los hermanos Laínez, Max y "Chando", quien también era mayor que nosotros. Otro Laínez, José Luis, "el chele", con quien hice buenas migas. Luis y Mario Rietti, cuyo, padre, Don Dino Rietti Della Riva, nacido en Venecia, Italia, en donde se desempeñó como Capitán De Caballería, inmigró a Honduras, en donde fundó uno de los mejores restaurantes italianos de la ciudad, "El Venecia", riquísima comida italiana. Mario Rietti era un poco mayor que nosotros. Luis estaba en primaria pero en otra sección. Un muchacho de apellido Búlnes, su papá era propietario de una imprenta, la imprenta Búlnes, en donde comprábamos los cuadernos que nos pedían para llevar nuestras notas. Teníamos también un compañero, creo que tenía que usar lentes por algún problema de la vista. Esa condición al parecer, lo hacía un poco retraído y su manera apacible de ser contrastaba con la algarabía que a nosotros nos gustaba formar. No obstante, era un excelente y destacado alumno. Se llama Oscar Andrés Rodríguez. Cuando él y yo hablábamos me contaba que cuando fuera grande, iba a volar un clipper de la Pan American.

Este era un avión de pasajeros que la aerolínea estadounidense utilizaba para vuelos hacia Honduras. Años después se hizo sacerdote. También estaba Jorge Ponce, de mi misma edad, quien vivía frente a la Policlínica y con quien hacíamos dibujos del pato Donald y el ratón Mickey.

Los profesores que teníamos eran totalmente diferentes a los que yo había tenido en la parvularia Federico Froebel. Se destacaba entre estos un señor a quien llamábamos "Don Guzmán". "Hoy nos toca clase con "Don Guzmán". "Púchica, ese Don Guzmán es bien arrecho", decíamos casi invariablemente. Y es que Don Guzmán era sumamente exigente y extremadamente disciplinado y estricto.

No sabíamos la lección o no podíamos leer lo que había escrito en el pizarrón "chiquillo indisciplinado", era la frase que escuchábamos casi de inmediato. Uno de los castigos de "Don Guzmán" era jalarnos de las patillas y mandarnos al "cuadro". Este era un cuadrado de los que había en las esquinas de los pasillos del colegio. El transgresor de las reglas de "Don Guzmán" debía permanecer parado allí quince o treinta minutos, a la vista de los demás alumnos, tanto de primaria como de secundaria.

Estaba el padre Sánchez, sotana negra, lentes austeros con marco de carey e invariable casco, tipo safari. El padre Sánchez era serio pero muy amable cuando le consultábamos algo. El padre Chavarría, creo que ese entonces era el director del colegio, era otro de los sacerdotes encargados de impartir clases en diferentes grados de aquel claustro educativo. Había otros educadores, laicos y sacerdotes, pero no recuerdo sus nombres. El colegio tenía un sistema de estudiantes "internos" y los "externos".

Los internos prácticamente vivían en el lugar y salían a visitar a sus familiares los fines de semana. Los externos, nosotros, salíamos del colegio al terminar los horarios de clase. Aquel régimen educativo estaba enmarcado en la enseñanza religiosa. Rezo matinal, antes de entrar a las clases de la mañana. Oraciones en la capilla antes de regresar a las aulas después del medio día. Hacíamos silenciosa fila para entrar a aquel pequeño centro de oración. Cado uno de nosotros remojaba los dedos en una fuente de agua bendita y nos persignábamos para luego tomar nuestro respectivo lugar y seguir atenta y devotamente los rezos del sacerdote oficiante.

Los oficios eran en latín, idioma que no entendíamos pero el que debíamos seguir, de acuerdo a lo que nos habían enseñado a repetir los sacerdotes. "Dominus vobiscum," decía el padre casi al concluir la liturgia. "Et cum spirito tuo", contestábamos todos. Un día se armó tremendo lío y todos fuimos a parar al patio bajo la amenaza de que si el culpable de "tan tremendo pecado", no daba un paso al frente todos seríamos castigados con el enojo de la divina providencia.

Resulta que ya por concluir el oficio y cuando el oficiante dijo el consabido "Dominus vobiscum", en lugar de contestar " Et cum spirito tuo", alguien del grupo contestó: "el culitum te lo pelliscum". Todos reímos al unísono. No obstante las amenazas, nunca se supo quien fue el autor de aquel "horrible pecado". Eso si, a partir de entonces cada maestro se ubicaba estratégicamente en las filas de bancas, vigilando para detectar cualquier asomo de pecaminosa reacción.

Hacíamos un alto en las clases regulares cuando llegaba la época de los "ejercicios espirituales". Creo que eran tres días de semiayuno y rezos. Hicimos la primera comunión. Después de la confesión a mí, me impusieron la penitencia de rezar diez "Yo pecador, otras diez Ave María y creo que cinco padres nuestros". Luisito Fiallos me dijo que a él no le había ido tan bien. Diez "Yo pecador, quince padres nuestros y quince Ave Marías".

Nos enseñaban quien había sido San Juan Bosco. Don Bosco, como se le llamaba cariñosa y familiarmente. Don Bosco decía el padre Sánchez en su charlas "fue el padre, amigo y maestro de los niños". También nos hablaban de Domingo Savio y de la hermana María Mazarello y otros fundadores de la congregación de los salesianos. Nosotros seguíamos aquellas conversaciones con mucha atención.

Pasamos al segundo grado. Yo seguía con mi problema en la aritmética, pero esa deficiencia era compensada con la facilidad para aprender las letras. Entraron nuevos compañeros. Nuestro grupo, sin embargo, seguía siendo el mismo.

A veces, cuando salíamos de clase a las dos de la tarde, nos íbamos la casa de Salvador Valladares, en las cercanías del seminario católico. Jugábamos beisbol o algo parecido. Otras veces jugábamos de vaqueros o futbol.

Doña Margarita, la mamá de Salvador, era muy cariñosa con los integrantes del grupo: Leopoldo Pineda, "El chele"

Lainez a veces Max Lainez, desde luego Salvador, y yo. En la casa de la familia Valladares había árboles frutales y doña Margarita nos permitía cortar naranjas, con las que llenábamos el bolsón escolar.

A mi tocaba tomar el autobús de las cuatro de la tarde, más o menos, en una parada de buses que quedaba frente a un parque que hacía poco habían construido. Era el parque Finlay. Cuando llegaba a casa me esperaba la más agría de las regañadas por haberme ido tan lejos.

Yo sobornaba a mi mamá para que no le dijera a mi papá, regalándole las naranjas que, yo le decía, "le mandaba doña Margarita, la mamá de Salvador". Las noches después de hacer la tarea, mi mamá nos leía algún libro. Le encantaba leer. Luego oíamos el radio Philco que había comprado mi papá. Escuchábamos una radio, la HRN y luego después otra que salió no sé cuando, la HRA, creo que era propiedad del papá de nuestro compañero Oscar Rodríguez y en donde mi papá oía a un locutor de apellido Aparicio, según creo, era salvadoreño.

Los domingos, en horas de la noche y antes de irnos a la cama, escuchábamos cualquiera de las dos estaciones locales, la N o la H.R.A. En una ocasión mi papá logró sintonizar en onda corta, una estación de El Salvador, era la YSU. A partir de ese día, todos los domingos escuchábamos la estación. Tenían un programa de música y un comediante que imitaba las expresiones y dichos de nuestros campesinos. Se hacía llamar "el indio salvadoreño" o algo así.

El animador del programa usaba el nombre artístico de "El andarín anunciante"; creo que su nombre verdadero era Pablo Palomares. También tenían en el programa una voz femenina que hacia pareja con el personaje del indio salvadoreño.No sé como, pero el caso es que un día mi papá llegó a la casa bien entusiasmado. Pablo Palomares, "el andarín anunciante", "el Indio salvadoreño" y su compañera estaban en Tegucigalpa y de alguna forma mi papá se había puesto en contacto con ellos y vendrían de visita a nuestra casa al día siguiente. De inmediato corrí la voz de alerta a mis confederados del barrio.

Al día siguiente, sábado, abordo del auto de mi papá, llegó Pablo Palomares y sus acompañantes. Mi mamá, doña "Chayito" una señora que trabajaba en los quehaceres de la casa, la hija de ella, de unos ocho años de edad y Santos, la fiel guarda espaldas de mi hermano menor, estaban listas para atenderlos. Nosotros los miramos desde cierta distancia. Palomares era alto, al menos así lo veía yo, trigueño, al igual que el resto de sus compañeros. Se miraban sonrientes, se acomodaron en los sillones que mi mamá había instalado en uno de los corredores y allí estuvieron compartiendo bocadillos, tomando refrescos y platicando de un montón de cosas que nosotros no entendíamos.

Uno de ellos pregunto si tenían cerveza. Mi papá le dijo que no. Envío a uno de los trabajadores, que también se habían acercado disimuladamente para ver a aquellos personajes que hablaban por el radio, a una pulpería cercana. El empleado regresó rápidamente con una bolsa en la que llevaba las heladas cervezas. Creo que a mi mamá no le gusto aquella idea.

Cuando vio a mi papá tomar una de las cervezas, en un momento dado lo llamó aparte y le dijo algo.

La joven que acompañaba al grupo de artistas salvadoreños canto una o dos canciones a capela. Mientras tanto, nuestro grupo, después de la emoción inicial, se había disgregado y ahora jugábamos a los vaqueros disparando imaginarias balas con nuestras pistolas de juguete.

Después de aquella visita mi mamá le dijo a mi papá que también en Tegucigalpa había buenos artistas y locutores. De esta manera comenzamos a escuchar a un comediante que a mí se me hacía muy gracioso. Domingo Reyes Carranza, a quien en el ambiente radial le decían "Calcañal, el indio hondureño". Así alternábamos la sintonía de la YSU, de El Salvador, con la HRN o la HRA, según el programa.

Mis padres comentaban sobre algunos de los locutores locales. Hablaban de José Ángel Zepeda, a quien según yo escuchaba, le llamaban "Cacho". También escuchaba los nombres de Rigoberto Cuellar Cerrato y de Rodolfo Brevé Martínez, nuestro vecino de Los Horcones. Escuchaba también a un señor que tenía una voz fuerte. "Ese es el "Palomo Ferrari" escuché decir a mi papá en más de una ocasión.

A mi me gustaba escuchar y lo hacía con dedicación, un programa infantil que estaba a cargo de una dama, quien tenía una voz que yo consideraba era muy especial, casi angelical. El programa se llamaba "Copitos de nieve". Lo presentaba Cristina Rubio, quien contaba cuentos infantiles, leía cartas de los niños que le escribían para que les enviara saludos, a veces, hacia concursos entre sus asiduos oyentes. También yo escuchaba Las aventuras de "Tamakun, el vengador errante".

Una tarde miré a mi papá, a Don Pío Cardona y al general Rodríguez que hablaban de algo, debió ser serio pues sus comentarios los hacían en voz baja.

A la hora de la cena mi papá le comentó a mi mamá que al parecer, Don Benito Urquía estaba preso por andar de liberal y distribuyendo periódicos en contra del gobierno. "Eso no está bien," dijo mi mamá. "Él es buena gente y muy trabajador". Creo que fue puesto en libertad un mes después.

***

Las cosas iban bien en el negocio. Sin embargo, a veces yo escuchaba a mi papá y a nuestro vecino, Don Pío Cardona, que decían que de repente había otra revolución. "Dicen que ya hay gente en la frontera con Nicaragua", les oía decir. En otra ocasión les escuché hablar de "elecciones". Le pregunté a mi mamá que era eso. "La gente vota y escoge otro presidente", me dijo. Quedamos en lo mismo.

Creo que fue en 1949 que escogieron otro presidente. El doctor Juan Manuel Gálvez. Aquel señor que mis amigos y yo mirábamos llegar a la casa de enfrente. "Se acabó el entierro, encierro y destierro", oí decir a alguien. Muchos años después entendería el significado de esas palabras. Creo que el general Roque J. Rodríguez le consiguió un contrato a mi papá para que llevara "vituallas", como él les decía, a la escuela militar. El general Rodríguez era el director de aquel centro castrense.

No obstante, mi progenitor había decidido extender su negocio, ahora había comprado un pequeño camión con el que transportaba cajas y bultos, los que según yo escuchaba, recogía de la línea área Taca en el centro de Tegucigalpa para llevarlos al aeropuerto de Toncontín, no muy lejos de nuestra casa.

A mi mamá, al parecer, aquella idea no le gustaba. Muchas veces la escuché decir que "el que mucho abarca poco aprieta" o algo por el estilo. Yo no tenía una idea muy clara de lo que aquello significaba, pero me imaginaba que no era nada bueno. Mi papá seguía aferrado a su idea.

***

Uno de esos días, creo que estábamos por regresar de las vacaciones escolares, amanecí decaído y con bastante calor. Traté de salir a jugar pero no me sentía bien. Cuando entré a la casa, mi mamá se alarmó. "¿Qué te pasó?" me preguntó. "¿Te picaron las abejas?".

Dicen que yo tenía los brazos llenos de puntitos rojos y la cara colorada. Mi mamá fue a buscar a Ena, la hija de Don Pío Cardona. Ella, como estudiante de medicina le diría que era aquello. Llegó a la casa, me vio. "Sarampión", exclamó. "Llévelo con un médico", recomendó. "¿Con quién?" preguntó mi mamá. "Hay uno que es pediatra, esta cerca del cine Variedades, se llama Ramón Villeda Morales".

Me llevaron al doctor. Este recomendó no sé que medicamentos debía tomar cada seis horas. Estar en cama, sin salir a la luz y sin ir a la escuela por al menos cuarenta días. Él se encargaría de escribir una nota a los profesores. Regresamos a la casa. No iría al colegio por largo tiempo, tampoco podría salir a jugar con mis amigos.

"Mire Marianita" , le dijo Doña Chayito a mi mamá, "para que Tomasito se cure pronto dele fresco de cañafístula. Ahí tenemos un palo bien grande y eso lo va curar". Empecé a tomar el refresco aquel. Era hasta sabroso y en verdad refrescante. Tenía razón doña Chayito, a los pocos días no tenía más de aquellos granitos rojos.

Una mañana mamá amaneció muy enferma. Vómitos, mareos y no que sé qué más síntomas. Le dieron una poción, creo que era un té de limón o algo parecido. No le ayudo en nada. Al día siguiente, la misma situación y así por varios días.

Finalmente se decidió y acompañada por mi papá en el auto de él, se fueron a ver a un médico que al parecer era amigo familiar. El doctor Ramón Pereira. Mi hermano y yo nos quedamos en casa con "doña Chayito", su hija Vitalina y Santos, aparte de los trabajadores de la hortaliza.

Nos pusimos a jugar no sé qué cosa con mi hermano. Se nos unió Vitalina, sólo bastó un roce de manos con ella, para que el torrente sanguíneo inundara las arterias de mi infantil anatomía y provocara una reacción nunca antes experimentada. Creo que estaba respondiendo así a una elemental ley biológica, aunque para mí aquello era pecado, sentía bonito. Vitalina lo notó y comenzó a reírse al mirar la parte de enfrente de mi pantalón, abultada. No seguimos jugando, al menos por ese día. Tendría otras eróticas reacciones infantiles al jugar con Vitalina. Yo no sabía que era pero no me disgustaba.

Cuando mi mamá y papá regresaron de visitar al doctor Pereira la autora de mis días venía contenta mi papá no tanto. La oí hablar con doña "Chayito". "Sí, dice el doctor que ya tengo como cinco semanas".

Otro heredero estaba en camino. En 1949, un 16 de Abril y en la sala de maternidad de la clínica especializada del doctor Gustavo Adolfo Zúñiga, en Comayagüela, nació mi hermana Rosa. Mi mamá estaba feliz pues ella siempre decía que soñaba con tener una hija para tener quien le hiciera compañía, ya que, según afirmaba, "los hombres son de la calle" . La nueva adición al grupo familiar le dio apoyo a mi papá para que convenciera a mi mamá de que había ampliar el negocio.

Llevar los productos al sanatorio que administra tu primo "Chema", "los dos colegios y los hoteles Prado y Marichal, aparte del Boarding House American y ahora la escuela militar es buen negocio", habría dicho mi padre. Nos podemos ampliar y con el camión, transportar la carga de Taca y de Pan American al aeropuerto". Mi progenitor era tercamente convincente. Mi mamá accedió.

***

En el colegio las cosas no iban tan mal. Tenía buenos amigos. Ya sabía sumar, restar, multiplicar y comenzaba a adentrarme en el misterio de división. Aparte, ya leía de corrido. Fue en esa época en que mi mamá me inculcó la lectura. Ella tenía varias novelas y otros libros pues creo era miembro de un club de lectores que periódicamente le enviaban libros diversos de Alejandro Dumas, de Emilio Salgari, de Víctor Hugo y otros más.

Una vez me puse a leer Los Tres Mosqueteros. Aquellos que yo había personificado con mi amigo Mario Edmundo López en la casa de alto. De ahí continué con otras novelas de intriga y aventuras. El conde de Montecristo, El Collar de la Reina y así por el estilo. También me leí Sandokán y Los Piratas de Malasia, Los Tigres de Mompracen. En fin, me gustaba aquello de la lectura.

Por muchos años tuve conmigo aquellos libros. Entre mis compañeros de juegos, aparte de los consabidos tiroteos imaginarios, cuando jugábamos de vaqueros, también espadeábamos con palos de escoba, al estilo de Los Tres Mosqueteros. A veces terminábamos llorando debido a los trancazos que nos dábamos en brazos y manos que nos quedaban marcadas con heroicos, aunque dolorosos, moretones. Cosas de "mosqueteros".

Mi papá seguía con su afán de querer ampliar el negocio. El de las cosechas de verduras y legumbres, así como la distribución de pollos y demás cosas, entre los clientes ya mencionados, estaba siendo, paulatinamente, manejado por Manuel, su mano derecha. Él estaba dedicado, a partir del medio día, a ir a recoger el transporte a la Taca, y Pan American para llevarlos al aeropuerto, del cual regresaba con otra carga la que llevaba hasta las instalaciones de dichas líneas aéreas que creo estaban ubicadas en algún lado del Hotel Marichal.

Luis Fiallos nos comentaba a veces que su papá se había ido en el "Tincute", creo que así habían bautizado el avión que pilotaba su papá el Capitán Fiallos. Nos poníamos a pensar que debía ser muy bonito ser piloto y a veces, hasta jugábamos a los aviones de guerra.

***

Una tarde navideña mi papá nos llevó a todos, abordo del Buick, a la feria de Concepción en Comayagüela a ver la presentación de varios artistas aficionados. Había una señora, mi mamá decía que era una profesora de no sé que escuela, que tocaba el piano. Lo hacía bien, según entiendo. Había tríos. También había un muchacho, de unos diez años tal vez, que le gustaba mucho a la gente pues lo aplaudieron con mucho entusiasmo. El infantil intérprete cantaba una canción que yo escuchaba en la radio. *En ésta noche clara de inquietos luceros, lo que yo te quiero, te vengo a cantar*, decía la romántica balada. "Canta bien ese cipote" dijo mi papá. Mi mamá asintió. Santos, la sempiterna protectora de mi hermano menor suspiró.

Alguien anuncio que en un par de días estaría presentándose "Domingo Calcañal y Calcañal, el indio hondureño". Mi papá nos prometió que regresaríamos a verlo. Regresamos. Ahí estaba la profesora pianista, una joven cantante, un trío y aquel niño que iba a interpretar una bonita canción. "Noche Clara". Muchos años después conocería yo y compartiría, ya en radio América, momentos de agradable bohemia con aquel cantante infantil. Rodolfo Zelaya. Para entonces su nombre había desaparecido y ahora respondía al imborrable apodo: "Noche Clara".

***

Mi papá dejaba el negocio de las vituallas cada vez más en manos de Manuel. Mi mamá estaba dedicada a cuidar a su recién nacida, a mi hermano y a mí. En una ocasión mi papá llegó muy entusiasmado. Había comprado una cabritos y dijo que ya tenía comprador. Los cabritos estuvieron entre nosotros creo que un mes. Cuando llegaron por ellos me dio tremendo enojo, pues les había tomado cariño. A partir de allí, mi papá empezó con la idea de que la ganadería era un excelente negocio.

Una mañana salió bien vestido, saco y corbata. Le dijo a mi mamá que iba a entrevistarse con un cliente que le podía dar un buen contrato. Cuando regresó, venía entusiasmado más que de costumbre. "Creo que vamos a dedicarnos a la ganadería", le dijo a mi madre. Lo que sé, es que mi madre, en tono fuerte y firme le dijo: "bueno José, y Usted ¿qué sabe de ganadería?, ya va con sus ideas". Había sido la decidida respuesta de mi mamá. No pasó a más.

Tiempo después mi papá volvió a la carga. Había un terreno muy grande, sembrado de pinos, roble, encino, "ya tiene unas cuantas vacas y hasta una recua de mulas", dijo él. "¿Dónde está eso?" Le preguntó mi mamá. "Antes de llegar a Santa Lucía", dijo mi papá. Hubo discusión que se extendió por varios días. La ganadería era la nueva aventura empresarial que quería iniciar mi padre.

En otra ocasión hubo otra discusión. Esta vez era porque mi papá había decidido ir a San Salvador. Se iría en el camión, acompañado no sé de quien de los trabajadores. "¿A qué va a El Salvador"?, preguntó mi madre. "Voy a transportar una carga que envía la familia Agurcia", dijo. "Me van a pagar bien". Más discusión "y aquí ¿quién se va hacer las entregas mientras Usted está afuera?", preguntó mi mamá. "Manuel", dijo él, cortante. Se fue a El Salvador. Regresó varios días después. Traía una carga para alguien y unos regalitos para nosotros.

“Ese negocio del transporte de carga da dinero”, me dijo muchos años después, “pero tú mamá lo rechazó y no quiso que siguiéramos en el mismo”. Mi papá era insistente y sabía como doblegar la voluntad de mi madre. Continuó con su propósito de hacerse “ganadero” y de querer comprar el terreno de la montaña, como le llamaba. “Es que tenemos que ampliar esto”, decía, “o me dedico al transporte de carga a San Salvador”. Finalmente mi mamá cedió.

Compraron el terreno de la montaña, antes de llegar a Santa Lucía. Eran doscientas cincuenta manzanas de terreno. Ciertamente, sembrado de pinos, encino y roble pero en una topografía sumamente irregular. ”En las áreas planas vamos a tener las vacas”, decía mi papá. El terreno lo había comprado con once vacas, doce mulas, un caballo, un macho y un burro. Creo que así decía el documento de compraventa que alguna vez leí. A mediados de 1950 mi papá vendió la Granja. Había alquilado una casa en Santa Lucía a donde nos mudaríamos “para estar cerca de la hacienda y llevar más control sobre el negocio de la ganadería”.

SANTA LUCÍA

Nuestra estadía en Santa Lucía se extendió por un año. Entramos a la escuela local. Yo a tercer grado. Mi hermano menor a primero. Fue una experiencia sumamente negativa. Casi traumática. Los muchachos de la escuela nos miraban y nos trataban prácticamente como extranjeros, más aún, invasores.

Constantemente me tenía que liar a golpes con alguno de ellos. A veces hasta a pedradas nos agarrábamos. Creo que fue aquí donde aprendí a pelear con los puños, respaldado por un extenso repertorio de malas palabras las que encabezaban, por lo regular, no muy dulces recordatorios maternales. Más adelante la fama de peleonero, me acompañaría por mucho tiempo.

Las noches las pasábamos en semipenumbras, pues en la Santa Lucía de esa época aún no había luz eléctrica. La sala de la casa, que era incómodamente amplia, estaba alumbrada con una lámpara activada con keroseno. Lo mismo ocurría en el dormitorio de mis padres. La niña, mi hermana Rosa, compartía aquella habitación con nuestros progenitores. Mi hermano y yo teníamos una pequeña habitación que era iluminada con la luz de una o dos velas.

Con los únicos con quien nos llevábamos bien era con un muchacho que se llamaba Jorge Salgado, nuestro vecino de enfrente y con Antonio Núñez, a quien más tarde, ya como integrante del grupo "Voces Universitarias", le apodarían "Pataste". Estos me enseñaron a hacer ondas o resorteras, con las que íbamos al solar de nuestra casa a buscar pichetes y a pajarear. Mi papá, mientras tanto, se la pasaba o en la montaña o más que todo, "celebrando y chiviando" o en otras actividades no muy santas, en Tegucigalpa.

Mi mamá, cansada de esta situación, decidió hacer un viaje a Tegucigalpa. El señor que fungía como capataz de la hacienda se llamaba Antonio "Toño" Zapata. "Toño", le dijo mi mamá "Mañana me ensilla una de las mulas y Usted me acompañará a Tegucigalpa". "Yo voy con vos", le dije.

"Es un viaje largo", me informó, "y aparte, alguien tiene que cuidar a Rosa y Gerardo". "Para eso está doña "Panchita", le dije. "Yo te acompañó". Doña Panchita era la trabajadora de la casa. Al día siguiente salimos los tres para Tegucigalpa. Mi mamá tenía su plan establecido. Primero fue a visitar a las tías y sus primas, quienes se asombraron de ver como yo había crecido. Luego se fue a la casa de su primo paterno, el abogado Juan Murillo Durón. Yo estaba con ellos durante la conversación. "Mirá, Juancito", le dijo mi mamá. "Ya esto se pasó. He decidido pedirle el divorcio a José".

Él hizo varias preguntas acerca de los bienes que poseían, de nosotros los hijos y luego, en tono muy profesional le dijo a mi mamá. "Vos y yo somos familia y te voy a hablar con claridad. Un divorcio te afectaría económicamente a vos y a José, pero más que todo a los hijos". Te sugiero que te regresés a Tegucigalpa. Yo hablaré seriamente con tu esposo".

Al parecer mi mamá no estaba muy convencida. Argumentó algo pero, "Juancito" era el abogado y al parecer tenía razón, más que todo en el asunto de lo económico. Toño Zapata, el capataz, nos esperaba con las dos mulas y un caballo, que él cabalgaba, en un área donde terminaba la avenida La Paz. Allí, al parecer, era punto de reunión de los arrieros que venían de La Montañita, Suyapa, La Travesía, El Chimbo, Valle de Ángeles y Santa Lucía. "Tenemos que apresurarnos porque va a llover", nos dijo Toño, que nos había esperado pacientemente. "Pero si no hay una tan sola nube", le dijo mi mamá.

Toño encabezaba la marcha. Yo le hice una seña a mi mamá indicándole que Toño estaba loco. ¿Cómo iba a llover si el cielo estaba despejado?

Una hora más tarde nos caía un aguacero, como yo nunca había visto antes y en plena montaña. Llegamos a la casa empapados de pies a cabeza. Mi papá regresó a la casa una semana después. El abogado Murillo Durón le había descargado una regañada de padre y señor mío, al parecer, le había hecho ver lo "pendejo" de su manera de ser. Especialmente ahora que ya tenía un hijo de diez años, el que estaba de acuerdo en que su mamá se divorciara. Esto me lo confesó mi progenitor años después. “De verdad ¿estabas dispuesto a que tu mamá se divorciara de mi?” Preguntó. “Sí”, fue mi tajante respuesta.

Llegó a la casa. Prometió que cambiaría. Juró, no sé por qué santo, ni por cual de mis abuelas, que se dedicaría a trabajar más en la montaña y que regresaríamos a Tegucigalpa. Alquiló una casa en las cercanías del parque la Leona. A mí, me matricularon en la escuela Morazán. Entraría al cuarto grado de educación primaria.

LA ESCUELA MORAZÁN

La escuela general Francisco Morazán era definitivamente, totalmente distinta al colegio San Miguel pero mucho mejor que la escuela de Santa Lucía. La mayoría de mis compañeros eran conocidos o por el apellido únicamente o por el apodo, en realidad más por este último.

De esta forma conocí y me hice amigo de “Titilo”, “Tiito”, “Peyuca”, “ Pingüino” y otros más. Mi grupo inmediato tenía nombre y apellido, también apodo: José Ramón Enríquez, “Mulín”, Luis Velásquez Lanza, “El Choco”, Jorge Carías, a quien llamábamos “Narizotas”, Wilfredo Rubio Rodríguez, “Sompopo”, primo mío en segundo grado por el lado materno y yo. El líder del grupo era Luis a quien le decíamos “el choco”, pues a temprana edad tuvo que hacer uso de lentes especiales debido a una miopía muy avanzada.

Carías era alto y bien parecido y a su edad, tenía tremenda facilidad de palabra. Le gustaba jugar con aviones. Se hizo piloto civil. Nuestra profesora se llamaba Lila Margarita Tercero, muy joven y bonita. Era muy buena educadora y sabía lidiar con aquel grupo de ya no muy pequeños rebeldes sin causa. Había una asistente de maestros. Le decían "Lalita". Era una dulce señora quien siempre estaba dispuesta a ayudarnos y cuidarnos.

Cuando llegaba la hora del recreo Lalita nos llamaba, algunas veces y nos daba tajadas de pan con mantequilla. Esta venía en cajas de cartón con una leyenda que más o menos decía: "Cortesía del gobierno de los Estados Unidos" y mostraba la bandera de esa nación.

Yo creía estar invicto pues no me habían rociado con las bautismales aguas del apodo. Hasta que llegó una película de Bob Hope, el comediante estadounidense, muy de moda por aquellos días. La película se llamaba "El cara pálida" y la proyectaron en uno de los salones de clase de la escuela, cortesía de la Embajada de Estados Unidos.

Después de la proyección de dicho filme, dos de mis compañeros se quedaron viéndome con atención, luego sin más ni más me dijeron: "Jau, cara pálida". Ya estaba bautizado. De simplemente González, pase a ser "Cara pálida". Esto debido a mi color, blanco, bastante acentuado en mi niñez.

Al principio me rebelé y decidí no resignarme a responder a aquel inofensivo apodo. Para ello recurrí al arsenal de malas palabras que había acumulado durante nuestra estancia en la escuela de Santa Lucía. Mi respuesta por cada "cara pálida" que escuchaba, era: "tú madre ¡¡hijueputa!!". Hasta que la profesora Lila Margarita, me pegó tremenda regañada frente a todo el grupo por hacer uso de un lenguaje "soez, indigno de un estudiante del grado y de la clase que ella impartía". González si sigue así, hablaré con sus padres". "¿Qué habría pasado si esto hubiera ocurrido en el colegio San Miguel"? pensé. Posiblemente una expulsión inmediata y "la inevitable condena al fuego eterno por tan horrendo pecado".

Quise contrarrestar aquello y decidí que ya no sería más pálido. Los fines de semana que íbamos a la "montaña" con mi papá, me ponía a recibir sol para "broncearme". El efecto era contraproducente. Sólo me quemaba la nariz y el lunes llegaba a la escuela con esta totalmente roja. Que bueno que mis compañeros no lo notaron; posiblemente me hubieran cambiado el apodo.

***

En una oportunidad nuestra profesora nos dejó una tarea; escribir acerca de lo que nosotros entendíamos por la independencia de nuestro país. Me parece que fui uno de los tres que mejor la hicieron, pues la profesora nos llamó a Jorge Carías, Ramón Enríquez y Tomás Antonio González para pasar al frente y felicitarnos.

En septiembre hubo una acto cívico en la escuela. Habría una representación artística para conmemorar la gesta de la independencia. Alguien de nuestro grado iba a personificar al general Morazán. Nos dieron los libretos, pero aún no sé hacia el reparto de los personajes. Yo consideraba que me tocaría Morazán. Éste recayó en Enríquez. Yo me conformé con ser Vicente Villaseñor, el compañero de martirio, en San José, Costa Rica, de nuestro héroe máximo.

Recuerdo que cuando el director de la escuela presentó a nuestro grupo, felicitó efusivamente a "la profesora Lila Margarita Tercero, quien no sólo es una dedicada educadora, sino que una consumada artista de la radiodifusión nacional que ha cosechado muy buenos y merecidos elogios en el cuadro artístico de HRN".

Así que nuestra profesora era artista? A partir de entonces yo buscaba oírla cada vez que sintonizaba alguna estación de radio. Cantaba y lo hacía muy bien. Tiempo después contrajo nupcias con el integrante de un trío que actuaba en el teatro estudio de HRN. Lamentablemente no recuerdo su nombre, ni el del trío. Vino la época de exámenes de fin de año. Fuimos promovidos a quinto grado.

La profesora Lila Margarita también fue ascendida a ese grado para felicidad nuestra, pues ya nos habíamos acostumbrado a ella, a su estilo y a su sistema. Aunque joven, era muy disciplinada y sabía disciplinar a sus educandos.

En el barrio La Leona tenía como vecino a un muchacho de mi edad, más bien creo que uno o dos años mayor que yo. Era un tipo muy listo y con una chispa que ponía de manifiesto a cada rato. Le gustaba contar y hacer chiste de todo. Se llama Jorge Montenegro.

Jorge y yo nos llevábamos bien, platicábamos de todo lo que los muchachos de esa edad platican. En una oportunidad me llamó y sentados en la acera frente a su casa, sacó una bolsita de la que extrajo unas cajitas de fósforos. "Mirá" me dijo, "esta papada que ves aquí se llama azufre, este es carbón y esta otra papada", a Jorge le gustaba, y creo, todavía le gusta expresarse de esa forma coloquial, "es nitrato de potasio". Para mi, aquello era chino, pero decidí seguir atentamente aquellas maniobras. Puso un poco de polvo de carbón, raspó un poquito de una piedra sulfurosa y luego le agregó algo del otro polvo, el nitrato y los mezcló. "Hacete para atrás" me dijo, "voy a encender esta papada y puede quemar". Sacó un cerillo. Una rápida llama azul quemó de inmediato aquel papel. "Púchica" dije, "¿dónde conseguiste esa papada?".

"El carbón aquí en la casa, el azufre lo conseguí allá por el cerro Juana Lainez y el otro polvo me lo consiguió un amigo de mi hermano que trabaja en una farmacia, que es quien me enseño a hacer esto", me dijo. Me quedé admirado.

"Púchica, este jodido si sabe muchas cosas", pensé. No muy lejos de donde nosotros vivíamos, había una pulpería bien surtida en donde vendían refrescos de cebada de cerveza. La propietaria de la misma se llamaba Ramona "Moncha" Pino. A veces íbamos con Jorge a comprar refrescos y pan con mantequilla o enchiladas catrachas que a nosotros nos sabía a gloria. Una vez probamos un poco de refresco de cebada. No me gustó.

Todas la tardes subía aquella cuesta de La Leona un hombre joven, alto, blanco, medio rubio y serio. Jorge lo saludaba alegremente. "Hey, Dick" le decía. "Wasamara with yu todei", "¿whats cuquin?". Él le contestaba algo en inglés, sonreía y seguía su camino. "¡Puta!" le dije un día. "¿Dónde aprendiste inglés?" Leyendo, me dijo simplemente. "Y ese gringo ¿quién es?" inquirí. "No es gringo, es de las Islas de la Bahía y se llama Dick Cooper", fue su respuesta. "Es medio rubio, blanco, alto, habla inglés, se llama Dick Cooper..., ¿pero no es gringo? ¡Vos me querés ver la cara de papo!", le dije. "No hombre, es que así son en las islas", me contestó.

La mamá de Jorge, doña "Chepita", si la memoria no me falla, tenía un negocio de ventas varias en el mercado Los Dolores. Era una señora muy buena y abnegada, según yo podía apreciar. Jorge tenía un hermano, Marco Antonio, a quien le gustaba tocar la guitarra y cantar. A veces nos íbamos a la pista de patinar del parque la Leona. La pasábamos muy bien. Mi papá estaba dedicado a seguir trabajando "la montaña". En ocasiones traía leche a la casa, es lo que sobró de la venta de hoy, le decía Toño Zapata, quien continuaba siendo el capataz de "la montaña". Ese excedente de leche lo convertían en cuajada y mantequilla que nos deleitaba en el desayuno o cuando el apetito nos pedía aquella delicia.

***

En Santa Lucía yo había aprendido el oficio de confeccionar resorteras u hondas, como también eran conocidas. Se trataba de una rama pequeña, en forma de horquilla, a cuyas puntas se ataban dos tiras de hule, las que a su vez estaban entrelazadas con un trozo de badana de forma oval, que servía como cargador; preferíamos las ramas del guayabo, por ser más resistentes.

Pequeños pedernales, trozos de piedra, por lo regular redondas o canicas servían de proyectiles, eran la parte esencial de aquella pequeña arma. Se colocaba el pequeño proyectil en la badana. Se apretaba con fuerza con una mano mientras con la otra se estiraban las tiras de hule, lo más que se podía, luego se soltaba y el proyectil salía disparado.

No sé de dónde, pero el caso es que Montenegro y yo, aparecimos , cada quien, con su respectiva resortera. Primero practicábamos y afinábamos la puntería tirándole a latas vacías. Considerándonos ya tiradores profesionales, nos íbamos a unas zacateras ubicadas en la larga avenida La Paz, que conducía al hospital San Felipe.

Estas zacateras estaban sembradas de arbustos en los que anidaban aves de diverso tipo, siendo los Zanates la mayoría. Nuestro blanco principal eran, sin embargo, las lagartijas o "pichetes". En nuestro momentos de franca holgazanería, por lo regular siempre, nos íbamos con Jorge a las zacateras. A "pichetear" decíamos. Varias fueron las ocasiones en que realizamos nuestras infames incursiones en busca de descuidadas e inocentes lagartijas. Tal vez en alguna oportunidad cayó uno o dos zanates que no levantaron vuelo a tiempo para escapar de nuestros certeros "hondazos". Concluíamos nuestra destructora labor cuando se agotaban nuestros proyectiles.

Entonces emprendíamos al regreso a casa. Haciendo un alborotado recuento del número de bajas que habíamos causado a la naturaleza. Nuestras invasiones al territorio de las lagartijas concluyó, al menos para mí, un día, cuando avanzábamos entre la maleza en busca de las pobres víctimas de nuestros instintos de embrionarios cazadores. Miré a una lagartija de regular tamaño y bonitos como brillantes y verdosos colores. "Esta no me la gana Jorge", pensé.

Cuando levanté la honda, sentí un cosquilleo en los tobillos. Mire hacia abajo para ver una serpiente, color café, que serpeaba lentamente, avanzando con rumbo desconocido. "¡Culebra!", grité al tiempo que emprendía veloz carrera en busca de la calle principal. Jorge me siguió, volteando con recelo hacia atrás. "No jodás" le dije agitado. "Era una culebrota bien grande".

En realidad y retrospectiva, pudo haber sido un reptil de menos de un pie de largo pero en mi ofidiofobia magnifiqué su tamaño. No regresamos a aquel lugar. No obstante, Montenegro y yo nos habíamos ganado, ya el no muy noble título de "picheticidas". Años después, en el zacatal aquel, escenario de nuestras masacres, el gobierno de los Estados Unidos construyó su bien fortificada embajada y la Avenida La Paz pasó a ser la Avenida de los Próceres.

***

Aparte de la leche que producían las vacas, mi papá se había dedicado a la siembra de hortalizas y en ocasiones maíz. Me gustaba visitar la montaña. El suave rumor de los pinos mecidos por el viento, unido al gorjeo de la aves daba una sensación de libertad. Sentía como que abrazaba a la naturaleza o tal vez ésta me abrazaba a mí. A esto se unía el aroma del árbol de pino, del que los labriegos buscaban cortar partes de la corteza especialmente de los pinos más viejos, para encender los fogones de sus hornos. Esta corteza no sólo era un excelente medio de combustión sino que, en tiempos de frío, calentaba las pequeñas habitaciones de los campesinos, desprendiendo el penetrante aroma del pino, que se extendía por todos lados.

También cortaban las ramas más maduras para sacar lo que llaman el "ocote", cuya resina es otro excelente conductor del fuego. Mi papá le decía a los trabajadores que sacaran la mejor leña de ocote, la que una vez cortada era apilada en varios cuadrángulos, unos sobre otros. "Así se seca más rápido y se evita que agarre fuego rápido si una chispa le pega", me decía Tiburcio, quien era el líder del grupo.Otro negocio que había iniciado mi activo progenitor era la venta de leña a domicilio. En su pequeño camión cargaba leña de ocote y de roble y enviaba a un chofer: Ramiro y dos ayudantes, a que vendieran la leña por diferentes áreas de la ciudad. A veces yo los acompañaba, les ayudaba a contar y tirar la leña. Mi papá, cuando se acordaba, que no era con frecuencia, me pagaba veinticinco centavos.

***

Pasamos al sexto grado. Nos tocó uno de los mejores maestros que yo tuve durante la educación primaria. El profesor Ernesto Enríquez. Los alumnos de los años anteriores, para continuar la tradición de poner apodos a todo el que se pusiera en el camino, habían bautizado al profesor Enríquez como "Conejo virgo".

Él estaba al tanto de su sobrenombre pero no decía nada cuando alguien lo mencionaba; estricto a mas no poder pero excelente en su manera de impartir clases, el profesor Enríquez fue realmente un forjador de futuros ciudadanos.

En la mañana, antes de entrar a clase y cuando todos los grados hacíamos fila en las puertas de nuestras respectivas aulas, el profesor nos alineaba y casi al estilo militar, pasaba revista.

Nos revisaba y se cercioraba de que tuviéramos los zapatos limpios, de ser posible, bien lustrados. Nos pedía que extendiéramos las manos, las examinaba por ambos lados. "Límpiense las uñas, las uñas sucias son refugio de los microbios que provocan enfermedades", decía. Nos pedía que abriéramos la boca para ver si nos habíamos limpiado los dientes y así por el estilo.

En clases era muy disciplinado y exigía disciplina. Si no habíamos aprendido determinada lección o no habíamos entregado la tarea del día anterior o si esta no estaba correctamente entregada, se quedaba con nosotros hasta después de clase y se ponía a repetir la lección hasta que el último de nosotros estuviera familiarizado con el tema.

Como nos gustaba el alboroto, si descubría quien estaba haciendo ruidos y riéndose cuando él estaba de espaldas a la clase y frente al pizarrón, él de inmediato se detenía e invariablemente decía: "No hay recreo, todos están suspendidos". Si el descubría quien era el alborotador, lo llamaba con voz calmada pero firme: "Venga al frente, ponga la cabeza debajo del escritorio y mantenga la manos sobre el mismo". Dos buenos reglazos en las posaderas y, remedio seguro, no más alboroto. El transgresor recibía después la otra parte del castigo. Le caían "las avispas" ya que por su culpa no habíamos salido a recreo. El no muy agradable castigo de las "avispas" consistía en formar una doble fila. El culpable por no salir al recreo, era obligado a pasar en medio de aquella fila. Todos le dábamos de palmadas en la cabeza.

El profesor Enríquez nos enseño a ser respetuosos. Si algún maestro de otro grado entraba a nuestra aula cuando el estaba impartiendo, de inmediato guardaba silencio momentáneo y decía: "de pie, tenemos visita". Todos nos parábamos. Era obligatorio el saludar, en la mañana con un "buenos días", en la tarde con el consabido "buenas tardes".

"González" , me dijo un día. "Usted Es bueno en casi todas las materias, pero en matemáticas de verdad es la "riata", "le falta mucho en los quebrados y en álgebra elemental". Se quedó pensativo un momento y luego agregó: "a partir de hoy se va a quedar media hora después del receso del medio día para que aprenda bien los números".

Así lo hice y logré familiarizarme más o menos bien con las matemáticas, gracias al noble esfuerzo del profesor Ernesto Enríquez. No fui el único que recibió este beneficio. Había otros que también tenían deficiencias en aritmética y tenían que quedarse la media hora extra.

El profesor Enríquez nos decía que debíamos leer, siempre leer buenos libros. "Son la puerta al conocimiento", decía. En artes manuales nos enseñó a trabajar la madera. Hizo varias proyectos y nos pidió que los que pudiéramos, lleváramos madera de cedro y/o de pino, la que fuera más fácil de obtener. Días después nos enseñó a cortar la madera, a hacer planos, con medidas lineales bien definidas y a hacer sillas y pequeños muebles rudimentarios pero bien confeccionados, decía.

Del profesor Enríquez aprendí algo que se quedó grabado en mí. Hablábamos de Geografía Universal y nos pidió que escribiéramos una breve composición de la historia y geografía de nuestro continente. Casi todos hablamos de Norte América, México, Centroamérica y Sudamérica.

Nos pidió una explicación: "¿cuál es el gentilicio de los de Canadá?. "Canadienses", repetimos a coro. "¿De los de Estados Unidos?". "Americanos", se escuchó de nuevo al coro. "¿De los de Méjico?". México no lo escribíamos con X, sino con J. "Mejicanos". "¿Centroamérica?"., preguntó el profesor. "Centroamericanos", respondimos. "¿América del Sur"?. "Sudamericanos".

"Están aplazados en una respuesta", dijo contundentemente. "Fíjense bien en la respuesta y busquen la falla". "Regresaré en un momento y cuando regrese espero que tengan la respuesta correcta". Salió del aula. Empezamos a preguntarnos ¿dónde estaba la falla? Regresó unos minutos después. "Bueno, ¿ya encontraron la respuesta?", preguntó. Hubo silencio. "Voy con la pregunta inicial. ¿Cuál es el nombre del continente donde estamos nosotros?". "El continente americano", dijimos, nuevamente a coro. "¿Por qué se llama América?", preguntó. "Por el navegante italiano Américo Vespucio", respondimos. "Entonces, si el continente es el continente americano, todos somos americanos. Por ello tenemos Norte América, Centro América, donde estamos nosotros y Sudamérica, aparte de las islas mayores y menores que ustedes ya saben cuales son y son parte de América".

El maestro siguió con la explicación "entonces, ¿cuál es el gentilicio de los de Canadá?", respondimos: "Canadienses". ¿El de los nacidos en Estados Unidos?". "Americanos", respondimos. "No", dijo en voz alta. "El gentilicio de los nacidos en Estados Unidos es Estadounidenses. Americanos somos todos los nacidos en este continente, como los europeos son todos los nacidos en Europa. No lo olviden", confirmó.

Aprendimos la lección. Donde quiera que esté, mi eterno y profundo agradecimiento al profesor Ernesto Enríquez,

"Conejo virgo", un gran maestro, que hizo de la enseñanza un verdadero apostolado.

Siempre recuerdo un incidente que a mí, se hizo bastante simpático. Dos alumnos del cuarto grado hacían fila antes de entrar a clase y comenzaron a discutir, porque a uno de ellos lo había golpeado un auto, nada grave, según parece pero el accidente había sido reportado en un periódico.

"Vos te crees gran cosa por que saliste en el periódico porque te "apachurro un carro", dijo uno. El otro ni tardo ni perezoso respondió: "No jodás, y vos que te crees gran cosa porque tenés un tío que es loco" . Los que les escuchamos, nos reímos por un buen rato ante aquella ocurrencia.

***

En esos días se hablaba mucho de política. "El presidente Gálvez" decían algunos ha sido muy buen mandatario, pero Carías quiere volver al poder". Había manifestaciones de los seguidores del Partido Liberal. Seguían a un líder que se llamaba Ramón Villeda Morales.

Mi mamá mostraba mucha simpatía por el partido liberal. "Pero si tu papá era muy nacionalista" le dijo un día mi papá. "Eso era él", fue la tajante respuesta de mi madre. "¿Ya se le olvido que a Usted lo metieron al sótano sólo por darle vivas al partido liberal?", le preguntó. "Sí. Pero yo andaba bolo", contestó mi papá como si nada. Yo la acompañaba durante aquellas manifestaciones, que recorrían varías calles de Tegucigalpa. "Viva Pajarito". Gritábamos a todo pulmón. Yo tenía unos doce años de edad.

Mi mamá, no sé de dónde, había conseguido un libro que se titulaba: "La Cárcel y mis Carceleros", escrito por un señor que se llamaba Salomón Sanabria. En el describía los horrores, vejámenes y torturas a que eran sometidos los presos políticos en la penitenciaría central. Compartió ese libro conmigo. De ahí me nació un profundo rechazo a todo lo que atente contra la dignidad y el derecho del ser humano a ser libre. Un día amaneció todo cerrado en Tegucigalpa. "Se fue Gálvez", decía un periódico. "Viajó a Panamá", continuaba.

El vicepresidente asumió el poder. Era Julio Lozano Díaz, aquel señor que, según decía mi papá, había sido el administrador de la empresa Dean, cuando mi progenitor trabajaba allí como jefe de motoristas y mecánicos. "Es buena gente don Julio", dijo mi papá.

***

Llegaron los exámenes finales. Casi todos pasamos con buenas notas. Ya salíamos de la primaria, de la educación elemental y nos encaminábamos a una educación superior. Algunos dijeron que iban a entrar al Instituto Central, a estudiar bachillerato o comercio. Nuestro grupo, con la excepción de Jorge Carías que se fue al Central, nos decidimos por ir a un colegio privado, a estudiar comercio. Yo me inclinaba por ir al Central, quería estudiar bachillerato para después entrar a la universidad. Me gustaba la medicina.

Mi mamá me decía que Comercio era una carrera muy bonita, más corta que bachillerato y desde luego, que medicina. Mi aspiración a ser médico no era muy firme y decidí seguir la sugerencia de mi mamá. Ella había sido una de las primera mujeres graduadas en la carrera de perito mercantil. Había egresado del Colegio María Auxiliadora, aunque prácticamente nunca había tenido un empleo para ejercer su profesión, ésta le había servido en los diversos negocios que había emprendido mi papá. Ahora que estaba en el negocio de "la montaña" mi mamá podría contar con mi ayuda, una vez que yo saliera del colegio.

Durante las vacaciones mi papá me pidió que le acompañara a la montaña. Nos íbamos temprano pues no había una carretera, sino que un camino de terracería, por el que se transitaba únicamente con camiones o pick ups de doble tracción. Esto hacia que el viaje fuera lento y tardado.

Me gustaba ir a la montaña. Había varios trabajadores que cortaban leña. Otros sembraban milpas y más allá legumbres y verduras. Teníamos unas cuantas vacas y a mi me gustaba, temprano en la mañana, tomar leche "al pie de la vaca", es decir recién ordeñada. El lácteo salía tibio y espumoso y nos lo servía en un huacal, un señor llamado Tiburcio.

Este Tiburcio era un personaje muy especial. Decía que el era una persona que sabía bastantes cosas y conocía "La determinación de las historias". Nunca supe que significaba aquello.

Nos contaba que en la montaña, al oscurecer, azoraban, pues cerca de las quebradas salía "la sucia". Por eso y porque hace frío hay que meterse a la casa al venir la noche y hay que agarrar el guarizama, "por si las dudas".

Por esos días mi papá habló con mi padrino, "Nando" Villar para me consiguiera un trabajo en el banco en donde Don Nando era gerente general. Era el Banco de la Propiedad. Entré a trabajar en calidad de conserje. Rápidamente hice algunos amigos, aunque todos eran mayores que yo. Conocí a los "tres Marios" Mario Belot, Mario Noé y Mario Maradiaga. Los tres eran altos, aunque Belot era el más fornido de ellos. Trabajaba ahí un señor de apellido Mulvany, Carlos, creo. Entre las empleadas recuerdo a una, delgada y bonita , bastante joven, se llamaba Urania. Estaba Alba Luz Pino y una señora que por el acento yo consideraba, era española, también estaba un señor de apellido Padgett y otros más.

El subgerente del banco era mi tío Luis Rodríguez, primo consanguíneo de mi mamá. A los Marios se les ocurrió crear un equipo de futbol. Íbamos en las tardes a practicar y jugar "potras" a un campo que estaba ubicado en las cercanías de la Nunciatura Apostólica. Un sábado, al terminar los entrenamientos nos fuimos a un restaurante que quedaba en el centro de la ciudad: El Patio. Todos pidieron cerveza. Yo también. Tomé una. El mundo entero dio vueltas. La cerveza no es para mí, pensé, al menos por ese día.

Mi salario, sin temor a equivocarme, era de cuarenta Lempiras mensuales. Me sentía rico. A veces invitaba a mis compañeros, Luis, Carías y Enríquez a que fuéramos a tomar refrescos al Jardín de Italia. "Sos buen alcalde", decían sonrientes. Claro, yo los invitaba.

Un día mi papá y mi mamá hablaron conmigo. O trabajaba o estudiaba. Dejé mi puesto en el banco de la Propiedad. Entré al colegio. Me registré en el Héctor Pineda Ugarte. El H.P.U.

Mis compañeros, Ramón Enríquez, Luis Velásquez y yo, entramos al primer curso. Una de mis tías, Victoria de Mejía, dictaba clases en dicho instituto.

EL H.P.U

El primer día de clase nos recibieron a todos los nuevos educandos. Un señor elegante y bien vestido, fue el encargado de darnos la bienvenida oficial. Era el Licenciado Gustavo Adolfo Alvarado, director del plantel.Después de la breve ceremonia en la que habló del colegio, lo que ofrecía y del sistema que se seguía, presentó a algunos de los otros maestros. El sería nuestro profesor de sociología. Me gustaba esa clase.

El licenciando Alvarado sabía impartirla. En los primero días se basaba en los textos, pero cuando ya nos fue conociendo, ponía algo de su propia cosecha, nos hacía bromas y hasta nos daba consejos, tanto a varones como a mujeres.

El colegio era mixto, con frecuencia el maestro citaba de memoria los pensamientos del gran sociólogo, médico, escritor y filósofo Ítalo argentino José Ingenieros. Copié una frase que nos regaló un día. La memoricé: "No hay perfección sin esfuerzo. Los mediocres jamás cosechan rosas por temor a la espina". Insistía en que leyéramos a Ingenieros, en especial el libro El Hombre Mediocre. "Si alguno de ustedes cae en el molde que se describe en ese libro, sálgase de el de inmediato", nos decía.

Recuerdo que las compañeras vestían un uniforme que a mí, se me hacía raro. Una sola pieza, color blanco, cuello ancho y una especie de corbata negra, estilo marinero. Nosotros íbamos de "civil", pues muchos de los compañeros trabajaban en diversas actividades después de las clases, que estaban divididas de siete a diez de la mañana y de dos a nueve de la noche.

Nuestro profesor de gramática, tanto en primero como en segundo curso era el licenciado Oscar A. Flores. El abogado Flores vivía calle de por medio con el colegio, en el barrio la Ronda. A escasa media cuadra de donde mi padre había tenido la planchaduría la Americana, hacia ya varios años. El "Lic. Flores", como le decíamos, nos invitaba a que leyéramos dos libros que el consideraba muy importantes: La Biblia y El Quijote. "No sólo son para leerlos, hay que interpretarlos" decía. Nuestro maestro también hacia uso del coloquialismo. "Está jodido", decía refiriéndose a quien no diera una buena respuesta a sus preguntas.

Me gustaba el colegio. Aparte de las clases que nos adentraban en los conocimiento del debe y el haber los peritos de aquella época, saben a lo que me refiero, el hecho de que el colegio fuera mixto nos permitía establecer amistad y hasta furtivos noviazgos con las compañeras de clase.

Mi papá estaba seriamente dedicado a la "montaña" y a su casa.

Se hizo miembro y posteriormente me incluyó a mí, en el grupo de Los Caballeros del Santo Sepulcro. Este era un grupo de personas, varones todos, que organizaban bajo la supervisión de un sacerdote católico, las ceremonias de Semana Santa, cuando en una pesada urna de cristal, cargábamos la imagen de Jesucristo y recorríamos, en silenciosa procesión, varías calles de la ciudad.

En los días previos a la semana santa, nos reuníamos en la pequeña iglesia el Calvario, en las inmediaciones del Teatro Nacional. Estábamos divididos en grupos, según la estatura de los cargadores. Estaban los altos, los que encabezaba un señor cuyo nombre era, creo, Roberto Díaz pero a quien apodaban "El Güirís", este señor había sido alto funcionario en el gobierno de Carías, luego seguíamos a los de estatura media y después a los más bajitos.

***

Por esos días, Ramón Enríquez y yo decidimos dedicarnos al fisicoculturismo. Mandamos pedir el curso de tensión dinámica de Charles Atlas. "El hombre más perfectamente desarrollado del mundo", según la publicidad.

A mi dirección llegaron las indicaciones de como seguir el curso aquel. Venía en español, en realidad traía buenos consejos de como seguir una dieta balanceada, hacer ejercicios para desarrollar el tórax, los bíceps, tríceps y dorsales y demás partes de la anatomía masculina.

Todo estaba bien, excepto lo de la "dieta balanceada", pues esta se aplicaba al sistema alimenticio de Los Estados Unidos, totalmente diferente al nuestro. En todo caso, el dichoso curso nos sirvió de algo pues, con algo de dedicación comenzamos a ver los resultados. Empezamos a desarrollar bíceps y pectorales.

En el H.P.U. en un curso más avanzado que el nuestro había un estudiante, tal vez uno o dos años mayor que nosotros, quizá de uno ochenta de alto pero con una musculatura envidiable. Le gustaba lucir camiseta ajustada y las muchachas se quedaban embelesadas cuando pasaba por su lado.

Era Salvador Erazo, por afinidad con el asunto del fisicoculturismo y tomando como excusa consultarle algo, nos acercamos a él. Nos hicimos amigos y compañeros de ejercicios. Lo hacíamos en la casa de Salvador, a media cuadra del colegio, donde había adaptado un pequeño gimnasio. El levantaba pesas. Con la guía y asistencia de Salvador, me hice levanta pesas. Logré desarrollar una anatomía aceptable.

Conocí a otros que se dedicaban al fisicoculturismo. Recuerdo entre ellos a Orlintín Núñez, impresionante por su estatura. Carlos Hernández "El Gato", quien con el tiempo establecería un gimnasio profesional, bien equipado y de mucho éxito. También había uno, solo recuerdo que le decían "Mámaro", quien tenía unos bíceps "que daban miedo", según decían algunos. Por ese tiempo y a pesar de que habíamos sido compañeros y amigos desde la escuela Morazán, mi compañero Luis Velásquez se distanció de mí.

Había algunas razones para ello, cuestiones de novias. Aparte, parece que no le gustaba la forma en que yo había desarrollado la musculatura. Con mucha dedicación y más premeditación se encargo de que los otros compañeros de la misma escuela también se me alejaran, aunque no del todo. "Yo no voy a sudar calentura ajena", me dijo en una ocasión Enríquez.

Luis constantemente me lanzaba "puyas" y provocaciones. Yo no caía en la trampa pues no podía liarme a golpes con el, debido a su condición. Usaba lentes sumamente gruesos y cuando se los quitaba quedaba prácticamente a ciegas. Si yo le golpeaba cometía el delito de atacar a un invidente. "Cárcel segura", pensaba frustrado.

En esa época estaba de moda Elvis Presley y "nosotros, los de entonces", decidimos copiar el estilo de éste. Cabello bien peinado. Bucle alto y el cuello de la camisa levantado hacia la nuca. La camisa debía ser, de preferencia, a rayas y manga larga. En tono casi despectivo a los que seguíamos la moda "a la Elvis", nos decían "Buclosos". Luis no perdía el tiempo, ni desperdiciaba la ocasión para hacer ácidos y ofensivos comentarios cuando yo me encontraba cerca. "¡Todos los buclosos son culeros!" decía en voz alta.

En una ocasión y tratando de contenerme por no soltarle un golpe, me limite a contestar, también en voz alta: "¡Los buclosos serán culeros, pero le quitan la novia a los pendejos!". La cosa no pasó a mayores. Salvador y yo nos hicimos inseparables compañeros de aventuras. Él, que trabajaba en la Tropical Radio, compró una motocicleta en la cual invariablemente salíamos para ir a visitar a nuestras respectivas novias.

En el ámbito político, con Don Julio Lozano al mando del gobierno, las cosas parecían ir más o menos bien. El nuevo presidente continuaba la línea reformista del Dr. Gálvez. Fue Don Julio el que otorgó el derecho a voto a la mujer. También promulgó algunas leyes que eran favorables a la población en general.

Pero no todo andaba bien. "Don Julio pretende perpetuarse en el poder" decían sus opositores liberales después que este disolvió el congreso y se proclamó jefe de Estado. Hubo estira y aflojas de tipo político para que se convocara a elecciones presidenciales.

***

En Guatemala, el coronel Jacobo Arbenz Guzmán había establecido un gobierno que pretendía continuar las tibias reformas populares iniciadas por su predecesor,[1] el presidente Juan José Arévalo, comenzando por una reforma agraria en donde expropiaba las tierras que estuvieran ociosas, es decir, no productivas. Estas tierras eran propiedad de una compañía bananera estadounidense.

En esos días, los trabajadores de United Fruit Company, en el norte de Honduras, decretaron una huelga general[2] al negárseles ciertos derechos laborales que reclamaban. El todavía presidente, Gálvez, era presionado por las bananeras para que tomara acciones duras contra los huelguistas. Ellos argumentaban que las huelga estaba influenciada e infiltrada por elementos del gobierno del presidente de Guatemala, Jacobo Arbenz, a quien ya describían como comunista.

1 En Guatemala el presidente Jacobo Arbenz pretendía continuar las tibias reformas iniciadas por su predecesor.(Diario El Cronista)
2 En esos días los trabajadores de La United Fruit Company, en el norte de Honduras, decretaron una huelga general. (Diario El Cronista)

Arbenz fue depuesto en 1954 por el también coronel Carlos Castillo Armas[3] quien, abiertamente apoyado por la Agencia Central de Inteligencia de los Estados Unidos; entró triunfante a la capital de Guatemala. Procedente de Honduras. Arbenz, sin defender su gobierno y disparar un solo tiro, se fue exiliado a México.

***

Ante el descontento general por haberse proclamado jefe de Estado el gobierno de Don Julio comenzó a apretar las tuercas de la represión. La huelga de los bananeros fue declarada ilegal. Se registró un alto número de presos por ser "comunistas y alborotadores". Entre estos había estudiantes universitarios que apoyaban aquel movimiento de reivindicación laboral.

El Dr. Villeda Morales fue arrestado y sacado del país en compañía de un grupo de sus seguidores. En 1956 tres estudiantes universitarios: Jorge Arturo Reyna, Aníbal Delgado Fiallos y Elvin Santos, fueron arrestados[4] cuando Reyna estacionaba su vehículo en una calle aledaña a la casa presidencial. Fueron atados de manos y remitidos a uno de los torreones del Palacio Presidencial[5] en donde permanecieron cinco días, antes de ser trasladados a las celdas de la penitenciaría central. Allí se encontraron un numeroso grupo de reclusos, todos ellos por razones políticas.

La acusación que pesaba en contra de los tres universitarios: "sospechosos de ser comunistas"[6] por haber asistido

3 Arbenz fué depuesto en 1954 por el tambiên coronel Carlos Castillo Armas. (Diario El Día)

4 En 1956, tres estudiantes universitarios, Jorge Arturo Reina, Aníbal Delgado Fiallos y Elvin Santos, fueron arrestados (Diario El Cronista)

5 Fueron atados de manos y trasldadados a un torreón del Palacio Presidencial. (Conversación del autor con Jorge Arturo Reina.)

6 La acusación que pesaba en contra de los tres universitarios "sospechosos de ser comunistas".(Diario El Día)

a un congreso internacional de estudiantes en Praga, Checoslovaquia, país de Europa Oriental que giraba en la órbita de la Unión Soviética. Los universitarios exigieron la libertad de los tres y decretaron una huelga estudiantil. Los estudiantes de secundaria nos solidarizamos y nos unimos a aquel paro. Los violentos enfrentamientos con la policía no se hicieron esperar. Yo estaba en segundo curso y ya participaba activamente en el movimiento. Por una o dos semanas nos enfrentamos, casi a diario, con piedras, palos y lo que pudiera, contra los agentes, quienes nos dispersaban lanzándonos gases lacrimógenos y, a veces, a garrotazo limpio.

Muchos universitarios y secundarios compartimos aquellas acciones. Numerosos estudiantes fueron arrestados. En el segundo día de la huelga, si mal no recuerdo, precisamente cuando estábamos reunidos en el Paraninfo de la Universidad, frente al parque la Merced, llegó Juan Montalvo, un compañero de clases quien era un activo organizador, nos informó sumamente alterado: "El licenciado Gustavo Adolfo Alvarado, el director del HPU, "acaba de fallecer víctima de un fulminante paro cardíaco". Salimos a la carrera hasta llegar al colegio. La infausta noticia nos fue confirmada.

Esa noche estuvimos de guardia frente al féretro de "Don Gustavo" y al día siguiente asistimos, silenciosa y masivamente, acompañados por estudiantes universitarios y de otros colegios, al entierro de aquel nuestro maestro de sociología.

No dimos tregua a la policía. Cuando regresamos del sepelio de nuestro querido profesor los enfrentamos con todo. El parque La Merced, no muy lejos de Casa Presidencial y el parque central fueron escenarios de aquellas verdaderas batallas campales. Un día nos encontramos un camión cargado de leños de roble, bien cortados. Asaltamos el vehículo, cuyo conductor al vernos, simplemente se hizo a un lado sin decir palabra. Armados de esta manera y con pañuelos empapados de agua, nos fuimos al ataque. Nos lanzaron gases lacrimógenos. Recogíamos las bombas y protegida la nariz con los pañuelos mojados, las tirábamos de regreso a los agentes.

El dueño del camión aquel fue arrestado. Se llamaba Concepción Gómez, "Don Chón" Gómez, un líder del partido liberal a quien "un oreja", un agente infiltrado entre nosotros, acuso de deliberadamente, haber puesto aquel camión cargado de leños para que nosotros, los "revoltosos", nos armáramos.

Culpábamos a la represión por la muerte de nuestro director de quien, nos dijeron más adelante, cuando escuchó el eco de los disparos de los gases lacrimógenos habría exclamado: "Están matando a mis muchachos", cayendo fulminado casi de inmediato por el masivo paro coronario. Tras 20 días de cautiverio los tres estudiantes universitarios, cuya libertad exigíamos, fueron sacados de la cárcel. Otra de las razones del arresto de los estudiantes es que Jorge Arturo Reyna trabajaba activamente en compañía de otros universitarios, en la formación de un frente estudiantil de acción.[7] También destacaban en esta actividad José Armando Sarmientos, Enrique Samayoa y Enrique Fiallos, uno de los estudiantes más altos del centro universitario pues media poco más de dos metros, según lo describió Jorge Arturo, cuando le consulté datos para este libro.

Reyna Idiáquez fue el fundador y primer presidente de lo que paso a ser el Frente de Reforma Universitario. Entre algunos de los logros de esta organización está la obtención de la autonomía universitaria. Al F.R.U. se le señalaba como de extrema izquierda. Más adelante nacería la contraparte de esta agrupación. El F.U.U.D. Frente Universitario de Unión Democrática, catalogado de extrema derecha.

7 Jorge Arturo Reina trabajaba en la formación de un frente estudiantil. (Conversación del autor con Jorge Arturo Reina.)

No obstante las diferencias ideológicas, ambos bandos se unían, cada once de junio, día dedicado al estudiante, no sólo en la celebración sino que en la edición y publicación del anuario El Tornillo Sin Fin, "Órgano viril del estudiantado universitario", según lo subtitulaban. En sus páginas se criticaba, por lo regular con mucha dureza, a todo y a todos los personajes de la administración gubernamental de turno.

***

Las turbulentas aguas de la huelga estudiantil se calmaron y la tranquilidad volvía, aparentemente, a su cauce normal. La madrugada del primero de agosto de 1956 fuimos despertados por los ecos de una nutrida balacera que se amplificaba en las partes altas de la ciudad. Desde nuestra casa y en la semioscuridad de esa madrugada, podíamos ver los fogonazos que salían de los disparos de armas de diverso calibre.

El repiqueteo de las ametralladoras y las detonaciones de los fusiles se escuchaban en forma incesante. "Es un golpe de Estado", dijo uno de los vecinos de los muchos que hasta en ropas de dormir, habíamos salido a espiar cautelosamente lo que estaba pasando.

Los disparos disminuían ligeramente para reanudarse con intensidad momentos después. No sabíamos que era lo que ocurría. Los rumores comenzaron a circular a cual mas contradictorio.

En la terraza de la estación Unión Radio, cerca del parque La Leona de la cual se miraba parte de la ciudad y, desde luego del cuartel, se había reunido un grupo para ver lo que pasaba. Sólo sé que se llamaba Herman Osorio, era locutor de esa estación. Quiso buscar un lugar más apropiado para ver lo que pasaba cuando cayó, blanco del disparo de un soldado que lo había confundido con un francotirador.[8]

Ya entrada la mañana un grupo de soldados comenzó a despejar las calles donde nos encontrábamos. A escasos metros de nuestra casa instalaron un mortero con el que empezaron a bombardear el cuartel. Realmente era ensordecedor el ruido del obús al hacer impacto. Y los artilleros tenían bien enfocado el blanco pues con cada proyectil lanzado se miraba como las torres del edificio eran estremecidas por la explosión del mortero.

A eso de las diez u once de la mañana fueron cesando los ecos de los disparos y estos ya eran distantes y aislados. Con un nutrido grupo de curiosos me acerqué hasta donde pude a la calle adyacente al cuartel. Desde cierta distancia miré, pues lo reconocía muy bien por ser el vecino de mi novia, en el barrio Buenos Aires, al Coronel Tomás Martínez, a quien, no sé por qué, apodaban "caquita".

Él portaba una metralleta terciada ya al hombro. Caminaba por los pasillos que unen los torreones del bombardeado cuartel. El saldo de esa acción fue de muchos muertos y heridos. Supimos después que el mayor de plaza del cuartel, Santo Sorto Paz, se había rebelado contra el gobierno de Don Julio Lozano. A él se habían unido algunos estudiantes y obreros, entre los que se mencionaba a varios activistas estudiantiles, entre ellos: Ezequiel Escoto, quien cayó herido cuando se encontraba en las cercanías del palacio Arzobispal. Ramón Custodio, Celeo Arias, Federico Mejía Rodezno, Rigoberto Díaz, Agapito Sánchez y otros.

8 Solo se que se llamaba Herman Osorio. Quiso buscar un lugar mas apropiado para ver los que pasaba.Cayó blanco de los disparos de un soldado. (Diario El Día)

Leímos de la muerte de un mayor del Primer Batallón de Infantería, quien habría sido una de las bajas de las fuerza leales al gobierno de Lozano Díaz. Era el Mayor Juan Pablo Silva.[9] Al atardecer hubo una proclama del gobierno, la que fue leída en cadena nacional de radio. Estábamos bajo el estado de sitio decretado a raíz de los acontecimientos de ese día.

Los días posteriores fueron de temor e incertidumbre. Había soldados y policías fuertemente armados recorriendo las calles de la ciudad. Se hablaba en voz baja de que el Mayor Silva no había caído en combate, peleando contra los estudiantes y soldados que se habían rebelado. Se decía con insistencia que había sido ejecutado por órdenes del mandatario, que temía que

el Mayor estuviera en su contra y fuera seguido por los oficiales y soldados del Primer Batallón de Infantería. El Mayor Santos Sorto Paz fue acusado de alta traición y remitido, en compañía de otros que fueron hechos prisioneros, a la Penitenciaría Central.

“No jodás” me dijo en una ocasión Rubén Hernández, compañero de clase, “este Sorto Paz estudia aquí en el Pineda, creo que está en cuarto curso en la sección B”. Aparentemente la calma iba regresando a todo el país. Celebramos las fiestas patrias de septiembre, aunque rodeados de un clima de alta tensión. Yo acaba de cumplir quince años de edad.

En el colegio nos preparábamos para los exámenes finales del año lectivo. Nuestra costumbre era dedicar los “quince días” para repasar y estudiar con dedicación aquellas clases en las que tuviéramos fallas. Educandos de distintos colegios nos reuníamos en el parque La Leona, a donde

9 El Mayor Juan Pablo Silva no había caído en combate. Se decía con insistencia que había sido ejecutado por ordenes del mandatario.(Diario El Cronista)

acudíamos con el pretexto de estudiar pero, más que todo, a darnos cita con la novia de turno.

***

La mañana del domingo 21 de Octubre nos despertó el ruido de los motores de los aviones que sobrevolaban Tegucigalpa. Nos llamó la atención y de nuevo, entre sobresaltos, salimos a la calle a ver que ocurría. Inicialmente mirábamos las maniobras de los aviones. Eran aviones de guerra.

En compañía de mi papá decidimos bajar de la parte alta de nuestro barrio hasta llegar a las inmediaciones del colegio donde yo estudiaba, Héctor Pineda Ugarte, sito en el barrio La Ronda.

Otros vecinos ya se habían reunido y formaban un nutrido grupo. De nuevo los comentarios y rumores. "Es un golpe de la fuerza aérea", dijo alguien. "Se van a agarrar a tiros con la Básica y el Batallón", dijo alguien más.

En esas estábamos cuando llegaron varios camiones militares de los cuales descendieron soldados fuertemente armados quienes, asumiendo posiciones de combate, nos pidieron, amablemente, que despejáramos el área.

Se me grabó vívidamente la comunicación radial entre uno de los soldados, creo que era teniente y alguien más, al parecer su superior. " Alfa uno a toro dos. Aquí alfa uno a toro dos". Vino una respuesta que no escuché bien. Sólo escuché cuando el teniente dijo: entendido, cambio y fuera".

Los soldados no insistieron más en que desalojáramos la calle. Los aviones seguían maniobrando sobre la ciudad. Temíamos escuchar, en cualquier momento, la detonación de alguna bomba o los disparos de ametralladoras de calibre pesado que, según nos dijo alguien, estaban emplazadas en varios puntos de la ciudad. En situaciones tan especiales como esta nunca falta un hecho anecdótico y hasta simpático.

Recuerdo a dos señoras que venían caminando pegadas a la pared de la Sastrería El Fénix, todavía funcionando en el lugar. Levantaron las manos cuando vieron a los soldados. “No tiren” dijo una de ellas. “No nos vayan a matar, gritó la otra. “Venimos de misa y acabamos de comulgar”.

Los soldados se sonrieron. “No se preocupe, dijo el teniente. Nosotros estamos aquí para protegerlos a todos”. Comprendimos de inmediato. Era un golpe de estado. Algunas señoras se fueron a sus casas para regresar luego con tazas de café y pan o con refrescos para los soldados. El teniente que comandaba el destacamento aceptó la invitación. “Se acabo Don Julio, gracias muchachos” les decían a los militares que ya se mostraban amigables y hasta sonrientes con el cada vez mas nutrido grupo de curiosos.

Con mi papá regresamos a la casa. Sintonizamos una estación de radio. Tenían música marcial. Buscamos otra tratando de encontrar información, la misma marcha. Era una cadena de radio a nivel nacional, minutos después se leyó una proclama al pueblo hondureño.

En efecto. el gobierno dictatorial de Don Julio Lozano Díaz había llegado a su fin. El nuevo gobierno estaba integrado por el General Roque J Rodríguez, nuestro ex-vecino de La Granja. El Coronel Héctor Caraccioli, comandante de La Fuerza Aérea y el Mayor del ejército Roberto Gálvez Barnes.

***

Tuvimos nuestros exámenes de fin de año. Pasé al tercer curso. Continuando con una tradición estudiantil, los que habíamos pasado el curso nos fuimos en grupo a la iglesia de Suyapa. A darle gracias a la Virgen. La tradición exigía que teníamos que irnos y regresar a pie. Lo hacíamos desde muy temprano de la mañana.

Era curioso ver aquellos grupos de muchachos y una que otra muchacha que nos juntábamos para ir a pagar nuestra promesa. La verdad es que entrabamos al Santuario. Nos persignábamos rápidamente, depositábamos una pequeña ofrenda en la caja de las limosnas y salíamos en desbandada a las pulperías y cantinas cercanas. También había que celebrar libando alegremente y, desde luego prepararnos para el próximo año.

Entré al tercer curso. Tenía nuevos compañeros. Mi amigo Salvador Erazo también había pasado el curso, y creo se encaminaba al cuarto año de educación contable. Recientemente se había extendido a cinco años de estudios la carrera de perito mercantil y contador público. Salvador y yo seguíamos haciendo ejercicios y levantando pesas. Continuábamos desarrollando nuestra musculatura, para enojo de nuestros detractores que seguían llamándonos "Buclosos".

Entre nuestros nuevos compañeros del tercer curso había uno que era muy aficionado de la radio. Rafael Plata. También estaba un muchacho, "bucloso", como también decían de él, que a veces vestía una camiseta que le identificaba como seguidor del equipo insignia del futbol de Costa Rica, El Saprissa. Era Carlos Eduardo Riedel. También había ingresado a nuestro curso Benjamín "Minchón" Chávez. Lo de "Minchón" era por su estatura y su fornido físico.

En tercer curso conocimos nuevos maestros entre los que recuerdo al licenciado José María Palacios, "Chemita", quien impartía principios elementales de derecho. Estaba Don Mario, a secas, excelente en la clase de contabilidad. Había un profesor a quien por utilizar el método algebraico de Baldor le decían precisamente así: "Baldor". Este profesor también dictaba clases de geometría y trigonometría.

Cuando se fue "Baldor", vino otro que a pesar de ser muy joven era disciplinado y exigente. El Ingeniero Roberto Moncada, años después nos hicimos buenos amigos con el "Zarco" Moncada.

Las compañeras de clase hacían varios comentarios cuando llegó el profesor Moncada. "Es guapisísimo", decían invariablemente. "Se parece a Tony Curtis", comentaban por lo regular.

El inglés lo impartía la profesora Matilde de Izaguirre, la Geografía Universal nos la dictaba Victoria Rodríguez de Mejía, mi tía por el lado materno y en Economía Elemental teníamos al profesor Alvarado, a quien algún mal intencionado había bautizado con el apodo de "Cucú", quizá por su redondeada anatomía.

Por lo regular, cuando el profesor Alvarado dictaba su clase y se ponía a escribir algo en el pizarrón, no faltaba quien, especialmente desde los pupitres traseros imitara el canto de los palomos: "Cucú". El profesor Alvarado no se inmutaba, seguía escribiendo y sólo se limitaba a decir: "Tu madre".

Como en eso de los apodos el hondureño se lleva la palma, la clase de Química nos la daba un señor de mediana edad que trabajaba en una farmacia cercana. Nunca supe su nombre; sólo sé que le decían "el mudo".

Una mañana se nos anunció que el nuevo director del plantel sería el licenciado Francisco Vilars, "Don Paco". Era muy buen director, serio, organizado pero amable cuando se le buscaba para pedirle alguna orientación.

***

En el ámbito Centroamericano, el 21 de septiembre de 1956*, el presidente vitalicio de Nicaragua, Anastasio Somoza, caía herido gravemente por la balas disparadas por el poeta nicaragüense Rigoberto López Pérez.[10] Somoza murió ocho días después del atentado. Su hijo, Luis fue declarado sucesor presidencial por el congreso de aquel país. Luis Somoza fue oficializado como presidente de Nicaragua en febrero de 1957.

Meses después, en julio de ese año, Carlos Castillo Armas, el gobernante de facto de Guatemala, quien con la ayuda decidida de la CIA de Estados unidos había depuesto el gobierno del coronel Jacobo Arbenz, caía abatido por uno de sus guardias de seguridad en el Palacio Nacional de Guatemala.[11]

***

En Honduras los nuevos gobernantes se mostraban tolerantes y habían prometido nuevas elecciones presidenciales. Todo parecía ir bien y el país se encaminaba por un rumbo de paz. Sin embargo, comenzamos a leer en la prensa nacional del trato que se le daba a los ciudadanos hondureños residentes en la zona fronteriza con Nicaragua. Se hablaba

10 En el ámbito Centroamericano, El 21 de Septiembre de 1956 el presidente vitalicio de Nicaragua, caía herido por los disparos hechos por el poeta Rigoberto López Perez.(Diario La Prensa, Managua, Nicaragua)

11 Meses después,en Julio de ese año, Carlos Castillo Armas Caía abatido por uno de sus guardias de seguridad en el Palacio Nacional de Guatemala. (Diario El Cronista)

de golpes, vejaciones, violaciones sexuales, e invasiones a territorio hondureño por parte de elementos de la Guardia Nacional del vecino país.

Algunos decían que todo era una maniobra de Luis Somoza, quien enfrentaba una cada vez más creciente oposición a su espurio gobierno y así pretendía desviar la atención, creando un clima de confrontación con Honduras.

En algunas paredes de los edificios de Tegucigalpa comenzaron a aparecer rótulos en los que se leía: "Cruta es Nuestra", refiriéndose a un diferendo limítrofe entre Honduras y Nicaragua. La situación era cada vez mas crítica para los hondureños de la zona fronteriza.

***

Me parece recordar que fue a principios de 1957 que la Junta Militar de Gobierno de Honduras emitió un decreto por medio del cual se creaba el departamento número 18 en el mapa de nuestro país.[12] Este se llamaría Departamento de Gracias a Dios, y comprendía la zona de la Mosquitia, área en litigio con Nicaragua.

El gobierno de Somoza reaccionó enviando destacamentos de su Guardia Nacional, que ingresaron violentamente a territorio hondureño. De inmediato los estudiantes universitarios y de secundaria y grupos de obreros, nos movilizamos para respaldar a la Junta Militar y ofrecer nuestra voluntad para defender la soberanía del país. Nos reuníamos en el colegio, después de clase y luego enviábamos una delegación al Instituto Central y a la Universidad para que nos informaran de las acciones a seguir. Decidimos formar pelotones

12 Me parece recordar que fue a principios de 1957 que la Junta Militar de Gobierno emitió el decreto que creaba el departamento número 18. (Diario El Día. Notas del autor)

de voluntarios. Cientos de estudiantes de distintos colegios nos reuníamos frente al estadio nacional, en el campo "el Birichiche", en "La Isla" y otros lados, en donde algunos militares nos entrenaban; primero a marchar, luego trotar y después correr y hasta algo de la disciplina castrense.

Escogieron a los físicamente más aptos para llevarnos en camiones y autobuses militares a las instalaciones del Primer Batallón de Infantería. Allí nos recibieron algunos sargentos quienes nos daban trato de reclutas. "¡A ver pendejitos, ya están aquí y aquí van a aprender a ser disciplinados!" nos decían en voz alta. Algunos se desilusionaron. Creían que íbamos a ser recibidos con consideraciones especiales. "¡Yo no vine aquí a que me grite ningún chirizo pendejo!", le escuché decir a uno. Creo que era del colegio San Francisco.

Por varios días nos recogían en el estadio y nos llevaban al batallón. Habíamos abandonado las clases. En mi grupo estaban: Salvador Erazo, Fermín "Minchón" Chávez, quien tenía experiencia militar pues había prestado servicio en el Primer Batallón de Infantería. Había también estudiantes del Instituto Central y, en menor número, del Colegio San Miguel y del colegio San Francisco.

Nos enseñaron a arrastrarnos "pecho a tierra". Un día nos llevaron al polígono de tiro del primer batallón en donde nos enseñaron en un curso rápido e intensivo, el manejo de varios fusiles. Disparamos el Mauser, el Springfield o 3006, el Garand o M-1 y la carabina de este mismo tipo. "Minchón" era bueno y daba en el blanco. Yo no era tan malo, tampoco Erazo.

Creo que a nosotros nos separaron del grupo debido a nuestro físico. Éramos fornidos. Aparte, nos alentaba nuestro deseo de "servir a la patria".

Los reportes de escaramuzas y pequeñas batallas entre la Guardia Nacional de Nicaragua y el Ejército de Honduras se multiplicaban en la frontera. El conflicto escalaba y amenazaba con convertirse en guerra abierta y declarada.

Un día, alguien de nuestro grupo dijo que ya era tiempo que nos fuéramos a "defender nuestro país". "Ya estamos listos" dijo otro. Apenas nos habían entrenado por unos cuantos días pero, considerábamos nuestro deber patrio ir a ofrendar la "vida y si es necesario caer defendiendo nuestra santa bandera".

Fue así como, un día del mes de marzo, nos encaminamos unos veinte estudiantes de varios colegios, a las instalaciones de la Escuela Militar. Íbamos entusiasmados, marchando por la calle a paso redoblado, como habíamos aprendido. Los transeúntes que nos miraban hasta nos saludaban mientras caminábamos hacia a aquel centro militar. Nos considerábamos ya, futuros héroes de la patria. Llegamos en grupo. Le explicamos al centinela de guardia lo que veníamos a ofrecer. Nos hizo esperar. Llamó a otro soldado quien dijo que consultaría con su teniente. Minutos después nos franqueó el portón de entrada.

De los aproximadamente veinte futuros "soldados de la patria", sólo habíamos quedado Salvador Erazo, "Minchón" Chávez, un muchacho al que apodaban "Ñeca", del que corrían rumores sumamente negativos pues decían que era peligroso delincuente, el hermano de este y yo. Los demás habían desaparecido como por arte de magia.

Nos recibió un teniente muy serio que nos pidió nombre, dirección, edad y demás datos. Cuando me tocó el turno y me preguntó la edad, le dije que tenía diez y ocho años. Nos preguntó que donde estudiábamos y nos hizo esperar unos momentos, parados. Regresó acompañado de dos oficiales quienes por las insignias, ostentaban el grado de capitán.

El teniente los identificó como el capitán Padilla y el capitán Padilla. Más tarde supimos que les decían "Padillita" y "Padillón". El primero, el capitán Rafael Padilla pasó años después, a comandar La Guardia Civil. "Padillita "era de estatura regular, trigueño y lucía un bigote muy fino. El segundo capitán Padilla era alto, recio, blanco y medio gordo.

Nos saludaron y dijeron algo que creo recordar tenía que ver con nuestra buena disposición a defender la patria. Nos dieron la bienvenida. Como en los rudimentarios entrenamientos recibidos en el "Birichiche", nos habían enseñado que hay que saludar a los superiores, es decir a todo aquel que, en uniforme ostenta un grado, nos llevamos la palma de la mano a la frente. Nos devolvieron el saludo con una sonrisa.

"Ustedes todavía son civiles", nos aclaró el teniente. Más tarde los van a llevar a la intendencia para que les entreguen su uniforme. Llamó a un fornido sargento quien con cara de pocos amigos, nos llevó hasta el comedor en donde probamos un almuerzo que nos pareció lo más delicioso que habíamos comido.

El sargento con cara de pocos amigos, nunca pude recordar su nombre o apellido aunque me pareció oír que le apodaban "El matón", nos hizo que comiéramos rápido. Nos llevó a la intendencia en donde nos probaron los uniformes color caqui. Nos dieron un birrete del mismo color y nos dieron unas botas que, a todas luces eran usadas. "Todo sea por la patria", dijimos. Las mías ajustaron bien.

También nos dieron unas polainas. Nuestra ropa de civil las pusieron en unas cajas separadas. Luego el sargento nos llevó a nuestra barraca. Esta era un lugar relativamente pequeño y estaba ubicada directamente abajo del torreón de guardia que da al sur del edificio. Allí se albergaba a los soldados.

En las barracas norte estaban los cadetes. Los estudiantes del arte militar. Estos no podrían prestar servicio activo ni entrar en combate pues estaban siendo preparados para ser los futuros oficiales del ejercito nacional. Por ello gozaban de muchos privilegios. Con el permiso del sargento, quien nos dijo que teníamos que ir al segundo piso para que nos viera un médico, recorrimos los corredores superiores. Ahí me encontré con los cadetes Carlos Quezada y César Maradiaga, quienes habían sido mis compañeros en la escuela de párvulos Federico Froebel. Nos reconocimos. Me presentaron a otros dos, también cadetes: Adolfo Cuadra y Claudio Fiallos. César Maradiaga me preguntó que como estaba en "espíritu de bayoneta". "Cero" fue la respuesta. "Yo te enseño" me dijo. "Cuando te den tu fusil venís para acá y yo te voy a entrenar".

Creo que fue Cuadra el que me dijo, "Ni te acerqués a ese jodido, es bueno con el espíritu de bayoneta y te puede dar una buena "cachimbiada". Los cadetes tenían fusiles M-1. Les gustaba jugar con ellos, sin estar cargados desde luego, corriendo el cerrojo automático, el que hacia un ruido peculiar cuando cerraba.

El truco era sostener el cerrojo con el dorso de la mano y con el pulgar metido a medias en la recámara, soltar el dichoso cerrojo. Lo hicimos varias veces. Me confié. Estaba con el pulgar metido en la recámara cuando se activo el cerrojo. El golpe en el pulgar de la mano derecha fue fuerte. "¡Puta!" exclamé, lanzando el fusil al suelo. Me aguanté como pude. Creo que fue Carlos Quezada el que me dijo: "Ya estás bautizado, a todos nos pasa". Por varios días estuve con el dedo pulgar completamente hinchado y la uña morada. Ya de regreso en el colegio y hasta con mi novia, yo lucía aquel pulgar como si fuera trofeo de guerra.

Decían que nos entrenarían para que fuéramos a Mocorón a escoltar un obús de 75 y un fusil sin retroceso. Esperábamos que así fuera. Nos hicieron entrega de nuestros respectivos fusiles. No eran el M-1 Garand que esperábamos. Nos dieron en cambio unos Springfields de la primera guerra mundial y una dotación de balas bastante limitada. "No se debe meter el peine ni poner bala en boca sin el debido permiso de su sargento", nos dijo el sargento mal encarado. Se refería a que no debíamos poner balas en la recámara.

A la segunda noche de estar acuartelados ocurrió un incidente que pudo haber desembocado en tragedia. Estábamos en nuestra barraca, hablando de todo y listos para acostarnos en nuestras literas. "Minchón:" Chávez dijo de pronto que alguien le había robado cinco lempiras, los que se le habían extraviado de su pantalón de civil que estaba en las cajas que para ello nos habían dado.

"Quiero mi dinero ya", dijo en voz alta, "o aquí me echo al pico al primer hijueputa que yo sospeche que me los rateo". Diciendo y haciendo tomó su fusil y lo cargo, bala en boca.

Salvador y yo compartíamos la litera, como él era más alto ocupaba la parte de arriba. Yo la de abajo. Cautelosamente me fui a la cama, descolgué el fusil y le metí el cargador. "Aquí va a haber cachimbeo", le dije a Erazo. Él también tomó su fusil y lo cargo. Nos quedamos en la litera. "Minchón" seguía insistiendo en que si en cinco minutos no aparecían sus cinco lempiras comenzaría a "echarse al pico" al primero que él sospechara se los había robado. "No va a ser el primero que me echo al pico", dijo.

***

En efecto, él había estado prestando servicio militar en el Primer Batallón de Infantería y debido a un lamentable accidente al cargar su fusil, su M-1 se descargó, hiriendo de muerte a su compañero de litera, a quien apodaban "Huesito". Eso había provocado un trauma en "Minchón", quien a veces padecía de reflejos negativos. O sea síndrome post traumático.

Afortunadamente el guardia que estaba de turno en el torreón, escuchó la conmoción y bajo de su posta. Sólo lo escuchamos cuando hizo sonar su fusil, este sí, un Garand M-1, que tiene ese sonido peculiar cuando se carga bala en boca. "¡Quietos!" gritó. "¡Pongan su arma en el suelo!" y apuntaba indistintamente a unos y otros. Cumplimos la orden. Nos hizo que saliéramos de uno en uno y con las manos en alto, nos llevó hasta el sargento de guardia. Eran aproximadamente las ocho de la noche. El sargento recibió el reporte del centinela.

"Ahora todos ustedes van responder por insubordinación" dijo. Ordenó que trajeran unos fusiles viejos que estaban en una armería cercana y sin más nos dijo: "Un fusil cada uno". "Cincuenta culucas y al que diga algo lo mando al calabozo". Fueron cincuenta culucas. Contadas lentamente, una a una, por un soldado que había sido llamado para tal efecto. Parece fácil pero sosteniendo un fusil y con los brazos extendidos hacia adelante, se hace una dolorosa eternidad.

Afortunadamente la juventud y los ejercicios a que estábamos acostumbrados levantando pesas nos ayudaron, al menos a Salvador y a mí. Al sexto día de estar en aquel lugar pasamos cerca del taller donde fabricaban los uniformes. Allí trabajaban más que todo mujeres, civiles. Una de ellas era vecina nuestra. Me vio, no dijo nada. Al día siguiente de nuestro "servicio a la patria" escuchamos la disertación de un capitán, creo, quien nos informó que íbamos a pasar al grupo de fusileros y como tal, debíamos estar preparados para escoltar un par de obuses de setenta y cinco milímetros los que serian enviado a Mocorón, área "caliente" en el conflicto.

"Esta misión es importante" dijo, "y les va a corresponder a ustedes. como voluntarios". Comprendimos. Nosotros haríamos la labor que los cadetes no podían o debían hacer. Ellos eran los futuros oficiales de nuestro ejército. Dijo muchas cosas más exaltando el deber para proteger la patria amenazada y lo peligroso de nuestra misión, informándonos de paso que en los siguientes días nos trasladarían al Primer Batallón de Infantería para un entrenamiento militar más completo. Pasamos a tomar "el rancho". Ya por terminar, un ordenanza me llamó, "¡González!" gritó. "¡Presente!" Respondí. Sígame me dijo. Lo seguí. Entramos a la oficina en donde me recibió el teniente que nos había atendido cinco días atrás. Mi mamá estaba sentada frente al militar y con rostro preocupado.

"Pero Tomás Antonio, ¿cómo es que te viniste a meter aquí?" me preguntó llorosa. "Nosotros sin saber nada de donde estabas". Creo que le dije algo así como que era nuestro deber defender la patria. "Ahora mismo regresas a la casa", me ordenó. ¡Y yo en uniforme militar! "Señora", le dijo el Teniente, "esta es la decisión de su hijo". "Él es menor de edad", respondió ella. "Sólo tiene quince años". "El reportó diez y ocho", contestó el oficial revisando un legajo de papeles. "No, él nació en mil novecientos cuarenta y uno", confirmó angustiada mi madre. "¡Civiles pendejos¡" dijo agriamente el sargento mal encarado, que estaba parado a un costado del escritorio.

Me pareció que mi mamá iba a decir algo, pues le clavo una dura mirada con aquellos sus ojos gris claro, pero el oficial se le adelantó: "¡Sargento!", exclamó el teniente con dureza militar. "Hay que respetar la decisión de estos muchachos de servir a la patria". "Sí, mi teniente", dijo secamente el sargento, obviamente cerril y sin ninguna formación académica.

Creo que el teniente se apellidaba Cañadas. Firmé un documento. Como no había ingresado como conscripto sino como voluntario, se me dio de baja de inmediato. Me entregaron mis pertenencias personales. En el trayecto a casa, con uniforme y todo, mi mamá no paraba de alternativamente, regañarme y aconsejarme, pero yo notaba algo de orgullo en ella. "Saliste a los Durón", me dijo. Mi papá no fue tan severo.

Yo regresaba vistiendo mi uniforme caqui. Esa noche fui a visitar a la novia luciendo el uniforme, con botas, pero sin polainas. La vecina que trabajaba en la fábrica de uniformes, le había dicho a mi mamá que yo estaba en "La Básica". Así terminó mi aspiración de ser "héroe de la patria".

Salvador y "Minchón" salieron dos días después. El gobierno de Somoza Debayle había retirado sus tropas de La Guardia Nacional y estaba dispuesto a que el litigio lo solucionara el máximo tribunal de justicia internacional en La Haya.[13] Por un rato, en el colegio a "Minchón", Salvador y a mi, nos rodeo un aura de "heroísmo".

***

Me dediqué a las clases y a la novia. Un día, después de la clase de la mañana, fui al colegio donde estudiaba ella. El

13 El gobierno de Somoza Debayle estaba dispuesto a que el litigio lo solucionara el Máximo Tribunal de Justicia Internacional en la Haya. (Diario El Día)

Instituto Minerva, a unas dos cuadras del nuestro, que ahora había cambiado el nombre. Ya no era el Héctor Pineda Ugarte. Era el Gustavo Adolfo Alvarado, en honor y memoria del que había sido nuestro director.

La acompañé como casi todas las mañanas. Con ella venían tres de sus compañeras. "Vamos a la HRN", me dijeron. "¿Y a qué van a ahí? fue mi pregunta. "Eva tiene un amigo que trabaja en esa radioemisora", me contestaron refiriéndose a una de sus compañeras. Llegamos al edificio, ubicado frente al Colegio María Auxiliadora, en donde había estudiado mi mamá, hacia ya varios años. Lo primero que llamó mi atención fue ver a un grupo de individuos, jóvenes, que estaban en la puerta del inmueble.

Casi todos tenían voces "gruesas" y se comportaban de una manera que yo consideré diferente. El amigo de Eva no estaba pero nos permitieron entrar a un pequeño teatro estudio para que viéramos los ensayos. Un señor, quien al parecer era el director de escena, llamó a los muchachos que yo había visto en la puerta de entrada.

"Ya la orquesta está lista, también el trío", me parece recordar que dijo. Distribuyó unas hojas de papel y él guardó una para sí. Le pidió a la orquesta que iniciara la música. Luego de unos cuantos golpes musicales le dijo a uno de ellos: "Vos salís por el lado derecho. Vos Jaen, te ponés aquí, en el medio, pues vas a presentar al trío". Estuvieron en aquel quehacer por un buen tiempo. Ya cerca del medio día se detuvieron e hicieron un receso.

El programa sería presentado esa noche. No me lo perdí. Me las agencié para escabullirme de la clase de las siete para estar en el teatro estudio de la radiodifusora. Cuando llegue el lugar estaba totalmente lleno. Me gustó aquel programa. Para mí, aquello era un mundo nuevo.

Me gustó la interacción de los locutores. Al que le habían llamado Jaen en el ensayo de la mañana, no muy alto pero fornido se identificó al final del programa como Emmanuel Jaen. Los demás eran Nahum Valladares, Héctor Maradiaga Mendoza y otro alto, delgado, de gruesas gafas, cuyo nombre no pude captar.

Los miré con atención y sentí admiración por la forma en que se comportaban y conducían el programa. Después de presentar a los artistas participantes leían anuncios comerciales y hacían chistes entre ellos.

El que se identificó como Nahum Valladares, dijo refiriéndose al locutor alto y delgado, "allá en la cabina de controles está", dijo su nombre, "desde aquí puedo ver sus dientototes". El público rió alegremente. Al día siguiente busqué a Rafael Plata. Este quería entrar a trabajar en la radio y era entusiasta seguidor de los programas que se transmitían en varias estaciones, pero al parecer, aún no tenía la suerte y su deseo no se cumplía. Cada vez que podía me iba a ver los programas en el Teatro Estudio de la HRN. A veces me acompañaba Plata.

***

Era común, en aquella época, escuchar anuncios callejeros que se difundían desde autos acondicionados con alto parlantes. Había una en especial, que se llamaba "La Voz del Comercio".

Uno de los anunciadores se llamaba Ricardo Banegas y era hijo del propietario del negocio. Cerca del colegio nuestro, en la esquina donde estaba la pulpería de Don Roberto Díaz, a unos metros de donde mi papá había tenido la planchaduría La Americana, en la casa donde azoraban, había un señor nicaragüense que también había montado el negocio de los auto parlantes, se llamaba Antonio Galeano Blanco.

Una tarde me encontré con Plata y con mi vecino de años atrás en el barrio La Leona, Jorge Montenegro. Jorge también estaba entusiasmado con la idea de la radio. Nos acercamos donde Galeano a quien Jorge, con la facilidad que tiene para entablar una conversación, le dijo que nosotros queríamos trabajar con él.

"¿Saben leer?", preguntó Galeano. "¡Claro!", respondimos medio amoscados por la pregunta. "Bueno", vengan conmigo". Nos subimos al auto. Arrancó y una dos cuadras más abajo comenzó a leer unos anuncios. Su voz retumbaba cuando pasamos cerca de la frutería El rábano y descendimos por las cercanías del Teatro Palace. Seguimos el trayecto. A veces callaba para continuar dos o tres cuadras más abajo. No sé cuanto duro aquello.

Cuando regresamos a su centro de operaciones ya era tiempo de que regresáramos a clase. "¿Se fijaron como se hace?" Preguntó. Mañana cuando salgan vengan para darles una ruta y para que comiencen. Montenegro se quedó con Galeano. Al día siguiente, a la hora convenida ya Jorge estaba en el lugar y revisaba unos papeles. Eran los anuncios comerciales del día. Galeano le dio algunas instrucciones a él y al chofer que conduciría el auto. "Vos ya sabés la ruta", le dijo al conductor.

Jorge al frente acompañando al motorista, Plata y yo en los asientos traseros. Arrancamos. Montenegro comenzó a leer. Al principio lo hizo de corrido. Creo que el chofer le hacía señas de que fuera más despacio. Minutos después estábamos ya en Comayagüela. La lectura de los anuncios ya era más fluida y se notaba que Jorge había estado practicando. Tenía buena voz.

Le tocó el turno a Plata. Lo hizo bien. No tenía la voz gruesa y fuerte de Montenegro, pero también leía con mucha fluidez y con cierta cadencia que a mi se me hizo elegante. En un breve receso nos preguntó. "¿Cómo me escucho?". "Bien", respondimos. Plata pasó a ser una de las voces comerciales preferidas en el ámbito radial. Continuaron alternando Montenegro y Rafael Plata.

"¿Y Usted no va a leer?", me preguntó el conductor. "Ahorita no", fue mi insegura respuesta. "Lee hombre, dejate de papadas", dijo Jorge en forma convincente y agregó, "entonces ¿para qué viniste?". "Galeano nos va a pagar dos lempiras". Eso era más que convincente. Yo necesitaba el dinero para invitar a mi novia al cine.

Estábamos a la altura del cine Centenario y nos encaminábamos hacia el área de Belén. Comencé a leer. "¡Trágame tierra! Pensé, pero seguí leyendo. Creo que lo hice tan apresuradamente que Plata me empezó a hacer señas de que bajara la velocidad. Le devolví el micrófono a Jorge. "Ésta papada no es para mí", le dije. El micrófono estaba abierto y mis palabras se oyeron hasta donde alcanzaba el sonido de la bocina. Ellos dos siguieron leyendo y a cada momento lo hacían más seguros de sí mismos. Yo, había fracasado.

"No te agüeves hombre", me dijo Montenegro. "Vení mañana". Volvimos a la misma ruta, con distintos comerciales. Esta vez fue Plata el que arrancó, todavía un poco nervioso. Siguió Jorge y desde luego, llegó mi turno. Comencé leyendo algo rápido pero, poco a poco fui bajando la velocidad. Al cabo de no sé cuantos minutos, que a mi se hicieron eternos, logré dar lectura al anuncio de una tienda de ropa: "Lo mejor para vestir, hoy y mañana, lo encuentra en la tienda de Doña Ana". Tienda de Doña Ana, en el Mercado San Isidro de Comayagüela. Los mejores precios para que todos vistan bien".

"¡Puta! vos, te salió bien", dijo Montenegro. "Sí, hombre", confirmó Plata " ¿Ya ves? y vos que ayer estabas agüevado". No sé si reaccionaron así en solidaridad para conmigo y para darme ánimo o si de verdad lo había leído bien. El caso es que por muchos años guardé mi copia de aquel anuncio de la tienda de Doña Ana. Me lo aprendí de memoria.

Cuando regresamos a la oficina de Galeano el chofer le dijo algo así como: "Fíjese que este cipote leyó el comercial de Doña Ana y lo hizo bien. Y lo leyó, cuando precisamente pasábamos frente al puesto de Doña Ana". Galeano no dijo nada. Si yo hubiera sabido que iba a leer aquel anuncio, precisamente frente al establecimiento donde, seguramente, la dueña, Doña Ana estaría oyendo, jamás me hubiera atrevido a la lectura del mismo.

En una ocasión íbamos por una de esas calles cuando escuchamos un vozarrón que procedía de uno de los carro-parlantes, como también eran conocidos. "Púchica vos, ese jodido, sí tiene voz de trueno", fue el comentario de Montenegro, con quien habíamos vuelto a reanudar nuestras andanzas .

"Sí, hombre, ¿quién es?". "No tengo idea" dijo. Sólo se que miramos a un tipo blanco, delgado y luciendo un "bucle", como era la moda de entonces. Muchas veces no encontramos con aquel anunciador. Él en su auto y nosotros en el nuestro, curiosamente nunca nos dio por competir cuando nos encontrábamos en nuestro callejero quehacer.

***

Las cosas iban bien en el colegio. Yo trataba de darme el tiempo necesario para compartirlo entre los anuncios de Galeano, las clases y desde luego la novia. Nuestro colegio, conocido ahora como el Gustavo Adolfo Alvarado y el Instituto Central, eran los eternos rivales cuando se trataba de juegos de básquet ball intercolegial, los que se efectuaban en el Gimnasio Quince de Marzo.

Los compañeros, casi hermanos que habíamos sido cuando las huelgas contra Don Julio. Los hijos de la misma patria a la que juntos jurábamos defender con la vida, si era necesario, nos volvíamos fieros contrincantes cuando se trataba de los juegos de Básquet. Por lo regular ganábamos.

Recuerdo entre nuestros canasteros a David Chinchilla, "Chinchillón", por alto y grueso. "Mantequilla" Salgado, si recuerdo bien. Un muchacho de apellido Wayming, al que apodaban el "chinito" por que era de origen chino. Sin ser muy alto, era veloz y tenía una puntería endiablada, según decían sus compañeros.

Había uno, de apellido Hernández, a quien apodaban "Terebeco", por alto y flaco pero excelente delantero; estaba Juan Kiko, también alto y robusto y otros más. Era cosa común que después de cada encuentro, por lo regular de noche, si ganábamos, la barra del Central nos embestía a la salida del juego.

Si perdíamos, nosotros los embestíamos a ellos. Generalmente llegaban los agentes de policía a tratar de imponer el orden. El cuartel general de policía quedaba a escasas tres cuadras del gimnasio. Entonces cambiaba el panorama. Las dos barras deteníamos las acciones. Pactábamos un rápido armisticio, nos juntábamos y la emprendíamos en contra de los pobres agentes. El jardín de la iglesia de El calvario, El Parque Herrera y hasta las gradas de entrada al Teatro Nacional fueron escenario de nuestras batallas campales.

***

Un día corrió el rumor de que uno de nuestros conocidos pero de otro colegio, se había casado. El tendría unos diez y siete años. Nos sorprendió la noticia. Era muy joven y todavía era estudiante. Días después escuchamos a unas compañeras de clase que decían más o menos: "Se acuerdan que aquel muchacho guapísimo, que se parece a Elvis, el que se lleva en el Jardín de Italia".[14]

"¿Luis Rietti?" preguntó otra. "Sí, ese," respondió la interpelada. "¿Qué le paso?". "Qué lo casaron hace poco". "Y vos ¿cómos sabes?", inquirió una de ellas. "Tengo una amiga que es vecina de él, lo conoce bien". "Y ¿con quién se casó?" fue la pregunta casi a coro. "Con una muchacha de apellido López". Fue su respuesta. "Ya sé quien es, es una cipota bien bonita, los he visto juntos en el cine", tercio una más. "Hacen bonita pareja", concluyó.

Al parecer se había desatado una epidemia de matrimonios adolescentes. En nuestro colegio ya se habían registrado dos. Nosotros, seguíamos leyendo anuncios callejeros pero aún no colectábamos los dos lempiras, que ya se habían acumulado por espacio de varias semanas.

Una mañana, antes del recorrido habitual por las calles de la ciudad, abordo del "carro parlante" de Galeano, llegó Montenegro y nos dijo: "Yo creo que ya no voy a seguir aquí, yo no veo pisto por ningún lado y ya me estoy cachimbeando mucho en esto". Después que nosotros nos íbamos a clase, Jorge se quedaba haciendo algunas "rondas" más. "Ah", dijo, "te acordás del jodido aquel que miramos el otro día, aquel flaco voz de trueno?". "Ya sé como se llama". "¿Quién es?", pregunté. "Se apellida Mazariegos", respondió. "Marco Antonio Mazariegos".

---

14 "Aquel muchacho guapísimo, que se parece a Elvis".(Conversación electronica con Luis Rietti Matheu.)

***

Nos habíamos dado a la tarea de escuchar las estaciones de radio. En las noches escuchábamos un programa en HRN que al menos a mí, me gustaba. Era de poemas y lo patrocinaba la Crema Hind's, si acaso lo recuerdo bien. El programa se llamaba "Serenata".

Me parece que era entre nueve y media y diez de la noche. La interpretación que servía de fondo musical era "Blue Moon", con la orquesta de Jackie Gleason. La declamadora tenía una voz "propia para derretir al corazón mas duro", como a veces lo comentaba con algunos amigos que también escuchaban ese segmento.

Esa voz, acariciadoramente meliflua, deslizaba los poemas románticos a nuestros oídos. Años después conocí a la propietaria de esa voz tan única. Victoria "Toyita" Carías. No sólo una locutora de gran talento sino que excelente actriz radial con quien compartí honores en algunas radionovelas.

Pero los jóvenes escuchábamos Radio Morazán. Tenia mucha audiencia entre nosotros. En La Morazán yo escuchaba a un locutor cuya voz y estilo me agradaban mucho: Guillermo Villeda Toledo.

Los adultos escuchaban indistintamente HRN o Radio Comayagüela. En la primera se escuchaba El Diario Matutino, a cargo del abogado Gustavo Acosta Mejía. En la Comayagüela se transmitía un noticiario vespertino de nueve a diez de la noche en el que participaban varios locutores entre los que destacaba uno que hacia la identificación de la emisora. "La Voz que rige la constelación musical de Honduras, HRXW, Radio Comayagüela presenta" y daba paso a la presentación del nocturno informativo: "Destellos y Comentarios de Actualidad Nacional".

A Plata, a Montenegro y a mí nos gustaba escuchar esas voces. "Ese es vozarrón, no papadas", decía frecuentemente Jorge. Estábamos definitivamente de acuerdo.

Una noche supe los nombres de los locutores de tan escuchado vespertino. "Les hablaron: Jorge Figueroa Rush, Mario Hernán Ramírez Y Héctor Godoy. Este último, supe después, era locutor salvadoreño. Montenegro, siempre con su chispa extraordinaria, decía que "ese (refiriéndose a Figueroa Rush) no debía decir la voz que rige sino que la voz que ruge".

Algunos comentarios políticos, creo, los escribía a veces Herman Allan Padgett. Por lo regular Mario Hernán y Jorge ponían la pauta a seguir en eso de comentarios y noticias. Figueroa Rush tenía una voz fuerte y resonante. Mario Hernán Ramírez proyectaba seguridad en su lectura y Héctor, con una atrayente voz radiofónica, conformaban un cuadro vespertino que rápidamente se había convertido en el favorito de los oyentes de Tegucigalpa y Comayagüela. Unión Radio, propiedad de un ciudadano cubano, Servando Fernández, presentaba la opción de la música tropical y tenía un lema que a nosotros se nos hacía único. "La que se escucha caminando por la calle".

Años después supe que ese lema lo había desarrollado y puesto de moda en La Habana, Cuba, un nombre muy famoso de la radiodifusión cubana. Gaspar Pumarejo. Precisamente en Unión Radio, que tenía sus estudios en las cercanías del parque La Leona se dejaba escuchar una voz muy especial, particularmente para presentar la música romántica. El presentador se llamaba Rolando Ramos.

No hacia mucho había salido una nueva estación. Radio Monserrat. Ésta se dedicaba a la presentación de música clásica y valses, especialmente vieneses. La voz que destacaba allí era la de un muchacho, alto y pelirrojo, que yo había visto alguna vez abordo de una motocicleta. "Ese se llama Alfredo Hoffman, el que presenta los valses en Radio Monserrat", me dijo una vez mi primo "Chico", quien vivía cerca del lugar donde estaban los estudios de la Monserrat, aproximadamente una cuadra abajo del Cine Clamer.

SEGUNDA PARTE

ASÍ ÉRAMOS

RADIO MORAZÁN

Una noche, estaba en la casa de mi novia, en el barrio Buenos Aires. Escuchábamos, para variar, Radio Morazán. Tres locutores estaban leyendo noticias; se turnaban en la lectura de una misma nota, lo que se me hizo interesante. Al concluir el informativo se despidieron e identificaron con el consabido: "Les hablaron: Bayardo Rodríguez, Guillermo Villeda Toledo y Carlos Eduardo Riedel". Creo que salté del sofá, "Yo conozco a Riedel, es compañero mío en el colegio" exclamé.

Al día siguiente, al concluir nuestra primera clase, me encaminé a donde se encontraba Riedel. "¿Vos estabas haciendo un informativo en Radio Moraza anoche?". Pregunté. "Sí", dijo secamente. Riedel era serio y algunos decían que hasta un poco "engreído".

En realidad siempre fue amable y constantemente se mostraba dispuesto a ofrecer sus buenos oficios en forma desinteresada. Aparte, siempre fue bien servicial. Al menos conmigo. "Yo estoy interesado en entrar a la radio". "¿Con quién hablo en la Morazán para ver las posibilidades?" "Mirá, cuando salgamos de clase venite conmigo. Vamos a ir a la estación y te voy a presentar con los demás". "Gracias", le dije y le di un apretón de manos. Terminando las clases, poco después de las diez de la mañana, le busqué y de inmediato le dije "¿nos vamos?". "Vámonos", fue la respuesta.

Radio Morazán estaba ubicada en el barrio "El Jazmín", sobre una callejuela estrecha no muy distante de la entrada norte del Puente La Isla. Llegamos. Me presentó a sus compañeros. Allí estaban Guillermo Villeda Toledo, Bayardo Rodríguez, "Chito" Lastra y Eduardo "Guayo" Avalos. "Mirá", le dijo Riedel a Bayardo, quien al parecer actuaba como director de la radio. "Este es Tomás Antonio González y quiere unirse a nosotros". "También estudia en el Gustavo". Así le decíamos ya al colegio. "Y quién lo va a entrenar?". Preguntó Rodríguez. "Yo", confirmó Riedel. "Entonces llévalo a la cabina y lo ponés en circuito cerrado. Que lea algo para oírlo aquí", ordenó Bayardo. Subimos a la cabina. Esta era pequeña. Constaba de una pequeña consola con sus respectivos tornamesas. Tenía varias pequeñas palancas. La primera se movía hacia el lado derecho y abría el micrófono. Las otras dos servían para los discos. Eso se llamaba estar en "vivo".

Todo el sistema se debía mover hacia el lado derecho para que activara ya fuera el micrófono o los discos y estos salieran al aire. Ponerlos al lado izquierdo era para escucharlos en "circuito cerrado". Había una pequeña discoteca que quedaba del lado izquierdo del asiento de los locutores. Cuando subimos al estudio estaba locutando Guillermo Villeda Toledo. Riedel me hizo señas llevándose el dedo a los labios en señal de que guardara silencio. Callé. Villeda activó un disco y, lo recuerdo perfectamente, era una canción de Virginia López y su trío Imperio. "Amorcito azucarado que sabe a bon bon" decía la interpretación. "Este va a leer una cuña para que lo oiga Bayardo", dijo Riedel.

Guillermo me extendió una pequeña cartulina. La repasé. Era un anuncio de la casa Rivera y compañía. Abrió el micrófono hacia el lado izquierdo y me dijo "leela ya". Bayardo me escuchaba a través de un parlante instalado en la oficina. Leí la "cuña". Era un anuncio breve de unas cuatro o cinco líneas. Eso fue todo. "Venite", me dijo Riedel, "vamos a la oficina".

Regresamos. Bayardo me había escuchado. Tenés buena voz", aseguró. Como Riedel te va a entrenar, vení mañana, a la misma hora". Escuchar aquello fue reconfortante y me calmó los nervios. "¿Me puedo quedar un rato más? " pregunté. "Sí hombre" dijo Rodríguez, secundado por Riedel. Permanecí en la oficina, escuchando lo que decía Guillermo en el aire y platicando con Riedel y "Chito" Lastra mientras Bayardo, que al parecer, era el de mayor edad, se dedicaba a desempeñar su papel de jefe. Al cruzar la calle había una pulpería en donde vendían refrescos, pan con mantequilla y, en ocasiones, yuca con chicharrones. Hacia allá se encaminó el grupo. "Bueno, el nuevo invita", dijo Guillermo Villeda, quien acababa de terminar el programa y había sido relevado por "Chito" Lastra. Me pareció que todas las miradas se habían clavado en mí. "”Yo empiezo hasta mañana" contesté esquivando la responsabilidad pues no andaba con suficiente dinero. "Entonces, que pague el más guapo", dijo nuevamente Guillermo sonriendo. Nos miramos unos a otros, pero nadie dijo nada. "Ya déjense de papadas y ordenemos algo" dijo Bayardo. Tenía donde mando. Aunque el ingeniero Francisco Pon Aguilar, propietario de la estación y técnico de HRN no lo había oficializado como director de programación él se atribuía el cargo, quizá considerando que era el mayor entre nosotros.

Al día siguiente, siempre acompañado de Riedel, volví a la radio. Estaba nervioso pero el aseguraba que era cosa fácil. Una "vez que le agarrés a la consola todo va a salir bien". Me enseñó como activar los discos. Como ponerlos en "cue", con la pequeña palanca "siempre a la izquierda para oírlos fuera del aire". No sólo estaban las palanquitas. Había que regular el volumen de la voz y los discos. Para ello había un pequeño cuadro, con una aguja que indicaba el nivel del volumen. "Si se pasa de aquí", decía Riedel vas a distorsionar el sonido. "Cuando hablés, procurá que la aguja marque aquí", señalaba indicándome que la dichosa aguja tenía que llegar hasta el medio de la pequeña ventanita de la consola. "Que no se pase a la marca roja", me orientaba, señalando una sección del pequeño cuadro que estaba en rojo. Riedel también me enseñó como manipular el sistema que sacaba las llamadas de los oyentes al aire.

Los primeros días se me hizo difícil pero, con practica y determinación logré dominar los nervios y la consola. Me gustaba aquello. Creo que un mes después de haber ingresado le hice una pregunta a Bayardo. Su respuesta no fue muy satisfactoria. Pero me enseñó una gran lección que me sería beneficiosa con el tiempo. "Mirá Bayardo, ya tengo un mes aquí, ya conozco el sistema y hasta ya me has asignado un horario pues ahora cubro de once y media a doce y media del día. ¿Cuál va a ser mi sueldo y cuándo voy a empezar a devengar?". "Bueno jodido", respondió, "y es que ¿vos crees que aquí todos ganan?". "Pues sí, todos ganan, menos yo" le dije. "Yo sé que algunos están ganando hasta quince lempiras al mes y otros hasta más". "Voy a hablar con el ingeniero a ver que dice, yo no soy el que pone los sueldos aquí", me dijo y agregó. "Lo que hacen algunos es que consiguen anuncios, de lo que cobran reciben hasta un cuarenta y a veces hasta un cincuenta por ciento" continuo a manera de explicación. "Si vos conseguís un anuncio y cobrás quince lempiras pues te tocarán unos cinco lempiras. Si conseguís más de un anuncio, pues te va a ir mejor". "Y ¿cómo se venden esos anuncios y cómo se cobran?" pregunté intrigado. "Eso depende de como te arreglés con el ingeniero", dijo y "sacó un papel que tenía el membrete de la radio y un montón de números". "Estas son las tarifas. Podés vender cuñas de quince, veinte, treinta y hasta de sesenta segundos. Vos cobrás según la cantidad de anuncios". "Si yo vendo un anuncio, digamos de veinte segundos, ¿cuánto cobro?". "Lee la tarifa jodido", me dijo. "Muy bien, tres lempiras". Entonces "¿cómo es que me decís que cobre quince?". "Eso depende del acuerdo que vos tengás con el cliente. Si él te compra cinco anuncios

¿cuál va a ser el total que le vas a cobrar? Mentalmente hice la multiplicación y rápidamente le contesté: "pues quince lempiras". "Ves que fácil". "Sí, para vos que ya tenés un cachimbo de años en esto", fue mi respuesta. "Otra cosa. Esos anuncios son por un día, por una semana o cómo. Esto es cosa de locos". Bayardo calló momentáneamente, fulminándome con la mirada". "¡Puta!...ya te dije que leas las tarifas", dijo casi gritando. "No jodás hombre, para mí esto está en chino", fue mi respuesta. "Shh" dijo llevándose el dedo a los labios. "Que ni te oiga el ingeniero porque es bien arrecho y se puede encachimbar, si te oye decir que eso esta en chino. No ves que él es medio chino". Hasta entonces yo no había visto al propietario de la estación. Sabía que le decían "el chino Pon" pero consideraba que ese era otro de los muchos apodos a que estábamos acostumbrados. Y, sí, era chino. Pero no era cierto que fuera "bien arrecho". Simplemente era serio y permitía que fuera Bayardo el que se encargara de los asuntos de la radio. Como técnico altamente especializado en ingeniería electrónica, muy bueno por cierto, estaba siempre muy atareado, especialmente dando mantenimiento a los transmisores y al equipo de HRN. "¿Tenés pisto?", me preguntó Bayardo. "¿Por qué?" fue mi inmediata respuesta. "Vamos a tomar una cerveza al Pingüino", dijo. No preguntaba, confirmaba. "Vamos pues", le contesté. Nos fuimos en su motocicleta. Era bueno al volante aunque un poco atolondrado pues cuando regresábamos después de haber ingerido un par de "heladas", con "boca" de "quesito con chile", venía haciendo "eses" por aquella carretera que conducía al aeropuerto. Afortunadamente el tránsito vehicular era escaso y nunca tuvimos percance alguno que lamentar. Cada día adquiría más confianza con el equipo de la radio. Ya tenía mi grupo de oyentes, aunque en un principio buscaba imitar el estilo de locutar de Guillermo Villeda Toledo, poco a poco fui adquiriendo el propio. Riedel era excelente manejando la consola. Decíamos que hasta con los ojos cerrados manipulaba esta. "Chito" Lastra tenía un programa de música y dedicatorias y contaba con un nutrido grupo de seguidores. En mi concepto, el que más pegue tenía era Guillermo. En una ocasión Bayardo me preguntó si quería leer las noticias. Tendría que ser a las ocho o nueve de la noche. Acepté de inmediato. Esa noche leímos noticias: Bayardo Rodríguez, Carlos Eduardo Riedel y Tomás Antonio González. Me gustó la experiencia. En una ocasión le comenté a Guillermo Villeda lo de la conversación y como había reaccionado Bayardo cuando le dije que las tarifas para mí, eran cosa de locos. "Claro", me dijo riendo". Se arrechó porque le dicen "el loco, y oír la palabra lo aloca más". El número de empleados en la radio era reducido. Bayardo, Carlos Eduardo, Guillermo, "Chito", "Guayo" y yo. No había secretaria, ni telefonista. Nosotros hacíamos todo. Con todo, la estación era bastante popular. Nos llovían las llamadas, especialmente de "cipotas". En una oportunidad nos presentaron a un señor, creo que de más edad que Bayardo Rodríguez. Bayardo fue precisamente quien nos lo presentó. Tendría un programa en la tarde, dijo y se va a encargar de hacer ventas. Creo que se llamaba Rafael. Rafael tenía un programa que era de siete a nueve de la noche y ciertamente comenzamos a ver más anuncios comerciales. Mientras tanto, yo trataba de entusiasmar a Plata, cuando me lo encontraba en el colegio, a que fuera a hablar con Bayardo Rodríguez para que le diera la oportunidad. No sé si lo hizo. Llegaron los exámenes de fin de año. Me había retrasado en algunas clases por dedicarle mas tiempo a la radio pero logré ponerme al nivel de hacia unos meses. Pase al cuarto curso. Otra peregrinación al Santuario de Suyapa. Otra apresurada persignada y otra larga parranda, celebrando el ingreso a un nuevo curso académico.

***

Plata continuaba en el colegio. A Riedel no lo había visto en clases desde hacia varias semanas aunque si me lo encontraba en la radio. No consideré prudente preguntarle por la ausencia de clases. "Minchón" Chávez estaba en nuestro mismo curso y yo me había hecho buen amigo de Rubén Hernández, "La Lora", apodado así debido a lo pronunciado de su nariz. Un buen estudiante, con una capacidad de retentiva como pocos y con una cualidad muy especial: sabía analizar en forma clara las lecciones que se nos dictaba, especialmente cuando nos tocaban los principios de filosofía los que, viendo en retrospectiva, al parecer no encajaban en cursos en los que se buscaba impartir el conocimiento de los números y la aplicación de estos en el desarrollo de la economía de la sociedad. Con "La Lora", él no se molestaba y hasta parecía que le gustaba que le llamaran por su apodo, leíamos y analizábamos a Aristóteles, Sócrates. Por cierto, teníamos un compañero que se llamaba Sócrates. Platón, Pitágoras, cuyos principios, especialmente en matemáticas, estaban más de acuerdo con la capacitación que nosotros buscábamos. En fin, en realidad aquella era una enseñanza integral. Con Salvador Erazo seguíamos siendo compañeros de aventuras y más que todo, amigos. Ocasionalmente levantábamos pesas, "para no perder la costumbre y mantenernos en forma". Él ya estaba por graduarse de perito pues cursaba el último año.

***

En una oportunidad uno de nuestros profesores, nos dejó la tarea de hacer una especie de composición acerca de las relaciones humanas en situación de apremio. Se trataba de describir lo que nosotros habíamos captado de una historia en la que dos jóvenes mujeres se habían visto obligadas a abordar un barco con una tripulación, desde luego, masculina. Había un párrafo en el que uno de los marinos exclamaba: "Mujeres abordo...Mala noche". El profesor pidió voluntarios para leer y analizar aquella parte. "¿Cual fue la expresión del marinero más viejo de la embarcación y cómo la interpretan ustedes?", preguntó. Uno de nuestros compañeros levantó rápidamente la mano: "Mujeres abordo, mala noche", repitió. Hasta ahí llegó con su nombre de pila. A partir de entonces paso a ser "Mala Noche".

***

"La Lora" y yo tuvimos nuestro bautizo de fuego, mas bien de puñetazos, una tarde en que discutíamos algo relacionado con la política y la filosofía. Él era sumamente progresista y yo tenía ideas ligeramente conservadoras. Comenzamos la conversación con trivialidades. Luego pasamos a cosas más serias. Él me platicaba que había leído a un filósofo que presentaba un análisis muy profundo de la historia de la humanidad. "Este filósofo", me dijo, "tiene un punto muy cierto, la religión y la creencia en Dios es la que mantiene a los pueblos en el atraso y la ignorancia". Entre más religioso y creyente, más atrasado es el pueblo", dijo en voz alta. "¿Quién ese jodido?", pregunté, recordando mis incipientes principios salesianos y lógicamente, sintiéndome aludido. "Carlos Marx", fue su respuesta. Ni idea de mi parte de quien era Marx. Era la primera vez que yo escuchaba su nombre. La conversación se convirtió en acalorada discusión debido a los puntos de vista que sobre Dios y la religión, tenía mi compañero. "¡No jodás, ese tal Marx y vos se van a ir al infierno!", fue mi comentario. "¡Sos un perfecto ignorante!", me contestó ya también acalorado. "¡Tu madre!", exclamé en un arranque de salesiana ira. "Mirá", me dijo. "No te rompo el pico aquí porque estamos en el colegio". "Pues vámonos a la calle de allá atrás", le dije y salí de inmediato. Me siguió. Comenzamos a intercambiar golpes. Él era más alto. Yo más fornido y hasta más fuerte. Lo tumbé sobre su espalda de un golpe que creo, le di en el pecho. Al verlo en el suelo me le fui encima y ya le iba a dar otro golpe, quizá en la cara, cuando me dijo: "Así no pues, estoy en el suelo". Caballerosa y cándidamente me paré y le extendí la mano para que se pusiera de pie. "Entonces ¿cómo querés?" le pregunté. "Así", me respondió, dándome un sorpresivo y sendo puñetazo que me hizo ver luces. Ya con rabia le di tremendo golpe que lo volvió a tirar al suelo. Me iba sobre el cuando llegaron unas personas y comenzaron separarnos. "¡Ya muchachos, no se golpeen!", escuché que dijo alguien. Yo quería zafarme pero miré que Rubén estaba medio sentado, casi caído en la orilla de la acera y, creí que tenía con convulsiones, pues movía la cabeza hacia los lados. "Ya me descachimbe a la "lora" pensé. Me calmé lo suficiente para, aún jadeante, preguntarle con algo de temor: "Y ahora ¿qué te pasa?". "No jodás, que casi no puedo ver con este ojo", contestó llevándose la mano al ojo derecho. Levantó la cara y comenzó a reírse. "Pero vos estás echando sangre de la nariz", me dijo. No reímos. Los curiosos y hasta los que nos habían separado también comenzaron a reírse. Alguien me trajo, creo que era un pañuelo y me sequé la sangre. No era mucha pero si lo suficiente como para que se me hinchara la fosa nasal. Tenía la camisa manchada. "La Lora" tenía el ojo derecho semicerrado. "Así no podemos regresar al colegio", dijo. Nos fuimos a la pulpería de una esquina, propiedad de un ciudadano oriental. Le llamábamos "el chino" Ham. "¿Tenés pisto?", me preguntó Rubén. "Creo que tengo unos cuatro lempiras", le contesté. Pedimos dos cervezas. El Imperial. Yo Nacional. "¡Puta!, a vos te gusta la cerveza de los bolos", le dije. "Y a vos la de los marícas", contestó. "No empecés Lora", le advertí. Nos reímos. Me fui a la casa de mi novia y le pedí que me ayudara a limpiar la camisa. Ella me puso algo de hielo en la nariz. Ya vería yo que excusa le daba a mis padres. Cuando llegué a la casa mi mamá, me preguntó que era lo que me había pasado que tenía la nariz hinchada. "Estábamos jugando básquet ball y me dieron un pelotazo", mentí. "¿De veras?", preguntó. Me parece que no me creyó. Al día siguiente, después de clase, me fui a la radio. Cuando Guillermo y los demás me vieron con la nariz hinchada me preguntaron: "No jodás hombre, ¿qué te paso? "Que me agarré a cachimbazos con "La Lora", les contesté.

Rieron a carcajadas. “Sos el primero al que veo que cachimbea una lora”, dijo Bayardo.

***

Continué compartiendo el tiempo entre el colegio, la radio, la novia y ocasionalmente levantando pesas. Erazo se me unía a veces para no perder la costumbre. Él también estaba dedicado a sus estudios y ahora a su motocicleta la que, poco a poco, había aprendido a controlar. Picado por la curiosidad y los constantes comentarios de Rubén acerca de los conceptos filosóficos que me había explicado y que habían provocado nuestro pleito a golpes, busqué el libro de Marx, del que el tanto me hablaba. No lo encontré en las librerías locales. “Ese libro está prohibido”, me dijo una vez el empleado de una de las librerías visitadas. Salvador y yo nos habíamos identificado perfectamente. Compartíamos gustos en el vestir. Paulatinamente, los de nuestra edad, habíamos ido segregando a Elvis y ahora nos identificábamos más con James Dean, el mal logrado actor de Hollywood, quien había implantado el Blue Jean, las botas, la “chumpa” azulón de lona y desde luego, la motocicleta. Habíamos visto su película “Rebelde sin Causa”. Una noche veníamos con Salvador de visitar a nuestras respectivas novias. Salvador manejando y yo atrás de pasajero. Bajamos la cuesta de Buenos Aires. Dimos vuelta por la esquina en donde estaba la fábrica del Café Corona. Pasamos frente a la HRN y seguimos hasta llegar a la calle que llevaba al parque La Concordia. A Salvador le dio por acelerar pues ya eran casi de las diez de la noche y las calles, en esa época se mostraban prácticamente desiertas a esa hora. Íbamos a la altura de la Tabacalera Hondureña, contiguo a la Iglesia del Calvario. Erazo hizo un giro a la izquierda. Lo único que recuerdo es que segundos después ambos estábamos en el suelo y la motocicleta sobre la acera del parque Herrera. Afortunadamente no paso a más. “Qué bueno que la moto no tiene daños", expresó Erazo. "Qué bueno que estamos vivos!", le contesté.

***

Mi papa me había dado trabajo. Le llevaba la contabilidad de los ingresos y egresos que se registraban en el negocio de la "montaña". Ahora tenía otra idea y estaba emprendiendo una nueva aventura empresarial. Se había asociado con tres ingenieros. Tiburcio Calderón, Luis Ulloa y Federico Boquín. Lotificarían una parte del terreno de la montaña. Venderían los lotes, dependiendo de su tamaño y ubicación. El resto de la propiedad se dedicaría a la explotación de la ganadería. Ya teníamos unas doce vacas, algunas con terneros. El Banco de la Propiedad otorgaría los fondos para tan ambicioso proyecto. En una ocasión, por lo regular íbamos los fines de semana a visitar la "montaña", fuimos y me fijé que aquel mal camino de terracería, que salía por "La travesía", subía la cuesta de "la Mololoa" y el que había que recorrer con carro de doble tracción, había sido ampliado y nivelado. Se transitaba con mayor seguridad y rapidez. "Le metimos el tractor", dijo mi papá. "Los ingenieros hicieron buen trabajo", agregó. Llegamos a nuestro destino. La calle había sido ampliada y ahora podíamos entrar hasta la parte alta del cerro con facilidad. Ahí había una casita, realmente, una choza de adobe. Creo que en ella vivía Toño Zapata, el capataz. Lo salude y comenzamos a platicar. "Y ¿ese tractor Toño?", le pregunté. "Ya tiene varios días que lo trajeron". contestó. "Y ¿qué más van a hacer con él?", fue mi siguiente pregunta. "Pues no sé, pero hay que taparlo por que aquí han estado cayendo unos buenos cachimbazos de agua y se va arruinar", sentenció. Cuando regresamos a la casa me fui a consultar el libro de contabilidad. En el renglón de gastos no estaba registrado el tractor. Le pregunté a mi papá y me dijo que no lo habían comprado sino que lo arrendaban a una compañía. No me supo decir o no quiso informarme del nombre de la compañía arrendataria. Sólo me dijo que los ingenieros eran los encargados de eso. Por alguna razón no me gustó aquello. Yo creía que mi deber era estar enterado de todo lo que entraba y salía, aunque procediera de terceros. Mi mamá, como perito mercantil que era, debía estar enterada de esos gastos. Hablé con ella. Juntos revisamos el libro. Descubrí algo más. Tampoco estaba registrado el tractorista. Se lo hice ver a mi mamá. "Voy a hablar con José", dijo. "Vamos," le dije. "Yo soy el que lleva estas cuentas y tengo que ver el por que de esos faltantes". Hablamos con mi papá. "Ya te dije, los ingenieros lo tienen arrendado, es cosa de ellos". "Y el tractorista quién es, ¿quién lo paga?", pregunté. "Pues ellos", fue su seca respuesta. "En cualquier momento ellos van a pasar la cuenta y nos van a cobrar. Tenemos que saber cuánto es y por cuánto tiempo", dijo mi mamá. "Más vale estar seguros", le dije. "Toño me dijo que ese tractor tiene ya varios días de estar allí y que le había caído mucha agua. Cuando lo vi no estaba bien tapado. Imagínate que se arruine; a nosotros nos va a tocar pagarlo". "Voy a hablar con Tiburcio Calderón para que me de los detalles", dijo mi papá. "Sí, que nos dé el nombre del tractorista, cuanto gana a la semana o por día. Cuánto se paga por el arrendamiento del tractor y a quién", le dije. Necesito esos datos para entrarlos en el libro y tenerlos listos por si cobran después", le dije. No era contabilidad mayor, simplemente ingresos y egresos, activos, pasivos, planilla de trabajadores y demás gastos varios. Yo ya podía llevar ese tipo de cuentas. En una oportunidad, revisando el renglón de "varios", me encontré con pagos en efectivo, sin recibo. Le pregunté a mi papá que era aquello. "Son gastos de los ingenieros", me dijo. "¿Para qué?", fue mi pregunta. "Pues gastos que han tenido", dijo simplemente. "Pues necesito recibos, que pongan su nombre, la cantidad y para que ha sido hecho ese desembolso". Paulatinamente, ya había comenzado a hacer uso del lenguaje de los perito mercantiles. Lo había aprendido en el colegio. A veces consultaba con mi mamá y ella me aclaraba algunas cosas o me corregía, si descubría algún error. Volvimos a la "montaña" unas dos semanas después. El camino estaba transitable, a pesar de las fuertes lluvias. El tractor seguía allí. Tapado con una lona sobre la que habían colocado ramas de pino. Hablé con Toño, el capataz, pero este esquivo mis preguntas. "No me gusta ese negocio", le dije a mi mamá. "¿Dónde están los lotes? Ya va para cuatro meses y aparte de la carretera no veo nada más". "José dice que los aguaceros que han caído, han retrasado todo", dijo mi mamá. "Sí", insistí. "Pero ¿quién va a venir desde tan lejos a comprar un lote aquí?" Aparte, ese tractor se va a arruinar, parece que no lo han usado desde hace días y si se arruina lo vamos a tener que pagar nosotros". Yo ya era parte del negocio o el negocio era parte mío. Al menos así me consideraba.

***

Mientras tanto, seguía en Radio Morazán. Me llevaba bien con mis compañeros, particularmente con Riedel y Guillermo. En el colegio no iba mal aunque a veces me las arreglaba para escaparme con la novia al cine. Definitivamente me había retirado de los carro parlantes de Galeano. Creo que Plata continuaba con él, ahora acompañado de un muchacho que, me parece, era cuñado de Galeano. Gilberto Díaz. "Gilito"; alto, de ojos claros y bien plantado, leía bien. Lo escuché un par de veces en que yo pasaba por el centro de operaciones de Galeano. Años después era parte del cuerpo de locutores de radio Nacional. De mi amigo de adolescencia Jorge Montenegro había perdido la pista. Seguíamos con atención e interés a los locutores de las radios "grandes", principalmente la HRN, considerada como "la primera emisora del país". En efecto, La N, había sido la primera estación de radio establecida en Honduras. Su propietario y pionero de la radiodifusión nacional fue Rafael Ferrari. Pero, para nuestro gusto, Plata, Montenegro y yo, aquel que decía "La voz que rige la constelación musical" era la voz que más nos atraía. Ya sabíamos que se llamaba Jorge Figueroa Rush. En radio Comayagüela había un programa que gozaba de mucha popularidad. "Bingo y Bongo". Lo interpretaban Herman Allan Padget y Conrado Enríquez. Ambos muy talentosos. "Bingo" era un personaje cuya voz, al parecer, había sido copiada a "Manolín" del dueto de cómicos mexicanos "Manolín y Schilinsky". Padgett encarnaba a "Bingo" y Conrado a "Bongo". Si mal no recuerdo "Bongo" era un simpático personaje con acento árabe que Conrado sabia manejar magistralmente. Realmente esos dos talentos formaban una excelente mancuerna humorística. Riedel, quien para entonces ya casi no llegaba a la Morazán, ni al colegio, se presentó en una oportunidad abordo de un auto de marca y año indescifrable. Éste era usado y viejo. "Lo acabo de comprar", dijo. Nos invito a que fuéramos todos al Pingüino. Me parece que lo había bautizado como "El poderoso", o algo así. Riedel nos confió que había conseguido empleo en la HRN, en calidad de operador de audio. Una noche que me había tocado leer la noticias de Radio Morazán en compañía de Bayardo, Riedel y Guillermo se ausentaban cada vez más, Rafael, el vendedor, se acercó a mí y me dijo. "Mirá, después de que cierren audición", cerrábamos a las diez de la noche, "grabame un par de comerciales, son de la Zapatería Atenas. Te voy a pagar cinco lempiras". Accedí. Cerramos audición. Bayardo se fue a la oficina y yo me fui a la pequeña cabina de grabación que había sido acondicionada contiguo a ésta. Rafael estaba en los controles durante el proceso de la grabación. Leí y grabamos el primer anuncio. "Vamos con el segundo", dijo Rafael desde la cabina. En esas estaba cuando miré que llegó un hombre, joven, alto, con saco pero sin corbata. Miraba y escuchaba atentamente por la ventana de la cabina. "Éste", pensé, "ha de ser el dueño de la zapatería". Era común que el cliente o su delegado estuvieran presente durante la grabación de algún comercial. "Salió bien", me dijo Rafael. Salí de la cabina. El señor alto me sonrió y sin mediar palabra me preguntó: "¿Cómo te llamás?". Sólo escuché su voz para darme cuenta de inmediato que estaba, nada menos, que ante Jorge Figueroa Rush. "Soy Jorge Figueroa Rush", dijo. "Sí, lo sé", creo que dije, tratando de mantener la compostura y la calma. En mi fuero interno pensaba este era el "vozarrón" que tanto escuchábamos y que tanto nos gustaba. Y estaba aquí, platicando conmigo. "Me llamo Tomás Antonio González", respondí. Tenés buena voz", dijo en forma casi casual. Hablamos brevemente del comercial que acababa de grabar. Luego, sin mayores preámbulos me preguntó: "¿Te gustaría trabajar en la Comayagüela?". "Sí, claro", creo que dije entre nubes. "Entonces venite mañana a la radio". "Salgo a las diez del colegio", acerté a decir. "A las once está bien". Me dijo y me dio indicaciones sobre cómo llegar. Salí volando de la radio. Olvidé cobrar los cinco lempiras que Rafael me iba a pagar por la grabación de los anuncios de La Atenas.

RADIO COMAYAGÜELA

Largo se me hizo el horario de clase al día siguiente. Finalmente salimos y sin decir palabra a nadie, me encaminé a la Radio Comayagüela. Ahí estaba Figueroa Rush. Me presentó con el propietario de la estación, Don Humberto Andino Napky. "Mire Don "Beto", como ya se fue Héctor (Héctor Godoy, el locutor salvadoreño) aquí está este muchacho. Lee bien y tiene buena voz", dijo Jorge al presentarme con quien sería mi nuevo jefe. "Mire Jorge, si Usted dice es bueno pues, que entre aunque no sé si es necesario ponerlo en el noticiero de la noche. Yo creo que hay que esperar para eso". "Está bien" dijo Figueroa Rush, "creo que tiene razón". "Espérame aquí" dijo, Don Beto, imponiendo su autoridad. "Jorge, venga", le dijo a Figueroa. Ambos salieron de la oficina. Conferenciaron por varios minutos en uno de los pequeños corredores del edificio, que era de dos pisos. Yo los miraba con cierta aprensión. Don Beto regresó a la oficina. "Mirá" dijo, "vas a trabajar en el turno del medio día. Por ahora no vas a entrar al noticiero de la noche. También vas a trabajar los sábados de doce a dos de la tarde. Ese turno lo vas a compartir con Rolando, "me informó. "Gracias", le dije. ¡Ah! me dijo, cuando me disponía a salir de su oficina, "vas a ganar cincuenta lempiras al mes". Busqué a Jorge. Le agradecí por abrirme la oportunidad. Me presentó a algunos de los que, a partir de ese momento, serían mis nuevos compañeros; aquellos a quienes yo había escuchado con tanta atención. Ahí estaba Mario Hernán Ramírez, Ernesto Galindo, a quien apodaban "El Chaparro". Este tenía un programa matinal, de mucho auditorio, en el que presentaba música folclórica mexicana. Imitaba o, al menos, trataba de imitar el acento de los mexicanos, y a lo largo de su programa enviaba mensajes, saludos, leía cartas y telegramas que le llegaban de diferentes partes del país. "Compadritos y comadritas", era su saludo. Era una persona muy simpática y amable. Mas tarde llegó un hombre joven que hablaba con mucha soltura y a todos trataba con mucha confianza. Era el que ya trabajaba en el noticiero de la noche. Lo saludaron efusivamente. "Mirá", dijo Figueroa Rush, este muchacho es la nueva adición a la radio, se llama Tomás Antonio González". "Hombre, mucho gusto, yo soy Gabriel García Ardón. Vos ¿de dónde venís?" ."De Tegucigalpa", contesté. "No hombre, de que estación de radio, ¿dónde has trabajado?". "Ah, de Radio Morazán". "Ahí hay puro buclosito", dijo. Me sentí picado, pero no dije nada. Me limité a sonreír. Creo que Jorge se sentía comprometido conmigo. Después de todo él me había llevado a esa radio creyendo que me darían la oportunidad de trabajar en el noticiero de la noche y no había sido así; pero yo había logrado un trabajo. Jorge me llevo a conocer la cabina y me presentó con el operador de turno. Le decían "Pichirilo". Nunca supe su verdadero nombre. Nos saludamos. Me dio la impresión de que yo no le había caído bien. Jorge me enseñó la presentación del programa que yo haría. Era un programa musical en el que se intercalaban anuncios y saludos. No me fue difícil, pues yo ya tenía la experiencia de radio Morazán. Eso sí, tenía que familiarizarme con el operador. En la Morazán nosotros operábamos la consola. Aquí teníamos un operador. Comencé nerviosamente. "Pichirilo" se mostraba displicente. En determinado momento le pregunté que era lo que seguía después de haber leído algunos comerciales. "Ahí búscalo en la pauta", me dijo. Terminé el programa. Me despedí y dije: "Hasta mañana a la misma hora". "Si es que todavía tenés programa", fue la expresión de mi operador. Ignoré la amenaza. Al medio día algunos se habían ido a almorzar a sus casas. Yo me fui a un pequeño establecimiento que quedaba al cruzar la calle y el que era una combinación de pulpería, cantina y restaurante. Pedí una enchilada y un refresco de banana, mi favorito por aquellos días. Allí estaban García Ardón y un señor alto, trigueño y bien fornido. Este estaba tomando cerveza y, al parecer, ya había consumido más de una, según deduje por la cantidad de botellas acumuladas en la mesa. García me saludo con la mano. Le correspondí. "Vení, sentate aquí con nosotros", me dijo. "Mirá poeta, este es nuestro nuevo compañero". Saludé al interpelado. "Soy Constantino Suasnavar",[15] dijo simplemente. Continuaron con la conversación de la que yo estaba ausente, pues ya estaba con prisa por regresar al colegio. Terminé de comer. Me levanté y despedí de García Ardón y de aquel señor, al que llamaban Poeta. Este me hizo un breve seña con la mano en señal de despedida. Antes de regresar al colegio me encontré con un muchacho, delgado, no muy alto pero bastante sonriente. "Vos sos Tomás Antonio", me preguntó. "Sí", contesté simplemente. "Yo soy Rolando Ramos", fue su presentación. "Hombre, mucho gusto", contesté entusiasmado. "Me dijo Don Beto que los sábados vamos a trabajar juntos en un programa". "Sí, ya me dijo eso". "Vení, te voy a enseñar la cabina. "No hombre, si ya mas bien hice el primer programa", le contesté "¿Cómo te fue"?, preguntó. "Pues no creo que muy bien. "Pichirilo", el operador me dijo

15 "Soy Constantino Suasnavar". Reconocido poeta y escritor.(Notas del autor)

que de repente ya no tendría programa mañana", respondí. "No le hagas caso, a mí me dijo lo mismo el otro día. Le gusta joder así". Rolando era muy desenvuelto. Un poco mayor que yo pero con un contagioso espíritu juvenil. De inmediato congeniamos. Me fui a clases. No paraba de pensar que yo ya era parte de la HRXW, Radio Comayagüela, donde trabajaban Jorge Figueroa Rush, Mario Hernán Ramírez, Gabriel García Ardón, Herman Allan Padgett, Conrado Enríquez e iba a compartir micrófono con Rolando Ramos. Ya estaba entre "los grandes". Pero, en realidad, me sentía como pez fuera del agua. Todo esto era completamente distinto a Radio Morazán. En ésta los compañeros eran muchachos más o menos de mi misma edad. Más o menos, pues yo era el menor de todos ellos. Aun así, éramos compatibles en casi todo. Nos entendíamos. En cambio en la Comayagüela, me sentía medio aislado por razones de calendario. La excepción era Rolando. Había en aquel plantel varias personas que no sé si eran empleados o compraban el tiempo para hacer sus programas o presentar sus segmentos. Uno de estos era un señor al que yo miraba ya de avanzada edad, aunque tal vez no pasaba de los cuarenta y cinco años. Escribía comentarios y los leía, a veces, en el noticiero de la noche. Usaba el seudónimo de "El Humilde Pérez". "El humilde" conversaba mucho con el poeta Suasnavar quien frecuentaba la estación con mucha regularidad. Recuerdo que en el informativo también se daba paso a la nota deportiva; esta estaba a cargo de un locutor bastante ágil en los comentarios. Se identificaba como Bardales y Suárez. En la Comayagüela conocí a Hermes Bertrand Anduray, "Mito", no sólo un magnífico caricaturista sino que también comentarista de deportes y comentarista político. Otro que viene a la mente es Armando Zelaya. Le apodaban "Chilío". Armando también escribía artículos para Destellos y Comentarios, indudablemente un segmento informativo estelar. Años después, cuando Armando se desempeñaba como Relacionador Público de La Fuerza Aérea de Honduras, nos hicimos amigos y compañeros de alegres parrandas. Tenía un extraordinario sentido del humor y hasta hacia bromas de su tartamudez. "Fi, fi, fi, játe que esta pa, pa, pa, papada (la tartamudez) se me qui, qui, qui quita cu, cu, cu, cuando me echo un, tra, tra, tra, trago. Por eso, salud".

Los viernes, por lo regular, llegaba un señor que vestía ropa de azul o de caqui. Siempre calzaba botas y nos visitaba abordo de un vehículo tipo pick up. Decía que era cafetalero y ganadero. Se apellidaba Casasola. Nunca supe cual era su relación con Don Beto. Contaba que tenía una hacienda ganadera en El Paraíso, cerca de la frontera con Nicaragua. Otro de los varios personajes que frecuentaban la estación era un señor alto, de unos treinta años, quien decía que había estudiado canto en México y quien aseguraba que era barítono. Se llamaba Juan P. Sosa. Para probar su calidad de cantante comenzaba a solfear: do, re, mi, fa, sol a si do. Do, si, la solfa mi re do. Cantaba cualquier segmento de la primera canción que recordara. "Soy Juan P. Sosa, amigo" decía al concluir. En una oportunidad estaba en su oficina don Gabriel Zepeda, me parece que socio de Don Beto. Juan P. se le acercó, desde luego, comenzó a solfear. Se acercó a Don Gabriel y siguiendo la tonada del solfeo, comenzó a canturrear: "Don Gabriel, Don Gabriel, Don Gabriel" y así in crescendo. Al hacerlo se le acercaba al oído. "Don Gabriel..." Ahora en do de pecho", dijo P. Sosa y soltó su "Don Gabriel…" El Señor Zepeda lo miró momentáneamente y explotó: "¡Sho, mierda!". No volvimos a escuchar el solfeo de P. Sosa por mucho tiempo. Otro de nuestros compañeros era un locutor nicaragüense. Alcides Ríos Tijerino. Este mantenía siempre un bajo perfil. Serio, callado y bien educado, llegaba a la estación, hacía su trabajo y hasta allí. Corrían rumores de que era exiliado político pues en su natal Nicaragua había sido fuerte opositor de Somoza. Alcides me comentó un día que el poeta Suasnavar era también nicaragüense. Me dijo que el sabia que era leonés pero que quería mucho a Honduras, pues al parecer uno de sus padres era "catracho". Con

Rolando Ramos estrechábamos lazos de amistad y compañerismo cada vez más sólidos. En ocasiones, especialmente los días de pago, compartíamos una o dos cervezas en una pulpería de esquina que Rolando había descubierto en la cuarta Avenida. No muy lejos del parque Colón. Por alguna razón García Ardón se fue de la radio. Escuché decir que había habido pleito entre él y el "Chaparro" Galindo. Más tarde supe que García se había ido a trabajar a una estación de San Pedro Sula. Días después de su partida alguien dijo: "Ya va a venir Abelardo Enrique Avendaño de la P1". "Ese sí es locutor, no papadas" dijo "Pichirilo", mientras nos miraba alternativamente a Rolando y a mí. Rolando ni se inmutó. "Que jode este flaco pendejo", pensé. Definitivamente no lo caemos bien porque somos jóvenes" dije para mis adentros. Abelardo Enrique Avendaño se nos uniría unos dos meses después. Jorge Montenegro llegó a la estación cuando le comenté que yo ya estaba en la W, "donde están Jorge Figueroa Rush y Mario Hernán Ramírez", le dije. Sólo llegó un par de veces. En una de estas visitas lo notamos algo pálido; le preguntamos que le pasaba y nos comentó que venía del dentista y que le habían hecho una incisión profunda para matarle el nervio de una muela que le había estado doliendo. "Púchica, vos, hasta olía a cacho quemado cuando el jodido doctor me estaba taladrando la muela, y ahora me empieza a doler", nos comentó. Le recetamos Mejoral. Otro que llegó a visitarnos fue un muchacho blanco, alto, usaba lentes. Daba la impresión de que era tímido pero se acerco a platicar con Rolando y conmigo. Yo lo había visto varias veces cuando saliendo del colegio y me dirigía a la radio recorriendo la tercera avenida. Creo que vivía por esa área. Se llamaba José Augusto Padilla. Mario Hernán Ramírez lo vio hablando con nosotros y con certero ojo clínico dijo: "Ahí está Muñecón". A partir de entonces nuestro nuevo amigo se quedo como "Muñecón". En ocasiones llegaban los integrantes de un trío quienes, al parecer, compraban tiempo en la radio, revendían éste y así se agenciaban algún ingreso. Uno de ellos, me parece la primera voz, se hizo amigo mío. Le decían "El Indio", a secas. Él lo aceptaba resignada y hasta alegremente. En una oportunidad "El Indio" se quedó en la radio después de la actuación con sus compañeros del trío. "Vamos a tomar unas cervezas", me dijo. Acepté. Nos fuimos a la pulpería que había descubierto Rolando. Nos tomamos un par de cervezas. "Mire" me dijo, siempre me trataba de usted, "vamos allá por el cementerio, hay un lugar donde dan boca de carne salada, asada en el anafre". "Vamos", le dije. No me gustaba mucho la idea pero no quería lucir petulante. Llegamos. Aquello era un estanco de mala muerte, pero tenía en la puerta de entrada un pequeño rotulo azul donde se leía "Agencia Fiscal", tenía un número que obviamente no recuerdo. La carne salada que daban de boca estaba colgada de unas líneas de alambre atadas al techo y a las que llegaba el humo de los fumadores seguido de una difusa pero agresiva nube de moscas que se posaba sobre las líneas de la añeja y contaminada carne. El piso era de tierra, semicubierto de aserrín en el que se podía ver los escupitajos de los parroquianos. La mayoría de estos eran gente que calzaba caites y, evidentemente, eran campesinos. Me llamo la atención que sobre el mostrador de aquella cantina, en el que se apoyaban los clientes, había varios platillos metálicos con sal y trocitos de mango verde o ciruelas verdes. "Es la boca para los que beben guaro" me aclaró "el Indio" cuando notó mi curiosidad. El penetrante olor de la transpiración me golpeó con fuerza. En realidad, aquel ambiente no era nauseabundo, era definitivamente asfixiante, en el sentido literal de la palabra. Creo que conté unos seis clientes; todos ellos estaban parados, aunque había mesas de madera y unos cuantos taburetes. Me llamó la atención un individuo que presentaba una larga cicatriz que recorría parte de su cara para terminar cerca del ojo derecho. En el ocular tenía una especie de nube, blanca, que le daba un aspecto atemorizante. Creo que no me vio cuando lo examiné visualmente, pues estaba ya bajo los fuertes efectos del alcohol, pero se sostenía recostado a medias contra la pared. Observé a uno de ellos que pidió un "octavo", vació parte de la "pachita" en un vaso y lo tomó de un solo. Se sacudió como si lo hubiera golpeado una descarga eléctrica. "¡Puta!", exclamó, "esta papada parece "gato de monte" y masticó un trozo de mango verde con sal. Vació el resto del contenido de la pequeña botella y se lo empinó nuevamente. Dio otra sacudida. "Dame otro", ordenó, a la vez que lanzaba un escupitajo al suelo. "él es mi amigo", había anunciado el "indio" al entrar al tugurio y notar la forma en que los demás me miraban. No cabía duda, literalmente había entrado a la antesala del cementerio, cuya entrada principal quedaba a unos cuantos metros de aquella "cantina de mala muerte". Traté de encontrar un lugar donde sentarnos. "El Indio" me hizo seña de que mejor nos quedáramos parados. Cuando nos encaminábamos de regreso a la radio me dio su explicación. Pidió un "octavo de guaro". Yo no iba a mostrarme débil. Pedí una Imperial. Para mí, tomar "guaro", ni pensarlo. Recordé que cuando terminamos los exámenes de fin de año, en el tercer curso, "La Lora" Hernández, otros dos compañeros y yo, nos fuimos a celebrar el haber pasado, aunque fuera "a rastras", al cuarto año. El lugar era una cantina, realmente un "estanco", ubicado en las cercanías del parque Guanacaste. "La Lora" pidió un "octavo" y decidió compartirlo con nosotros. Cada quien empinó su porción. Fue la primera y última vez que probé lo que para mi era una "poción" de mal sabor. Hernández se burló de mis gestos de desaprobación al tomar aquel "guaro". "Lo que pasa es tu burgués paladar no tolera lo fuerte del proletario "guaro", había dicho. Los demás rieron y pidieron otro `octavo´". En la cantina de Sipile, mientras el "indio" empinaba su trago yo me dediqué a observar el panorama. Era, indudablemente, deprimente. El cantinero era un tipo trigueño, alto y algo gordo. Me llamó la atención el mostrador donde estaban desplegadas varias "pachas" de guaro de litro, medio litro y varias de octavo. Colgando de una esquina del mueble y ostensiblemente visible, pendía un machete bastante filoso según pude ver. "Ha de ser para cortar la carne", pensé inocentemente. Saco la cerveza de una hielera. "Aquí se bebe guaro, no papadas", dijo el que había pedido el "octavo". "¡Mi amigo bebe lo que quiera!", exclamó "el indio". Nadie dijo nada. Al parecer era conocido en aquel antro y, era respetado. Pedí otra Imperial. Él, otro octavo. Desde luego, pagué yo. "Tengo que ir a trabajar", le dije a manera de excusa, "así que regresemos". En el camino yo pensaba que algún día escribiría algo de la vez que pase por las proverbiales puertas de ese infierno. Lamentablemente algunos de mi compañeros cruzaron ese umbral quedando atrapados entre sus paredes y encadenados a estas por algún tiempo. Afortunadamente lograron salir se ese tétrico lugar, zafándose de las crueles cadenas del alcoholismo. Antes de entrar a la radio le pregunté al "Indio" por qué no quiso que nos sentáramos. Esos jodidos", dijo medio balbuceante por el efecto de los dos octavos y refiriéndose a los demás parroquianos, "son unos pencos bien arrechos". "Por cualquier cosa les gusta empezar a joder y a buscar pleito. Empiezan pidiéndote un trago y si vos no estás listo, te dan jabón. Si nos sentamos es más fácil que nos jodan y lo primero que hacen es sacar la cutacha y les vale pija agujerear al que sea". "Yo por eso ando siempre la mía", dijo sacando de la bolsa de su pantalón una navaja de resorte. "Sí" le dije. "Me fije que te respetan". "Ah, es que ya saben quien soy", dijo orgullosamente. Era obvio que ya tenia experiencia en esos líos. Antes de retirarse me dijo medio sonriente: "No me puede prestar un "tostón" para echarme otro octavito". No sé cómo, ni quien les dijo, el caso es que al día siguiente, cuando llegue a mi horario ya todos sabían que yo me había ido a "chupar" con el "Indio" a un estanco de Sipile. Mario Hernán Ramírez me llamó aparte. "Mirá", me dijo más o menos, "no me meto en donde no me llaman, pero haber ido a un estanco de esos, con ese tipo de gente no es para un muchacho como vos. Sos joven, tenés futuro, estás estudiando. Sos de buena familia. No echés a perder ni tu futuro, ni tu vida en un lugar tan bajo como ese. Serás el más tonto de los que aquí trabajamos si volvés por esos lados". Palabras mas, palabras menos. Guardé silencio y sólo acerté a decir: "Tenés razón". Jamás regresé a un lugar de esos. Siempre estaré agradecido por aquel acertado y oportuno regaño de mi buen amigo Mario Hernán Ramírez. Viví aquella negativa experiencia y la tomé como una lección. En retrospectiva, la veo como expresión metafórica de lo que significa el itinerario y los vericuetos por los que cruzamos en este viaje que se llama vida.

***

Ya comenzaba a sentirme más en confianza en aquel ambiente. Rolando Ramos contribuía a ello en cierta forma pues, siendo los "cipotes" del grupo nos identificábamos y apoyábamos, especialmente cuando "Pichirilo" hacia sus rabietas y nos criticaba, particularmente a mi. Aparte, Conrado Enríquez hizo que me sintiera en las nubes cuando publicó una pequeña crónica, creo que en el diario El Día y en páginas interiores, acerca de las nuevas voces de radio Comayagüela. Me mencionaba como un prospecto radial de gran futuro. Siempre reconocí aquel gesto el que tuve oportunidad de agradecerle personalmente en una de las varias tertulias que teníamos regularmente en el vestíbulo de la radio. El poeta Suasnavar se ausentaba por temporadas para luego regresar y, simplemente hacer acto de presencia. Creo que a veces escribía comentarios, que eran leídos en alguno de los noticieros. En más de alguna oportunidad lo vi, sentado, cabizbajo. Me daba la impresión de que estaba triste. Otras veces llamaba a los de su confianza, Padgett, Mario Hernán y Figueroa Rush a quienes leía algo. Le escuchaban con atención. Después supe que era alguno de sus poemas. Don Beto Andino manejaba la estación con tino pues sabía combinar la programación. A mí me gustaba, aparte de los servicios informativos y los programa musicales, el programa de "Bingo y Bongo", que producía Padgett y presentaba con su contraparte, Conrado Enríquez. Siempre admiré la capacidad de Herman Allan. Un talento nato y una extraordinaria capacidad para escribir libretos. Pero también escribía comentarios de tipo político. Don Beto se reunía a veces con nosotros, ya fuera en una pequeña oficina o en el vestíbulo que había contiguo a la entrada al edificio y el que, con unas cuantas sillas y una pequeña mesa, había sido acondicionado como sala de espera. Nos deleitaba con sus anécdotas e historias.

LOS RELATOS DE DON BETO ANDINO

Mención aparte merecen las anécdotas y las historias que nos relataba de Don Beto. Las presento con el debido respeto en recuerdo a la memoria de quien le abrió la puerta y dio la oportunidad a muchos de los locutores de aquella época. Algunas de estas anécdotas las escuché de primera mano. Otras nos las contaba Jorge Figueroa Rush, quien imprimía una gracia especial a dichos relatos. En una ocasión estábamos reunidos en la salita de espera, hablando de todo y sin tema fijo. Se nos acercó Don Beto y nos saludó cordialmente, uniéndose a la variada conversación. Alguien mencionó lo elegante del auto que Don Beto manejaba un Cadillac negro, posiblemente del año 51 o 52 y en realidad, bastante elegante según los estándares de la época. Don Beto comenzó a describir las cualidades y ventajas de aquel vehículo el que, según decía, era sumamente cómodo, con un motor de ocho cilindros que "casi vuela", decía, imprimiendo emoción a su relato. "Vea", comenzó diciendo y utilizando una expresión muy de él cuando se disponía a contar algo de sus experiencias personales pasadas. En una ocasión yo tenía un viaje a El Salvador. Salimos como a las ocho de la mañana; este carro es tan veloz que antes de las diez estábamos llegando a El Amatillo. Fíjese que cruzamos la frontera y nos paramos a echar gasolina; a los pocos kilómetros nos fijábamos que la gente que estaba a orilla de la carretera se paraba y nos miraba con curiosidad y señalaban el carro. Seguimos así por todo el trayecto y la gente continuaba mirándonos y seguía señalando algo. Yo creía que era por el carro, imagínense, aquel Cadillac que casi volaba. Ya cuando íbamos a entrar a un pueblo cercano a echar gasolina la gente se nos acercó. Yo me bajé y entonces me señalaron el bumper de enfrente del carro. Allí estaba un ternero enredado y nosotros ni cuenta nos habíamos dado. Así de fuerte es ese carro y el ternero estaba vivo. Lo sacamos del parachoques. Al Cadillac no le había pasado nada. Obviamente escuchamos con atención. Después nos preguntábamos como era posible que aquel Cadillac o cualquier otro auto, pudiera hacer el recorrido entre Tegucigalpa y la frontera con El Salvador en menos de dos horas. Eso, aunado al ternero que había quedado atrapado en el parachoques del vehículo sin que ninguno de los ocupantes de este se percatara del incidente, ponía cierto nivel de alegre entretenimiento a tan fantástico relato. Figueroa Rush nos contó una día que Don Beto le había confiado que había estado en una de las varias revueltas políticas que azotaron a Honduras en determinada época de su historia. "Vea", comenzaba Jorge, imitando la expresión de Don Beto. "Yo me he visto en serios aprietos por andar metido en cuestiones políticas, de las que ya me retiré. Pero una vez, un grupo de revoltosos se había levantado contra el gobierno. Nosotros teníamos una hacienda cerca de Olancho. A veces eran los soldados los que llegaban a la casa a que les ayudáramos con comida y otras veces eran los alborotadores los se nos metían a la hacienda también a pedir ayuda. Un día decidimos, ya protegernos. Yo tenía una cuarenta y cinco; siempre fui buen tirador. No ve que una vez llegaron unos jodidos y exigir no sólo comida sino que también querían "pisto". Se armó aquel tiroteo como Usted no tiene idea. Lo que yo hice fue tratar de despistar a los asaltantes que eran como seis. Me monté en un caballo que tenía pues también yo sabía montar.

Les hice varios tiros y salí a la carrera. Estos también me siguieron en sus caballos y, no ve que me toca la mala suerte de que me fui por una hondonada que daba a un abismo. Allá abajo estaba el río. Yo no tenía por donde agarrar y estos jodidos ya se me acercaban. Lo bueno es que estos no andaban pistolas ni rifles sino que puros guarizamas. Me bajé del caballo pero no me podía tirar por aquella hondonada pues era un abismo, y lo malo, es que sólo me quedaba una bala en la cuarenta y cinco. Como eran tres y venían en fila, el que venía en medio, cuando estaba cerca, levantó el machete, pero yo lo tenía en la mira. Jalé el gatillo. La bala pegó en el filo del guarizama, claro, se partió en dos. Al de en medio el impacto del tiro le metió el machete en la frente y, como la bala se partió en dos, fue a darles directo a la frente a los otros dos jodidos". Este Otro relato lo escuchamos varios de nosotros con la misma y devota atención que lo hacíamos siempre que Don Beto se unía a la improvisada tertulia que, por lo regular, se registraban en horas Del medio día. Creo que hablábamos de como hay algunos niños que son precoces y se desarrollan intelectual y físicamente más rápido que otros. "Vea", comenzó Don Beto, "eso es muy cierto. Fíjense que cuando el "boludo" (así le llamaba a su hijo menor, creo) tenía unos cuatro meses de nacido, comenzó a gatear y poco después del primer año ya caminaba. Pero, lo mas sorprendente es que una vez nos fuimos a pasar el fin de semana allá por "El Rio del Hombre", donde hay una pozas muy bonitas y hasta se pesca. Mi mujer sacó el almuerzo y nos sentamos a platicar, mientras los otros cipotes jugaban. En eso nos damos cuenta que "el boludo" no lo mirábamos donde lo habíamos dejado. Mi mujer, ya ve como son las mujeres que por todo se asustan, comenzó a llorar pues el cipote no se miraba por ningún lado. Nos fuimos río arriba y del muchacho ni señas. Ya estábamos preocupados cuando me dio por seguir la corriente del río. Llegué a un lugar donde hay una poza que es profunda. Vea, mi sorpresa fue grande cuando miro al "boludo". "Nadando, hombre". "¡Nadando!". El repertorio de las historias de Don Beto era bastante amplio. Todos salpicados de ese sabor tan especial que sólo él sabía imprimir a sus relatos. Me he limitado a describir algunos de los que recuerdo y que se grabaron en mi memoria ya que años después, cuando nos encontrábamos con Jorge Figueroa Rush, esas historias invariablemente salían del baúl de los recuerdos para cobrar vida y deleitarnos rememorando aquellos tiempos idos.

***

Para mí las cosas iban muy bien. Trabajaba en una de las estaciones de radio más populares. Mis compañeros estaban entre los más escuchados y respetados del medio y aunque yo era el más joven de aquel grupo, algunos de ellos se tomaban el tiempo para darme algún tipo de orientación profesional o personal, según el caso. En el colegio las cosas, según yo cría, iban bien. Llegaron los exámenes de fin de año. Me “poncharon” en dos materias. Contabilidad bancaria y álgebra. Tendría que ir a exámenes extraordinarios, que era la oportunidad que se nos brindaba a los que habíamos fallado en alguna materia, para acceder al siguiente curso. Hice el esfuerzo y logré pasar. “Lo que no me explicó”, me dijo “La Lora” Hernández un día, es como es que te poncharon en álgebra, si vos sos “gallo” para “chepear”. “Lo que pasa”, le dije, “es que a ese “chelito” jodido no se le escapa nadie”. Me refería al profesor de matemáticas y álgebra Roberto Moncada. De “panzazo” llegué al quinto curso. Ni a mi mamá ni a mi papá les gustaba que estuviera en la radio pues decían que ellos habían escuchado que los locutores y la gente de ese medio eran muy “bolos” y mujeriegos. Al parecer no se habían percatado de que a veces yo llegaba a la casa masticando chicle y tratando de esquivarlos. Continuaba llevando la contabilidad del negocio de “la montaña”. El tractor aquel, parece, se convirtió en la manzana de la discordia entre los ingenieros y mi papá pues ellos querían que se les reembolsara por el uso del mismo, aunque jamás se hicieron las mediciones topográficas para levantar los planos de los lotes que habrían de ser vendidos más adelante, parte del acuerdo en la nueva sociedad. Mi corazonada se hacía realidad, aunque mi papá nunca aceptó que yo había estado en lo correcto cuando le expliqué que para mí, los socios, aunque fueran socios industriales exigirían más adelante el reembolso por el poco uso del dichoso tractor. Mi papá finalmente decidió devolverles el tractor y anular el contrato aquel pues, según decía "de verdad no veo que este negocio vaya a ser productivo". Contrató los servicios del famoso abogado Simón Molina para que deshiciera legalmente aquella sociedad. En el ámbito sentimental todo marchaba viento en popa. Con mi novia frecuentábamos el cine. De vez en cuando, especialmente después del día de pago, íbamos algún lugar a tomar un refresco aunque, ya para entonces yo pretendía demostrar mi "madurez", ordenando una cerveza. Frecuentemente nos dedicábamos a tratar de adentrarnos y desentrañar los dulces y felices misterios del amor. Fue así como, después de pasar al quinto curso de comercio, en el Colegio Gustavo Adolfo Alvarado, me vi contagiado por el "síndrome del matrimonio adolescente". Y es que, impulsado por el alboroto hormonal, propio de la adolescencia y por tratar de descifrar esos misteriosos secretos del amor, me adentré a una nueva y definitiva experiencia. Sería padre de familia. Tenía diez y seis años de edad. El colegio tenía una nueva sede. Ahora funcionaba en el nuevo edificio que había sido construido al costado sur del Puente Carías, no muy lejos de las instalaciones del Colegio San Miguel. Algunos de mis compañeros de los primeros años o se habían retirado o se cambiaron al central o habían sido asignados a una sección diferente. Ya casi no miraba a Salvador Erazo, a Rubén Hernández "La Lora", no lo volví a ver. A Plata lo miraba de vez en cuando; únicamente llegaba de visita a la Comayagüela. Sin embargo, ahora se nos unían otros dos muchachos de nuestra edad que también deseaban ingresar al mundo de la radiodifusión. Fue así como Rolando me presentó a Manuel "Meme" Carías y a José Domingo "Mingo" Flores. Estos eran asiduos visitantes de la radio. Con ellos dos y con Rolando habíamos formado un pequeño grupo que provocaba diluvianos derrames de bilis a "Pichirilo". "Desde que estos dos jodidos llegaron aquí", se refería a Rolando y a mí, "la radio se ha convertido en un verdadero relajo", decía cada vez que nos miraba entrar a la cabina en el segundo piso. A veces nos íbamos al restaurante de enfrente a tomar cerveza y a comer boquitas de yuca con chicharrón o de "pan con cardan". Una tarde de esas, cuando caen torrenciales aguaceros, nos quedamos ingiriendo las consabidas cervezas; con la excepción de "Meme" Carías, quien aseguraba que no tomaría una gota de licor hasta que no se graduara de maestro. Estudiaba magisterio en la Normal de Varones. Si no teníamos suficiente dinero y entre todos no juntábamos para pagar la cuenta, el dueño del local, un Sr. de Apellido Ruíz, nos daba crédito. Eso si, alguien de los que trabajara en la radio tenía que firmar el recibo. Ordenamos más de la cuenta. Las cervezas comenzaron a hacer su efecto. Pero la excusa para seguir ingiriendo era válida, la lluvia seguía cayendo a cántaros. Rolando Ramos pidió dinero suelto para poner música romántica en la rockola. En esos días andaba "perdidamente" enamorado y, al parecer, no bien correspondido pues a la damisela, blanco de sus profundos suspiros, sus padres no le permitían tener una relación con él. En medio de los destellos multicolores que salían de la rockola desfilaron Lucho Gatica, muy de moda en esa época, los hermanos Silva, Los Tres Caballeros, Los Tres Ases y otros más, entonando canciones a cual más romántica. A cada bolero y cada balada Rolando le dedicaba un suspiro que parecía salir de lo más recóndito de su alma. "Realmente", pensamos, "este está perdidamente enamorado". Rolando insistía en una canción en particular; “El Bardo”, que cantaba Lucho Gatica y la que más o menos decía:

Se enamoró un pobre bardo
de una chica de la sociedad
era su vida la del pobre payaso
que reía con ganas de llorar.
Tras ella iba el pobre bardo seguía
contando las orquídeas
donde andaba su amor
y la niña que no sabía nada
que el bardo la adoraba
con otro se casó.
Y cuentan que una noche de luna
bajo un manto de estrellas murió el trovador
y dicen
los que le conocieron
que esa noche se oyeron las quejas de un amor
La niña cuando supo la historia
la verdad de la historia
del pobre trovador decía, sollozando en su locura
hoy me mata la amargura por que yo también lo amé.
Que lástima, porque no me lo dijo
si yo lo hubiera sabido hoy sería toda de él.

(Autor: Antonio Machín)

Suspirando, Rolando alternaba a Lucho Gatica con las canciones de Los Tres Ases, un trio mexicano muy de moda en esos días que interpretaba una canción que a Rolando, y por extensión a mí, parecía despertar recuerdos sentimentales. La canción era todo un éxito en América Latina. Su título “Sabrás que te quiero”. Cesó la lluvia y los cuatro decidimos abandonar aquel lugar. Ya era tarde y el agua había inundado algunas calles y teníamos que recorrer desde la tercera avenida de Comayagüela hasta las cercanías del parque

La Leona. En el trayecto Rolando no paraba de hablar de "su amor, tan linda y él sin poder verla". Cruzábamos ya el puente Mallol y nos detuvimos momentáneamente a ver la fuerte corriente del río Choluteca, cuyas embravecidas aguas embestían con furia el diamante de dura piedra colocado a uno de sus costados. En esas estábamos cuando de repente Rolando, no supimos ni como ni en que momento, se cruzó sobre el barandal del puente, quedando, precariamente, sostenido únicamente del pasamos de dicho barandal pero con el cuerpo al lado del río. "Yo quiero mucho a esa cipota", dijo. Lo que pasó después lo recuerdo ahora como en un relampagueante destello. No sé quien de mis otros dos compañeros dijo algo así como: "¡dejá de joder y tirate (al río) pues!" y lo empujó hacia atrás. Aunque no perdió el equilibrio, Rolando soltó una de las manos con las que se agarraba del barandal. Me abalancé hacia adelante y lo tomé de los brazos, jalándolo hacía a mí, sosteniéndolo con fuerza. "¡No te me soltés pendejo!" grité, mientras soltaba un repertorio de no muy elegantes palabras. Tanto "Mingo" Flores como "Meme" Carías me ayudaron a sostenerlo hasta que logró, con nuestra ayuda, regresar al otro lado. "¡Puta! ¿quién de ustedes lo empujó?" pregunté, más asustado que enojado. Ninguno de los dos me contestó. A esas alturas, los efectos de las cervezas habían desaparecido y Rolando ya no suspiraba profundamente. Sólo atinaba a decir: "Por culpa de uno de ustedes casi me lleva putas. ¿No ven cómo está ese río de arrecho? Si no fuera por éste", se refería a mí, "sepa Dios que hubiera pasado". Con el tiempo, cuando nos hemos encontrado con Rolando, recordamos siempre aquel incidente. No sé si fue a partir de ahí, el caso es que Rolando Ramos paso a ser un gran conocedor de la música romántica. Poseedor de una voz especial, a la que imprime matices aterciopelados cuando recita poemas románticos, su especialidad. Se convirtió más adelante en un excelente declamador, sobresaliendo en la conducción del programa nocturno que habíamos escuchado años atrás en HRN: "Serenata". Llegó

Abelardo Enrique Avendaño a radio Comayagüela. Venía de una estación de San Pedro Sula y estaba respaldado por sus antecedentes de buen locutor a los que apoyaba una voz definitivamente radiofónica y bastante agradable. Nos hicimos amigos casi de inmediato. Abelardo tenía ya una familia establecida y creo, si la memoria no me falla, ya era padre de dos niñas. Su familia vivía en Tegucigalpa; por ello había decidido regresar de San Pedro.

***

Mientras tanto, la junta militar que había defenestrado al gobierno dictatorial de Don Julio Lozano Díaz, estaba por hacer buena su promesa de convocar a elecciones para presidente. Se perfilaba como futuro mandatario de los hondureños aquel pediatra que me había atendido años atrás cuando me dio el sarampión. El Doctor Ramón Villeda Morales. El Doctor Villeda había ganado las elecciones presidenciales de 1954; pero la victoria le fue esquilmada al no ser ratificado en el Congreso Nacional. Esta vez, decían los liberales, saldrá un presidente de "las filas eternamente jóvenes" De esta manera, con mi mamá, quien era una decidida liberal, íbamos a los terrenos del aserradero que camino a la Granja tenía la lideresa de ese grupo político Antonia "Toñita" Velásquez de Flores. Realmente daba gusto escuchar las encendidas palabras del Dr. Villeda. Había otros que también sabían como dirigirse a las masas, entre ellos Modesto Rodas Alvarado, "Modestón", por su estatura y su manera directa de comunicar sus discursos. Mi compañero de radio Comayagüela, Herman Allan Padgett, también hablaba en aquellas concentraciones y lo hacía con entusiasmo y convicción a nombre de las juventudes liberales. En esas reuniones conocí a varios activistas "colorados", entre ellos al Coronel Francisco "el Indio" Sánchez a quien precedía la fama de haber participado en varios levantamientos en contra de la dictadura del General Carías. A pesar de la diferencia de edades, al parecer al coronel le gustaba platicar conmigo pues decía que "el partido debía permanecer siempre joven". Extraordinario orador y con un carisma indiscutible, "Pajarito", como le llamaban al Doctor Villeda Morales, logro ganar las elecciones de 1957. Aunque no sin sobresaltos. Yo escuché decir que tenía que ser ratificado en el congreso por no sé cuantos votos. Al parecer, le faltaba uno que inclinara la balanza a su favor. El voto decisivo, de acuerdo a lo que escuché entonces, vino del representante de las islas de la bahía, Lenn o Glen McNab, quien al ser criticado y atacado por los miembros de su propio partido, creo que era del Partido Nacional Reformista, que lo calificaron de "tránsfuga", habría contestado: "Vale más ser tránsfuga de un partido, que traidor a los intereses de la Patria"[16]. Cierto o no, "Pajarito" fue electo presidente de los hondureños por un periodo de seis años. Asumiría el veintiuno de diciembre de ese año, 1957.A mi me correspondió, en compañía de Alcides Ríos Tijerino, ir al Estadio Nacional para transmitir los actos previos de aquel histórico momento. Realmente, la labor principal recayó en Ríos Tijerina pues para mí, era la primera vez que yo participaba en un evento de esa naturaleza y sólo me limité a dar lectura a algunos aspectos de la programación de los actos. Creo que en determinado momento, tratando de improvisar y describir el ambiente reinante en aquel estadio, dije algo así como "Esto es algo histórico. Irónicamente el estadio que lleva el nombre de Tiburcio Carías Andino, el incansable perseguidor de los liberales, navega hoy en un mar de banderas rojiblanco". Minutos después Alcides anunciaba que a partir de ese momento nuestra estación pasaba a ser parte de la Cadena Nacional de Radio, por medio de la cual se difundiría, a todo el país, la ceremonia de toma de posesión del presidente electo de Honduras Ramón Villeda Morales. Más tarde comentábamos con Ríos Tijerino la impecable y profesional labor desarrollada por el maestro de ceremonias durante los

16 "Vale más ser tránsfuga de un partido, que traidor a los intereses de la patria. (Citado por el Diario El Cronista y Diario El Pueblo)

actos protocolarios. Era Nahum Valladares, aquel animador que yo había visto en el teatro estudio de la HRN. Los compañeros de mayor señoría de Radio Comayagüela, Figueroa Rush, Mario Hernán Ramírez, Conrado Enríquez, Herman Allan Padgett y creo que Don Beto Andino, estaban en los palcos de honor como invitados especiales. Me parece que, con la excepción de Don Beto, todos ellos eran militantes del Partido Liberal. Días después recibí una fuerte crítica por las palabras que había improvisado al decir que "el estadio navegaba en banderas rojiblanco". "Ese comentario no venía al caso y era innecesario", me dijo Padgett. "¿Por qué?", pregunté. "No tenía sentido", fue su respuesta. "Hombre, Padgett, es una manera metafórica de expresar mis puntos de vista", le aclaré. "¿No es acaso irónico que Carías, quien mandaba a la cárcel al primero que diera vivas al partido liberal y siendo el mismo exliberal, construyera ese estadio en donde tomó posesión un presidente liberal?". "Metafórica". "Había otras maneras de decirlo", ripostó duramente. "Por ejemplo", fue mi pregunta. "Que El Estadio Nacional viste sus mejores galas en este día tan especial". No dije más. No sería la última vez que escucharía las acerbas críticas de Padgett. Tampoco sería el único. Avendaño, con quienes ya éramos casi inseparables, se limitó a decirme: "No le hagás caso a ese jodido, se cree gran papada".

***

El 28 de diciembre de ese año mi vida de adolescente dio un giro de 360 grados. Contraje nupcias con la que hasta ahora había sido mi novia. No era para menos, había un heredero en camino. La ceremonia civil se registro en el Distrito Central. Esa noche, en casa de la nueva esposa hubo una fiesta en la que se tiró la casa por la ventana. Había, más que todo, amigos del colegio y del barrio. Dos de estos, vecinos de la casa de mi esposa, Vicente Martínez, hijo de aquel coronel, Tomás Martínez, a quien yo había visto la trágica ma-

"Esta silla está vacía, esperando tu presencia", reza la dedicatoria en la fotografía que me enviaron mis compañeros tres meses después de la despedida.

Celebrando con el Doctor Miguel Andonie Fernández, propietario de Radio América

Firma del contrato con Radio América.

"Bingo y Tomasín", en plena actuación

Después de la actuación

"Bingo y Tomasín", en el teatro Nacional

Con el entonces Mayor del Ejercito y Sub Jefe del Primer Batallón de Infantería Juan Alberto Melgar. Al centro el Teniente Oscar Ordoñez, "Moca" A la derecha "Chito" Lastra

Después de una actuación en el Teatro Centenario con Miguel Aceves Mejía

Decidimos salir de nuestros autos para caminar con el público en la calle de San Pedro Sula

Cuadro de radio-novelas. A la izquierda Lilia Margarita Tercero, al centro el Dr. Honorio Claros F. en cuclillas a la izquierda Guillermo V. Toledo

El público siempre nos rodeaba

Con mi esposa, Carmen Eroina, en el Aeropuerto de Toncontin.

Abelardo Enrique Avendaño, Herman Allan Padgett, Tomás Antonio González, después de una presentación en Tela.

En Hollywood con Gene Autry, "El Vaquero Cantor", mi héroe de los años infantiles

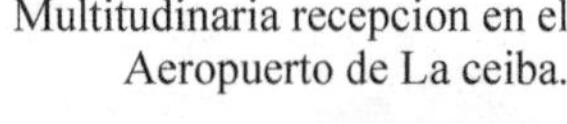

Multitudinaria recepcion en el Aeropuerto de La ceiba.

Mi abuelo materno, el Coronel Filadelfo Durón

ñana del primero de agosto del año anterior, recorriendo los pasillos entre torreones del cuartel San Francisco y Rolando Pino, llegaron con cara seria y nos preguntaron, a mi flamante esposa y a mí, mientras bailábamos: "Púchica, ¿ustedes no se dieron cuenta de la fecha que es hoy?", "veintiocho de diciembre, ¿por qué?", pregunté. "No jodan, escogieron el Día de los Inocentes...". "¡Cayeron por inocentes!" recalcó Rolando. "¡Por calientes!", dijo Vicente riendo alegremente. "Pencos", les espetó ella. Nos reímos.

***

"Ahora vas a tener que trabajar pues ya tenés mujer y pronto vas a tener un hijo", me dijo mi papá después que habían pasado los días dedicados a la "luna de miel". Mi mamá, que estaba con él en la sala de la casa, asintió. "Así como tuviste la habilidad para hacer tu gracia, ahora vas a tener que responsabilizarte por tu nueva familia". Dijo seriamente. "Bueno", le dije, "mi suegro dice que por ahora podemos vivir en su casa". "Por ahora", interrumpió mi papá. "¿Y después qué?". "Pues voy a ahorrar para buscar una casa; estoy ganando en la radio y ella dice que va a trabajar para ayudarme. Aparte, estoy trabajando llevando la contabilidad de la "montaña" y eso me va a ayudar". "Por lo de la montaña solo recibís quince lempiras al mes... "¿Cuánto ganás en la radio?". Me preguntó mi mamá. "Cincuenta", le dije. "No es suficiente. Esta muchacha va a necesitar cuidado médico, ya tiene como cinco meses de embarazo y claro, no la vas a llevar al San Felipe, me imagino. Todavía estás en el colegio y ahora tenés que hacerte responsable por eso. ¿Crees que cincuenta lempiras es suficiente?...Realmente, vos nos has dado muchos y fuertes dolores de cabeza y ya es tiempo que te hagás responsable de lo que hacés. Para esa gracia mejor te hubieras quedado en 'la Básica'", concluyó firmemente mi madre refiriéndose a los días que permanecí como voluntario en la recientemente formada Escuela Militar. "Se van a quedar aquí, por ahora", dijo mi papá. "Aquí hay espacio para los dos, pero eso, eso sí, te vas tener que portar serio, así como fuiste hombre para hacerle un hijo a esta muchacha, así vas a tener que portarte a partir de ahora; como hombre". Escuché cabizbajo. ¿Qué podía yo decir ante aquellas contundentes verdades? Seguí en el trabajo. Continué en el colegio. Ahora trataba de ponerme al día en las clases. El veintidós de abril de mil novecientos cincuenta y ocho, nació Alan Omar González, mi primogénito. Nació a las ocho y treinta minutos de la noche en la Casa de Salud la Policlínica, precisamente en el mismo centro médico en donde yo había nacido diez y seis años atrás.

***

En el colegio ya a mediados de año comenzaron a hacerse los preparativos para rendir nuestros exámenes finales. Algunos de nuestros profesores ya comenzaban a hablarnos de la terna examinadora y nos recomendaban hacer nuestros preparativos para cuando llegara el momento de preparar la tesis, paso final que nos oficializaría como peritos mercantiles. Vinieron los exámenes. Pasé bien en contabilidad de sociedades. No muy bien en una clase de trigonometría y bastante bien en economía política. "Preparate bien porque podés pasar mejor en trigonometría, preparate en la constitución de sociedades ya que eso te puede tocar al momento en que pidan que presentes la tesis", me aconsejó Fausto Cáceres, quien era uno de los profesores, estricto por cierto, y quien estaba casado con mi tía en segundo grado, por el lado materno, María Antonia de Cáceres. Comencé la investigación y los preparativos. Realmente lo hacia con desgano. Estaba más dedicado a buscar la manera de avanzar en la radio. Los números, que nunca habían sido mi fuerte, no me atraían. Me descuide, más que todo, por falta de interés. Lo hablamos mi esposa y yo. "Mirá", le dije, "siento que estoy perdiendo el tiempo haciendo investigaciones para una tesis que no se todavía sobre que va a ser. No me interesa ser perito mercantil; yo creo que en la radio me puede ir mejor. Mirá ¿cuántos peritos hay que se han dedicado a otras cosas? aparte, no ganan mucho, según me han dicho", dije tratando de justificarme. "Es tu decisión", me dijo ella. "En cuanto el niño crezca un poco más yo puedo trabajar y así nos va ir mejor" me dijo. Dos días después le decía a mi mamá que me iba a retirar del colegio y que no buscaría ya más documentación para la tal tesis. "Me hubiera gustado que tuvieras tu diploma de perito" me dijo ella. "Si mamá", le dije, "vos tenés el tuyo y no te sirvió de mucho". Asintió. "Tenés razón", me dijo. Busqué la manera de ganar un poco más de dinero pues, por ahora, no había aumento de sueldo; todavía no cumplía el año en la Comayagüela. Recordando que el "Indio "y su trío compraban tiempo en la radio para luego revenderlo. Un día le pregunté a Don Beto si me podía vender una hora ya fuera el sábado o domingo. Había una hora disponible, de dos a tres de la tarde, si mal no recuerdo. "Dame treinta lempiras", me dijo. "No, Don Beto", le dije, "me va a salir muy cara, le doy veinte" me aventuré a proponer. Lo pensó un momento. "Y ¿qué vas a hacer con esa hora?", me preguntó. "Un programa de música", le dije, "lo voy a hacer con Rolando", agregué. "Está bien", me dijo, "dame veinte". "Deme crédito Don Beto, en cuanto me paguen los clientes le pago", le prometí. "Sí hombre, está bien", aceptó. Se que nos estaba haciendo el favor, aunque no lo dijera. A Rolando no le había dicho nada de la transacción con Don Beto. Se Lo comuniqué en cuanto lo vi. "Mirá", le dije, "acabo de hacer un trato de con Don Beto; el domingo próximo vos y yo vamos a tener un programa, será musical. Pensá en un nombre pero, eso sí, vamos a tener que conseguir clientes pues le tengo que pagar veinte lempiras a Don Beto". "Claro", respondió Rolando "¿y a qué horas va a ser?", "dos a tres". Voy a hacer una lista de clientes que tenemos que visitar". Nos sentamos a hacer números. "Veinte lempiras para Don Beto, veinte para vos y veinte para mí, necesitamos una base de sesenta lempiras. Necesitamos seis clientes que nos paguen diez cada uno. A cada uno le damos cinco cuñas de veinte segundos. O conseguimos dos o tres clientes que nos paguen veinte lempiras cada uno. Si son tres ya tenemos los sesenta lempiras". Así estuvimos haciendo números hasta que Rolando me dijo: "Ya tengo el nombre". "¿Cuál es?" pregunté. "Por el Mundo de la Música", dijo muy entusiasmado. "Fijate que me gusta", fue mi respuesta. "Ahora vamos a visitar a los clientes". Dijimos que iríamos al Mercado San Isidro. Allí tenía que haber comerciantes que escucharan la radio y quisieran anunciarse. Antes de llegar al mercado Rolando decidió hacer un alto en la pulpería de esquina en la cuarta calle. No recuerdo el nombre, sé que era nombre de algún santo. Rolando habló con la propietaria. Cuando salió me dijo que ya teníamos el primer cliente. "Sí", pero ¿qué es lo que va a anunciar? tenemos que anotar lo que quiere que anunciemos. Aparte, tienen que darnos un adelanto". Le pregunté a la señora que era lo que iba a anunciar. "Ahí diga que somos la mejor pulpería de Comayagüela y diga que tenemos la medida de frijoles a tanto, la de arroz a tanto y así". Salimos con la primera conquista del día. "¿Cuánto le cobraste?" le pregunté a mi compañero de empresa. "Nos va dar crédito para cuando vengamos a tomar una cervecita", respondió alegremente. Fuimos a un punto de taxis de alquiler. El dueño tenía una flota de tres autos. Decidió darnos diez lempiras. Fuimos a centro de ventas en el interior del mercado, me parece recordar que los propietarios eran de origen árabe y creo, se apellidaba Ilsaca o algo por el estilo. Logramos otros diez lempiras. Estábamos entusiasmados. Una carnicería grande, creo que se llamaba "San Isidro", nos compró quince lempiras. Me acordé del comercial que yo había leído en el carro parlante de Galeano. "Doña Ana", pensé. Busqué el lugar y lo encontré. Era la tienda de ropa de Doña Ana. Estaba bien surtida. Pedí hablar con la propietaria, una señora amable, de mediana edad. Le conté que yo había leído una vez su comercial en el auto parlante de Galeano Blanco y que ahora estaba en la radio Comayagüela. Le ofrecí un buen trato si nos patrocinaba. Me preguntó quienes mas estaban en el programa. "Un señor de los taxis", le dije. "Sí, es mi cuñado", dijo. Una carnicería, agregué. "Es mi compadre", afirmó y el Señor Ilsaca. "Ah, ese es competencia. ¿Cuánto les va a pagar?". "Veinte", mentí. Ofreció veinticinco. Le pedí treinta. Accedió con la condición de que no hiciéramos propaganda de la competencia. Pasé rápidamente por la tienda de Ilsaca y le dije que ya no íbamos a hacer el programa, que lo sentía mucho. No le expliqué por qué. Teníamos que decir que el programa lo patrocinaba la "Tienda de Doña Ana, donde Usted viste bien hoy y mañana" con la mejor ropa en todo el Mercado San Isidro. Le daríamos veinte menciones en el programa. Con Rolando regresamos a hacer cuentas y a preparar la programación. Estábamos entusiasmados. Él se dedicó a escribir la lista de los discos y la secuencia de la música que iba a programar y yo a buscar la manera de escribir las cuñas comerciales de nuestros patrocinadores. Recordé el anuncio de la tienda de Doña Ana, que había leído en el altavoz móvil de Galeano Blanco. Lo escribí, agregándole que no había precios más bajos ni mejor calidad que lo que Doña Ana ofrecía. "La encuentra en el interior del Mercado San Isidro", concluía la cuña. Al día siguiente después del programa que hacia en la Comayagüela, fui a visitar a los clientes. Les leí las cuñas. Les gustaron y aceptaron. "Su programa va a ser este domingo", les dije. "No se lo pierda". Les pedí un adelanto y gustosamente pagaron la mitad. La otra mitad sería pagada el lunes, después del programa. Cumplieron. Prometieron que nos seguirían patrocinando cuando hiciéramos el siguiente programa. Al parecer les gustaba escuchar su nombre y el de su negocio en la radio. Ese domingo hicimos el programa "Por el Mundo de la Música". Rolando me sorprendió por su habilidad para mezclar ritmos y canciones, casi todas románticas y uno que otro de corte tropical, pero siguiendo una secuencia que le imprimió atractivo al programa. Le pedí a mi compañero que me permitiera presentar una de las canciones del reportorio. Accedió. "A continuación", dije tratando de imitar el estilo de Rolando, "de la pluma del inspirado compositor mexicano, Teddy Fregoso, Los Tres Ases nos regalan esta bella página musical. 'Sabrás que te quiero'". Años después, ya residiendo en Estados Unidos, Teddy Fregoso me abriría las puertas de la radiodifusión hispana en la ciudad de Los Ángeles. Le pagué a Don Beto. Nos distribuimos el resto con mi flamante socio. De algo me habían servido las instrucciones de Bayardo Rodríguez en cuanto a la venta de publicidad se refiere.

***

Nos preparábamos para hacer el siguiente programa cuando, en una de esas calles de Tegucigalpa, me encontré con Guillermo Villeda Toledo. Nos saludamos. Le pregunté como andaban las cosas por la Morazán; ya casi no voy me dijo; me comentó que estaba preparándose para irse a la Universidad de Gainsville, en La Florida, en donde estudiaría arquitectura. Guillermo era excelente para el dibujo. Le pregunté por Riedel. "Esta en la N, me dijo". "Y vos ¿qué tal en la Comayagüela?". "Muy bien", fue mi respuesta. Guardó silencio por unos segundos. Comenzó a hablar en tono confidencial. "Te voy a decir algo que queda entre nosotros. Mi hermano Manuel va a abrir una estación muy pronto y va a ser muy buena. Yo sé que él te ha oído y les has causado buena impresión. Hablá con él". Claro, aquello me agarró por sorpresa pero de inmediato le pregunté: "Y ¿dónde lo encuentro?", "en la N", me dijo refiriéndose a HRN. "En estos días el está manejando la estación". Le agradecí y le prometí que trataría de ponerme en contacto con su hermano. "Hacelo pronto, no te durmás", me dijo al despedirnos. Llegué a la casa nadando en un mar de ideas. Ya casi tenía el año en la Comayagüela. Con Rolando ya estábamos vendiendo el programa que le comprábamos a Don Beto los domingos;

podíamos hacer más dinero si conseguíamos más patrocinadores, pero la idea de irme a una estación nueva era sumamente atractiva, especialmente con Manuel Villeda Toledo de quien había oído mucho y de quien su hermano Guillermo, me había hablado bastante bien. Lo consulté con mi esposa mientras mi primogénito dormía plácidamente. "En la Comayagüela ya tenés casi un año", comenzó diciendo. "Irte de lo seguro a lo inseguro es un riesgo pero, es tu decisión". "Nada pierdo con hablar con él", le dije. "Mañana, después del programa me voy a dar una vuelta por la N, a ver que pasa. "No mencioné nada a nadie. Después del programa me fui directamente a los estudios de la HRN. Al llegar pedí hablar con Manuel Villeda Toledo. Una amable secretaria me preguntó cual era el asunto por el cual yo deseaba hablar con él. Le expliqué que venía de parte de Guillermo Villeda Toledo y que yo quería una entrevista relacionada con la nueva estación que el estaba por inaugurar. "Espere un momento", me dijo. Después supe que se llamaba Lucy de Pavón. Cruzó el pequeño pasillo y se encaminó a una oficina cuya puerta estaba cerrada. Tocó y minutos después me dijo, "puede pasar". Entré a la oficina. Tras un escritorio estaba Manuel Villeda Toledo. Un hombre joven, tal vez veinticuatro años, quien me saludó muy amablemente. Me presenté. "Mi nombre es Tomás Antonio González. Guillermo, su hermano fue mi compañero en radio Morazán. Me comentó que en breve, Usted estará inaugurando una nueva estación de radio. Vengo a ponerme a sus órdenes. "Sí, te he oído en la Morazán. ¿Dónde estás trabajando ahora?", preguntó. "En la Comayagüela", fue mi lacónica respuesta. "Mirá", comenzó a explicar. "La radio no va a salir muy en breve. Todavía faltan algunos meses pues estoy esperando un equipo del extranjero que se ha retrasado y todavía no tenemos una fecha exacta para salir al aire; cuando eso pase pues te daré un llamado". "¿Cómo se va llamar la radio?", le pregunté, tratando de ganar tiempo. "Radio Centro", dijo con tono de satisfacción. "Mire Manuel", le dije, a mí me gustaría comenzar a trabajar con usted de inmediato. "¿Qué posibilidades hay de un turno aquí, en la N?". Me aventuré a preguntar. "Por ahora no lo creo", me contestó. "Yo quiero familiarizarme con su sistema; ¿no me permitiría venir a practicar aquí?, ¿aunque por ahora no reciba sueldo?". "Podrías hacerlo pero no te garantizo un sueldo de inmediato", fue la respuesta. "¿Cuánto ganás en la Comayagüela?". "Cincuenta Lempiras" contesté. "Y ¿vas a dejar ese sueldo para venirte para acá?", me preguntó intrigado. "Sí señor, créamelo que me dará mucho gusto trabajar con usted, aquí o en Radio Centro". Sonrió. "¿Cuándo puedo empezar?" inquirí. Vení mañana a las once de la mañana, te voy a presentar con los demás". "Mire", le dije. "Tengo un compañero que es muy bueno y con el hacemos pareja en un programa de los sábados. Se llama Rolando Ramos y estoy seguro que el también será una buena adquisición para su nueva radio", "¿y querrá venir bajo esas condiciones, sin sueldo por ahora?". "Le voy a preguntar" afirmé ya sin poder ocultar mi entusiasmo. "Ahorita mismo regreso a la Comayagüela, sé que está ahí y le voy a comunicar. Aparte, tengo que ir a renunciar", le dije atropelladamente, ya sin poder ocultar mi casi infantil alegría. "Bueno, sí es así, que venga mañana con vos". "A las once." Dijo a manera de confirmación de la cita. Nos estrechamos la mano. Le agradecí una vez más y salí casi a la carrera rumbo a la Comayagüela. Lo único que pensaba era que, a partir del día siguiente yo estaría en el aire en la HRN; en aquella estación en cuyo teatro estudio había visto, por primera vez, un show musical y de entretenimiento. Al llegar busqué a Rolando. No estaba. Pregunté por él y me dijeron que posiblemente estaba en el restaurante de enfrente, su lugar favorito ahora pues desde allí lanzaba melosos requiebros a una agraciada muchacha quien, en cierta forma, le correspondía pues cada vez que Rolando estaba en el restaurante ella salía al balcón del segundo piso de la casa donde vivía y escuchaba, sonriente, las amorosas propuestas de mi amigo. "Sé mi amor", decía Rolando y ella sonreía coquetamente. En efecto, ahí me lo encontré. "Mirá", le dije mientras pedía una cerveza. "¿Cómo te gustaría irte para la HRN?". "¿A la N? ¿estás seguro?" Apresuradamente le conté todo lo que había pasado. Desde mi encuentro con Guillermo hasta la visita que había hecho a Manuel y la propuesta de, por ahora, ir a practicar, sin sueldo. Esto último lo tomo sin mayor entusiasmo. Lo pensó momentáneamente. "Mirá", me dijo en voz baja y casi paternal. "Yo no tengo problema pues no soy casado. Pero vos ya tenés una mujer y un hijo y aquí estás ganando algo. Allá vamos a ir a trabajar sin ganar nada, aunque sea la N". Meditó momentáneamente. "Es una estación de mucho prestigio. Es la primera emisora del país pero...¿sin sueldo"? Aquellas palabras me estaban cayendo como balde de agua fría pues Rolando tenia razón. Yo ya tenía una familia, aunque vivía en la casa de mis padres ni ellos me ofrecerían gran ayuda, ni yo, por cuestiones de amor propio, podría aceptarles mucho. Pero era un reto, cuyos futuros resultados eran inciertos. Guardamos silencio por unos largos segundos. "Mirá, Rolando, tenés razón, pero yo ya le di mi palabra al señor Villeda Toledo y no le voy a fallar. Tengo la seguridad de que cuando él abra la nueva estación yo voy a tener trabajo. Eso me lo prometió y, ¿quién sabe? ¿Qué tal si mientras tanto se da una oportunidad en la N? Te entiendo si no querés dar ese paso y no te culpo si te quedás pero, yo me voy". "¿Cuándo es que va a salir la otra estación?", me preguntó. "No sé, cuatro, cinco meses. Me dijo Manuel que sólo está esperando un equipo que se ha retrasado; creo que viene de Los Estados Unidos", le contesté. "Y ¿cómo se va a llamar la nueva radio?". "Radio Centro", fue la firme respuesta. "Bueno pues, nos vamos. ¿Mañana a las once me dijiste?". "Ajá", le dije, mientras hacia señas para que nos trajeran otras dos cervezas. Después de la consumición y de pagar las respectivas bebidas cruzamos la calle y nos encaminamos a la oficina de Don Beto Andino. Le explicamos que nos íbamos. "¿Regresan a la Morazán"?, pregunto con curiosidad. "No. A la HRN. Empezamos mañana," le dije. Sonrió incrédulo.

"Bueno, pues les deseo suerte", dijo. Hablamos de los días trabajados y nos prometió tener nuestros sueldos para "el próximo viernes". Lo cumplió. El que saltó de alegría con nuestra partida, según me comentaron después, fue "Pichirilo". "Que bueno que ya se fueron esos dos jodidos; ahora la radio va a volver a ser seria", afirman que dijo.

H.R.N.

Al día siguiente nos encontramos con Rolando en la entrada del edificio de HRN. Aquella misma entrada por la que, año y medio atrás, aproximadamente, había cruzado para, en compañía de mi novia y sus amigas, ver el ensayo de un programa en teatro estudio. Nos recibió Manuel Villeda Toledo. Nos presentó con Don Rubén López Fuentes, quien era uno de los operadores de audio de más antigüedad de la estación. Con cierta timidez me presenté con Héctor Maradiaga Mendoza, otra de las privilegiadas voces de la radiodifusión hondureña, que se encontraba en el estudio de audio en ese momento. Héctor se portó muy amable y me saludo con mucha cortesía. Manuel también nos presentó con aquel señor, alto, blanco y delgado que yo había visto en mi niñez y que era vecino nuestro en el barrio Los Horcones. Rodolfo Brevé Martínez. "El licenciado Brevé Martínez les va a indicar lo que van a hacer", dijo Villeda Toledo, retirándose a su oficina. "¿Cómo te llamás?", me preguntó. "Tomás Antonio González", respondí. "¿Y vos? "Rolando Ramos", contestó este. "Ustedes son los que vienen de Radio Comayagüela?", preguntó casualmente. "Sí", respondimos. No sé Rolando, pero yo estaba tratando de controlar los nervios. Nuestras voces iban a ser escuchadas a través de HRN. El licenciado Brevé nos entregó unas hojas en las que estaba la programación de once a doce del medio día. "Lean esto antes de entrar al aire", dijo. En la primera media hora se transmitía un programa que se llamaba "Cuando suena la marimba". Como su nombre lo indicaba, en el se transmitía música de marimba, la mayor parte marimba de Guatemala. Recuerdo que una de las primeras interpretaciones que estaba pautada era "Luna de Xelajú". Rolando y yo teníamos una copia del programa mientras que el Sr. López Fuentes, nuestro operador, mantenía otra, la que seguía de acuerdo a lo establecido. La siguiente media hora era dedicada a música popular en general, el fuerte de Rolando, pero todo debía seguir de acuerdo al programa establecido. Terminamos nuestra actividad de ese día. "Hicieron bien, pero pueden hacerlo mejor", fue el comentario que nos hizo el licenciado Brevé Martínez. A las doce del medio comenzó un servicio noticioso. "El Informativo del Medio Día". Lo presentaban el licenciado Gustavo Acosta Mejía y Napoleón Mairena Tercero; ambos también trabajaban en la presentación de Diario Matutino. Hacían una excelente combinación. Con el pretexto de querer familiarizarnos con el sistema, nos quedamos hasta en horas de la tarde. Llegó Carlos Eduardo Riedel. Nos saludamos efusivamente. "Bienvenido", me dijo. Riedel era operador de audio y según lo que yo escuchaba, era uno de los mejores, pues sabía mezclar sonidos y musicalizar los anuncios comerciales. Carlos Eduardo, nacido en Costa Rica, de padre alemán y madre costarricense que habían llegado a Tegucigalpa en los años cincuenta y habían establecido una ferretería en las inmediaciones del mercado Los Dolores. Él era, y lo sigue siendo, un verdadero apasionado de la radiodifusión. Logró entrar, primero a Radio Morazán, posteriormente a HRN. Riedel se había enamorada en y de Honduras. Por alguna razón sus padre decidieron regresar a Costa Rica. Carlos Eduardo, ya contagiado por el virus del micrófono y de la radio en general, decidió rebelarse, según me comentó años después. Se quedó en Honduras. Para él esto era un reto. Lo aceptó. Le propuso a José Rafael Ferrari, ya nuevo gerente de la radio, que le permitiera utilizar un área del segundo piso del edificio, mismo que servía como almacén y bodega de la discoteca. Lo acondicionó como un pequeño apartamento con el permiso de la gerencia y se quedó, para siempre en Honduras. Con los días fuimos conociendo a algunos de nuestros nuevos compañeros. La mayoría se mostraron amables y hasta amigables con nosotros. Ciertamente encontramos algo de pedantería y arrogancia, algo de lo cual nuestro medio no se puede sustraer por razones inherentes a la personalidad humana, en algunos. Rolando y yo tratamos de entenderlo pues nosotros éramos los nuevos. Y éramos principiantes. Aparte, nuestra edad; yo seguía siendo el más joven del grupo. Manuel Villeda Toledo desarrollaba una actividad extraordinaria. Era el gerente de la radio, vendía publicidad, renglón en el que al parecer y según lo que yo escuchaba, siempre había descollado, . . Aparte estaba dedicado a la organización de la que pronto sería Radio Centro. Recuerdo que Manuel había comprado recientemente un automóvil de capota sólida automática. "¡Todo un carrazo!" Decíamos entre signos de admiración. Creo que era el único auto de su clase en todo Tegucigalpa. Por esos días Manuel había creado un nuevo segmento promocional para la estación. Se llamaba "La rockola de la suerte". Creo recordar que consistía en un número al azar, que debía estar en manos de la persona que se hubiera registrado ya fuera por medio telefónico o por correo. Si el número premiado salía al aire en determinado momento y la persona agraciada estaba escuchando, debía reportarse de inmediato para poder reclamar su premio. Excelente idea para mantener al público cautivo de la programación. El ambiente en la N era definitivamente distinto al de Radio Comayagüela. En esta última la dirección central estaba en las manos de Don Beto Andino. Él era el que manejaba la programación, ventas y demás actividades propias de una estación de radio. En la N había ya una estructura empresarial definida. La gerencia, en esos días estaba bajo la batuta de Manuel Villeda Toledo quien también tenía a su cargo el departamento de ventas. La dirección de programas estaba coordinada por el Licenciado Rodolfo Brevé Martínez quien también tenía bajo su dirección el "Mensajero del Aire", el decano de los radio periódicos del país. Aparte se mantenía siempre la presencia de Doña Rosario Sagastume de Ferrari, viuda del fundador de la estación don Rafael Ferrari. Creo que la señora Ferrari Sagastume, "Doña Chayo", como familiarmente le llamábamos, era el eje y motor de la empresa pues ella tenía la última palabra cuando se trataba de decisiones mayores. Aparte, el personal era más numeroso y cada quien tenía a su cargo algún tipo de responsabilidad. "Ajá, ¿cómo te va?" Me preguntó un día Manuel. "Bien, ¿y usted?", fue mi respuesta. "¿Cuándo salimos con la Centro?", pregunté a manera de saludo. "Muy pronto, ya muy pronto" contestó y agregó, "la llegada del equipo se ha retrasado y eso nos ha detenido. Pero ya pronto estaremos en el aire". Ese día me confió algunas de las ideas que implementaría en la nueva estación. Habría una unidad móvil para promociones especiales, con concursos y regalos. Tendremos un personaje que se llamara "Centrito Regalón", que será el encargado de recorrer las calles y hacer las promociones. "¿Y quién va a ser Centrito Regalón?" le pregunté. "Perra chinga", me contestó casualmente, refiriéndose a un compañero nuestro quien desempeñaba varias actividades en la estación. Se llamaba Pedro Panameño pero, por esas cosas de la idiosincrasia catracha, había sido bautizado con el apodo de "Perra chinga" y así se quedó para siempre. A tal grado había llegado su familiaridad con el apodo, que respondía más rápidamente si le llamaban por éste que por su nombre de pila. Pedro nos divertía contándonos como en una ocasión en que se había tomado unas cuantas copas, llegó a la oficina de Doña Rosario. Ella, al sentir el aliento alcohólico de su empleado le llamó la atención con firmeza. "Pedro, cómo que ha tomado licor?". "No Doña "Chayo", no he tomado y solo vine para ver que bien queda su retrato en la oficina. "De verdad doña foto, Usted es bien chayogénica", le habría dicho. Doña Rosario se limitó a sonreír, según decía "perra chinga". El señor Villeda me contagió con su entusiasmo. "Pues esperemos que ese equipo llegue pronto", dije infantilmente. Él iba saliendo de la estación y como recordando algo me dijo: "Ah, mirá, Nahum va a hablar con vos. Él ya no va seguir haciendo el programa con "El indio Catarino" pues está muy ocupado en otras cosas. Vos lo vas a hacer ahora". "¿Cuándo empiezo?" dije casi saltando de alegría. "Nahum te va a decir", dijo y salió apresuradamente. Al día siguiente me llamó Nahúm Valladares. "La próxima semana comenzarás a hacer el programa con "Catarino", me dijo. El programa, si la memoria no me falla, se transmitía de seis y treinta a siete de la noche y lo patrocinaban los Laboratorios Wampole. Nahúm me dio indicaciones de como "Catarino" hacia el programa. "Catarino", cuyo nombre era Antonio Cisneros, tenía una gran habilidad para improvisar. Realmente no escribía libreto sino que tomaba pequeñas notas de los periódicos y luego se basaba en lo que se le venía a la mente y, era muy ocurrente. En el primer programa me dio la bienvenida a su manera. "¡Huy!", dijo usando la interjección que nos hemos apropiado y hemos convertido en hondureñismo," hoy voy a platicar con este cipote que lo veo medio "payulo". "¿Tenés lombrices?", me preguntó de golpe. No supe que contestar y realmente me sentí molesto y avergonzado. "Yo no, y vos", le contesté medio picado. Se rió. "Te voy a dar a masticar hojas de apazote para que agarrés color". "Hum, de repente tenés "solitaria" por que te veo medio flaco. Vos necesitas los productos Wampole", dijo promocionando a nuestro patrocinador. Respondí riendo. Era mi prueba de fuego. Más adelante se refería a mi nombre como Tomasino o Tomasino bosquinini. Con "Catarino" aprendí a improvisar; esto me serviría de mucho en el futuro. En ocasiones yo entresacaba algún dato que consideraba pudiera servirnos en el programa. Para ello recurría a El Día o El Cronista, los dos diarios de mayor circulación. Él los leía, escogía y después, ya en el programa, hacia chiste de lo que se decía. Me gustaba hacer el programa aquel; aparte, ya ganaba noventa Lempiras, incluido el programa de marimba al medio día. Continuábamos haciendo el programa "Cuando

Suena la Marimba". A Rolando le gustaba pues le daba rienda suelta a su estilo de hablar cada vez que presentaba una interpretación o hacia una dedicatoria. Uno de esos días, por alguna causa, no llegó Napoleón Mairena Tercero al Informativo del Medio Día. Vas a ayudarle al "Pelón", me dijo el Licenciado Breve Martínez, refiriéndose al Licenciado Gustavo Acosta Mejía, a quien apodaban el "Pelón" Acosta. "¿Qué tengo que hacer?" pregunté. "Leer las notas que él te dé", me respondió. De nuevo los nervios tratando de traicionarme y yo buscando la manera de controlarlos. Llegó la hora de presentar el Informativo. Me calmaba el hecho de que era Riedel quien estaba a cargo de la consola. Si yo cometía algún error estaba seguro de que no me iba a criticar tan duramente. Las cosas salieron bien. Leí los anuncios comerciales que debían ser leídos en "vivo" y las notas que el licenciado Acosta me daba. Breves reportes y comunicados de prensa de alguna agencia gubernamental u otra institución pública. Me gustó aquella experiencia. El abogado Acosta Mejía agradeció muy amablemente mi disposición a asistirle de aquella manera. Por esos días Mairena Tercero estaba dedicado a la organización de un radio periódico vespertino: "Gaceta Informativa". Por alguna razón, quizá recordando las clases que nos había dictado el Licenciado Gustavo Adolfo Alvarado cuando era nuestro profesor de sociología en el colegio Héctor Pineda Ugarte, me puse a repasar uno de los libros que él nos había recomendado leer: "Hacia Una Moral sin Dogmas", del insigne sociólogo y filósofo argentino José Ingenieros. El libro me acompañaba constantemente y cuando la oportunidad se presentaba, me ponía a recorrer sus páginas. Un día, después que el Licenciado Acosta Mejía y Mairena Tercero habían terminado de emitir el Informativo del Medio Día, uno de ellos me preguntó qué era lo que leía con tanto interés. "Hacia Una Moral sin Dogmas", dije. Allí mismo comenzó una aleccionadora discusión entre Mairena y el abogado Acosta. "¿Qué es un dogma?" le preguntó Mairena Tercero. "La pregunta aquí debía ser, ¿qué es la moral?", contestó Acosta Mejía. Se enfrascaron en un ir y venir de preguntas y respuestas sobre la definición de un dogma y de la moral. Los tipos de dogmas, filosóficos, teológicos y hasta políticos, según aventuró uno de ellos. Otros compañeros y yo les escuchamos en silencio. En las márgenes de algunas páginas del libro escribí algunas notas, según las respuestas que daban sobre las interrogantes que planteaban. Fue una verdadera lección escuchar aquella amigable discusión. Por mucho tiempo ese y otros libros de José Ingenieros me acompañaron y sirvieron de guía.

***

En algunas estaciones de radio comenzaron a escucharse cuñas de tipo político. "La violencia no construye, tampoco la demagogia, así lo expresa AVC",[17] decían aquellos breves mensajes que tenían como fondo musical "La Marcha Sobre el Río Kwai". "Esa es la voz de Luis Alfredo Alonso", escuché decir más de alguna vez. No conocí al señor Alonso pero las cuñas que leía, evidentemente pre-grabadas, se escuchaban con más frecuencia en Radio Comayagüela y Radio Monserrat. Aunque a simple vista la situación política parecía ser normal, en el fondo había malestar no sólo en las filas del Partido Nacional sino que también en algunas esferas de poder económico pues se decía que el gobierno del doctor Villeda Morales estaba dando un giro hacia la izquierda. "Al estilo de Arbenz, el de Guatemala", escuché decir a un comentarista radial en una oportunidad. Mairena Tercero se iba desligando de su participación en el Informativo del Medio Día. Al parecer Gaceta Informativa le absorbía la mayor parte del tiempo. No era para menos, tenía que competir con "Destellos y Comentarios de Actualidad Nacional", de la Comayagüela, que todavía tenía gran número de seguido-

17 "La violencia no construye, tampoco la demagogia.Así lo expresa AVC", decían aquellos breves mensajes'. Lema radial del coronel Armando Velasquez Cerrato, incitando a la rebelión contra el gobierno. (Notas del autor)

res y se categorizaba como el número uno. Volví a participar en el Informativo del Medio Día. Nuevamente sustituyendo a Mairena Tercero. La segunda vez lo hice con más seguridad y confianza. El Licenciado Acosta Mejía me daba apoyo y, según me fije en esta segunda ocasión, me dio a leer más notas. Fue Brevé Martínez quien me dijo que, posiblemente, me tendría que quedar en el Informativo; "Mairena está cada vez más atareado" me dijo. Tomé aquella noticia con cautelosa alegría. No me consideraba todavía lo suficientemente preparado para un trabajo de tal naturaleza. Me gustaba más cuando llegaba la hora de hacer la presentación del "Indio Catarino". Ya le había agarrado el ritmo y me había acostumbrado a sus ocurrencias y chistes, aunque fuera a costa mía.

***

Por esos días la N había incursionado en el mundo de las radio novelas. Aunque importadas de la CMQ de Cuba, algunas, y de México, como "Corona de Lágrimas", los niveles de auditorio eran indiscutibles. "El Secreto de Sotomayor", "Ave sin Nido", "Collar de Lágrimas"," La Mentira", "El Derecho de Nacer" "Corona de Lágrimas", en la que destacaba la actriz hispano-mexicana Doña Prudencia Grifell y otras, de igual esencia lacrimógena, habían convertido en audición obligada para los miles de seguidores de este, por aquel entonces, nuevo género de entretenimiento radial. Brillaban como actores y actrices los cubanos: Gina Cabrera, Jorge Félix, Rolando Barral, Santiago García Ortega, Ramón Irigoyen, en mi concepto un extraordinario narrador de radio novelas, Modesto Vásquez González, quien también era narrador de mucho éxito y otros más. Empecé a trabajar en el Informativo del Medio Día. Obviamente la parte medular del noticiero corría a cargo del Licenciado Acosta Mejía. Este informativo se caracterizaba por brindar información general y, aunque también era de opinión, su característica principal era de tipo informativo. De esta manera yo daba lectura a los comunicados de prensa, notas generales y los reportes que a través del sistema de telégrafo, llegaban a la mesa de redacción. Por medio de este sistema telegráfico nuestros corresponsales en las principales cabeceras departamentales nos mantenían informados de los acontecimientos de mayor relevancia en su área respectiva. También, y esto era muy frecuente, dábamos lectura a telegramas de carácter personal. "Se informa al señor fulano de tal que mañana llegara su familiar tal. Favor tener mula lista a la salida de la carretera". Otras eran notas luctuosas anunciando el fallecimiento de alguna persona e informando a sus familiares en determinada ciudad, de los infaustos acontecimientos. En lugar de dar lectura salteada a estos telegramas, se me ocurrió proponerle al Licenciado Acosta leer estos telegramas a determinada hora. Estuvo de acuerdo; así manteníamos la atención de los oyentes interesados en conocer lo que pasaba en sus respectivas áreas. Por esos días llego a la N quien a partir de determinado momento sería el director del nuevo cuadro Artístico de la HRN, Emilio Díaz. Díaz era cubano y venía precedido de la fama de ser director, libretista, actor radial y creador de radio novelas, tanto en su Cuba natal como en otros países de América Latina. Tengo entendido que el Señor Díaz había sido el de la idea, en compañía de Don Silvio Peña, de presentar, a través de Radio América, una radio novela que, como decía un viejo slogan, "se escuchaba caminando por la calle": "El Derecho de Nacer" de gran impacto en la Tegucigalpa de ese entonces. Emilio comenzó por audicionar a los potenciales actores, narradores y demás miembros de lo que sería el elenco de aquel cuadro artístico. También llegó a la N mi amigo Abelardo Enrique Avendaño. Venía no sólo como locutor sino que también trabajaría con el grupo al que ya daba forma Emilio Díaz. Aparte de Abelardo Enrique, estaba Honorio Claros Fortín, David Mancía, Rolando Ramos, José Jorge Villeda Toledo, Julio Aspuru "Pucho" Bernard, Tuto Gómez, Héctor Maradiaga Mendoza, Rubén "Chito" Fuentes Flores, Julio López Fuentes, Conrado Enríquez y otros más. El elenco femenino lo integraban algunas actrices con experiencia y talento: Gloria Orellana, Victoria "Toyita" Carías, Alba Umaña, Lila Margarita Tercero, mi profesora en cuarto y quinto grado en la Escuela Morazán, Orfa Mejía, Rosario García, Lucy Ondina, también excelente declamadora, y algunas compañeras que, como Rolando y como yo, hacían sus primeros pininos en el apasionante mundo de la actuación radial: María Elena Lagos y Margarita Arias. Ambas lograron sobresalir como excelentes actrices y locutoras. En realidad, Emilio Díaz era todo lo que se decía de él. Y mucho más. Se interesó porque tuviéramos buena dicción, porque aprendiéramos entonación, y nos obligaba, prácticamente, a que enunciáramos correctamente. "Coño", decía utilizando una cubanísima expresión, "tienen que enunciar bien, es decir, medir sus tiempos; es la base de una buena actuación. Midiendo los tiempos es como se actúa, se narra, se vive el personaje", decía. Creo que fueron tres o cuatro semanas de ensayos en un pasillo que conducía a la cabina de audio y el que había sido acondicionado como estudio de grabación. "Aprendan a pronunciar bien todas y cada una las palabras, aprendan a tener dicción, ¡coño!" decía Emilio. Le escuchábamos en silencio. Yo tomaba notas. Era estricto y exigente. No levantaba la voz, que yo recuerde, pero era sumamente mordaz. No permitía ni retrasos ni llegadas tarde. "Llegaste tarde. ¡Te jodiste coño!", decía con frecuencia. Yo experimenté la disciplina del señor Díaz, por llegar cinco minutos tarde a los ensayos. Entre nosotros nos preguntábamos el porqué de aquella ironía. Como le hacía aquel cubano, con su peculiar acento caribeño, para darnos lecciones de dicción, "si los cubanos se comen las palabras", decíamos. Pero aceptábamos las lecciones y, estoy seguro que mis compañeros de entonces estarán de acuerdo conmigo, aprendimos mucho de los bien intencionados como profesionales regaños que nos daba nuestro director. En mi concepto, fue todo un maestro y supo sentar cátedra del comportamiento que debe seguirse frente a un micrófono. Al concluir los ensayos, especialmente las noches de viernes, salíamos casi todos, compañeros y compañeras a departir en lo que paso a ser viernes bohemios. Nuestro centro de reunión era el Bar Sanzíbar, al costado norte del edificio de los ministerios. Una consola, con sus respectivos tornamesas había sido instalada en la que todavía desempeñaba funciones de discoteca y la que ahora era también cabina de grabación. Recientemente había llegado, procedente de Estados Unidos, una grabadora marca Ampex, lo último en tecnología radiofónica. El experto en aquellos menesteres y quien hacia milagros con las mezclas era Carlos Eduardo Riedel, quien en ocasiones también actuaba en papeles de apoyo en alguna radionovela. Lo hacía muy bien. Terminada nuestra temporada de ensayos había que dar paso a la primera producción. Emilio escogió para ello lo que podíamos calificar de corto metraje radial pues la adaptación sería presentada en la temporada de Semana Santa y estaría en el aire creo que únicamente dos semanas. La obra se llamaba "Ben Hur". Por tres o cuatros días el director estuvo haciendo la selección del elenco. Nos ponía a leer el libreto con los diferentes personajes a interpretar. Tanto hombres como mujeres recibimos las hirientes críticas que, a manera de acicate, nos dedicaba el señor Díaz, quien sabía utilizar la mordacidad con gracia y hasta elegancia. Antes de continuar, Emilio Díaz admitía abiertamente ser lo que ahora se conoce como "gay", adjetivo todavía ausente de nuestro idioma en aquella época. Pero siempre fue respetuoso del lugar y el personal a su cargo. Su preferencia sexual la dejaba para su intimidad, fuera del ámbito de la radio. Estaba escogiendo los papeles principales. Alternativamente nos ponía a los varones a leer e interpretar los diferentes personajes de "Ben Hur". De ésta manera Rolando, Chito López Flores, creo que José Jorge Villeda, David Mancía y yo, leímos primero el papel de Ben Hur, era el personaje principal, y luego el de Mesala, su gran amigo y posterior acérrimo enemigo. He recurrido a algunas notas entresacadas de mi ya casi ilegible cuaderno de anotaciones, costumbre inveterada de mis años de estudiante y la que fue el legado indudable de nuestro profesor de sociología, el Licenciado Gustavo Adolfo Alvarado y al recuerdo de aquellos casi imborrables momentos que subyacen en la memoria. Emilio nos escuchó atentamente, llevándose la mano derecha a los labios, como apretándose estos. "Coño, esto está de pinga" expresó. "Tú, Rolando, ¿crees que Ben Hur era marica o qué?. Lo has convertido en un vómito romántico. Tú "Chito", coño, Ben Hur era judío no hondureño de Tegucigalpa. Mancía, te queda bien el papel del general romano que salvo Ben Hur en el mar. González, ponés a Ben Hur más encojonado que otra cosa, ¡bajá el tono de la voz que parece que estás ladrando, cojones! Avendaño, Ben Hur era el bueno de la obra pero, coño chico, no lo hagás tan manso, parece que tiene diarrea. "Chito" tu va a ser el asistente de Mesala, su guarda espaldas, tienes que ser duro. Lo que voy a hacer es lanzar una moneda al aire entre Avendaño y Tomás Antonio para ver quién se queda con Ben Hur y quien con Mesala, pues son los principales en este lío de madres". El que saque la cara del indio es Ben Hur, desde luego, el otro será Mesala. Ese era el estilo de Emilio Díaz. Abelardo quedó como Ben Hur. Yo fui Mesala. La misma suerte corrieron las compañeras cuando llegó el momento de la distribución de los papeles femeninos. "Coño", me parece que le dijo a Gloria Orellana, "tú eres la novia ausente de Ben Hur y la mamá y la hermana de él están en un reclusorio de leprosos. Métele pasión. Da la impresión de que te da risa esa tragedia". Vas a tener que llorar de verlas sufrir y no actuar como si estuvieras encoñada contra ellas". La narración estuvo a cargo de Honorio Claros Fortín. Con él, no había nada que envidiar a los narradores cubanos o mexicanos. Sabía bien lo que hacía y lo que hacía, lo hacía muy bien. Riedel hizo gala de su talento como ingeniero de grabación. En esa época no existían los efectos de sonido grabados. Los truenos para describir una tormenta se hacia con una lámina de zinc ajustada a un mango de madera. Los cascos de los caballos los hacíamos, si eran varios, levantándonos las respectivas camisas y golpeándonos, con el hueco de la mano, el área del abdomen. Si era uno, pues solo uno de nosotros lo hacía. El efecto era bastante aceptable. Algunos hacíamos o tratábamos de hacer el piafar de los caballos. Abelardo era muy bueno también en esto. Riedel había escogido golpes, fondos y cortinas musicales que tenían un efecto extraordinariamente efectivo. Creo que esta fue la primera radionovela grabada en la historia de la radio en nuestro país. Las radionovelas anteriores habían sido trasmitidas en "vivo", como se acostumbra a decir en la jerga radial . Extrañamos la voz de Nahúm Valladares. Tanto él, como Manuel Villeda Toledo e Hiram Claros Álvarez, trabajaban activamente e incursionaban en el mundo del empresariado radial. Estaban echando a volar ideas frescas e innovadoras. Pronto estaría en el aire Radio Centro. "Ben Hur" fue todo un éxito. Emilio Díaz estaba orgullosamente feliz del resultado, según el nivel de auditorio, manifestado por medio de cartas y telegramas de apoyo y felicitación. Vendrían otras adaptaciones. El Señor Díaz tenía ya en cartera "Entre Monte y Cielo", "Kadir, el Árabe" y otras más. También llegaban nuevas caras y voces. A la presencia de Manuel "Meme" Carías y de Domingo Flores, se unían ahora Ricardo Antonio Redondo Licona y Roque Moran. Roque tenía una voz radiofónica muy peculiar, pero había algo más que lo identificaba; un oído primario para la música. Esta sería la base que lo impulsaría a ser un aceptable intérprete de piano. "Como eran vecinos míos en el barrio La Leona y les gusta la radio, pues me los traje", me dijo en una oportunidad "Meme".

***

A la agresiva campaña de anuncios políticos, "La violencia no construye, tampoco la demagogia", los que más que políticos, eran anuncios de abierta provocación al gobierno legítimamente constituido, se unía ahora una cadena de atentados con explosivos que comenzaron a detonar en diferentes partes de la capital. En realidad, el poder destructivo de estos artefactos no era mayor pero si provocaron zozobra entre la población. Se decía, en voz baja, que había una conspiración para derrocar al gobierno del Doctor Ramón Villeda Morales. Los enemigos políticos del Doctor Villeda argumentaban que este estaba dando un giro radical hacia la izquierda y pretendía instaurar en Honduras un régimen similar al del coronel Jacobo Arbenz Guzmán de Guatemala, en los principios de los cincuenta. "Eso", decían con toda firmeza, es "comunismo". Y es que el doctor Villeda había propuesto una serie de medidas que eran calificadas como de extrema izquierda. La reforma agraria, la creación del Instituto Nacional de la Vivienda, el código del trabajo, un salario mínimo, El Seguro Social y otras medidas similares era lo que, en el partido tradicionalmente opuesto al Partido Liberal, El Partido Nacional y en algunos sectores extremadamente conservadores, provocaba aquella reacción. AVC, El coronel Armando Velásquez Cerrato, era la cabeza visible de aquel sedicioso movimiento. Aunado a los atentados con explosivos, en la onda corta radial y casi contiguo a la frecuencia de onda corta de HRN, se podía escuchar emisiones de una estación que se hacía llamar "Radio Rebelde" o "Radio Liberación". Era un secreto a voces que dicha emisora estaba ubicada al otro lado de la frontera con Nicaragua. Los que le conocían decían que el locutor principal de dichas trasmisiones era Luis Alfredo Alonso. Muchos años después, Ricardo Licona me confesó que se había unido por un tiempo a los rebeldes de AVC pero se había salido pues no le cumplieron lo prometido, pagarle en dólares . En una de las ediciones del Diario El Cronista, El Día se mantenía, al parecer, al margen de presentar noticias relacionadas con los atentados, leí un día que alguien había sido testigo ocular de cómo, desde un vehículo tipo jeep, color rojo, un grupo de individuos había lanzado un artefacto en las cercanías de la Casa Uhler, no muy distante de la Casa Presidencial. Tampoco esa explosión causó daños materiales o personales pero si fue lo bastante ruidosa como para provocar el despliegue inmediato de un contingente de la guardia de honor presidencial que rápidamente cerró el acceso al lugar. La descripción que dio el testigo dio paso a la versión de que "El Carioca", al parecer un personaje que tenía varias cantinas en el área de Belén, "zona roja" de Comayagüela estaba involucrado en la conspiración para derribar al gobierno. "El Carioca" fue arrestado días después, según trascendió en algunos medios.

***

Emilio Díaz continuaba su labor de proselitismo y entrenamiento de los futuros actores y actrices de cuadro de novelas. Estaba por concluir la adaptación de "Kadir el Árabe". En esa radionovela Abelardo Enrique Avendaño demostró tener un talento único pues su interpretación del personaje principal creaba una fusión entre actores y público. Entre los buenos y los malos de la trama, haciendo que el oyente se sintiera inmerso en aquel mundo de maravillosa fantasía que sólo la radio podía crear. Me tocó hacer el papel del malo. Me parece recordar que la narración recayó en Honorio Claros Fortín. Destacaban en esta adaptación, además de Gloria Urquía, cuya voz tenía matices excepcionales, Gloria Orellana, María Elena Lagos, Margarita Arias, Lila Margarita Tercero, la versátil Lucy Ondina y otras más. El papel del árabe mayor recayó en Julio López Fuentes. "El viejo", como le llamábamos, era un magnífico actor dramático. Durante los ensayos, Abelardo y yo buscábamos entonaciones y matices que sin caricaturizarlo, nos acercara al acento de los árabes cuando hablan español. Emilio Díaz comenzó la grabación. De cada dos capítulos grabados repetíamos uno. Era sumamente exigente y perfeccionista, pero al final, la obra fue exactamente eso, una obra radial, que tuvo un éxito sin precedente. Nuevamente Carlos Eduardo Riedel hizo gala de su capacidad y talento como musicalizador y productor de efectos especiales. Me tocó narrar "Entre Monte y Cielo". El director Díaz nos pedía que viviéramos los personajes de esta novela al máximo pues era un drama bastante intenso y era su adaptación. Un día me llamó aparte y con aquel su estilo particular me dijo: "Mirá González, tienes una voz radial de "pinga" y ya la sabes matizar muy bien, pero cuando estés narrando, no trates de imitar las inflexiones de Ramón Irigoyen. Ramón es cubano y suena como cubano. Tú eres tú. Coño, tienes que crear tu propio estilo y ser internacional de nada sirve una voz bonita si la vas a usar para imitar a otro. Tenés que crear tu estilo y desarrollar la personalidad de tu voz". Me sirvió de mucho aquel consejo. No sin nostalgia vienen estos recuerdos. Mismos que dan paso a vivencias y vivencias que despiertan las voces y sonidos que crearon la cotidianidad de aquellos días durante los cuales, tal vez sin quererlo o siquiera intuirlo, entre todos creábamos, a través del género de la radionovela, con sus relatos de las debilidades o la fortaleza humana entrelazados en historias de pasión, amor y odio un lazo de unión familiar pues era bien sabido que cada noche el género de la novela radial reunía a las familias para escuchar, comentar y hasta reír y llorar y adentrarse en aquel mundo que con el sólo recurso de las voz y el sonido, creaba imágenes fantásticas en la mente del publico receptor. A tal grado llega el poder de la creación de imágenes mentales de la radio, que muchos oyentes creían que Avendaño era en realidad de origen árabe. Y muchas jovencitas de ascendencia árabe escribían cartas a la radio pidiéndole fotografías autografiadas. Era la magia de la voz radial magistralmente dirigida por un talento que, sin ser nativo de Honduras, aportó un caudal de conocimiento al desarrollo del género de la radionovela y la radiodifusión en general en nuestro país. Emilio Díaz.

***

En la N y también en otras estaciones, se transmitían programas patrocinados por firmas extranjeras. Era común escuchar anuncios con slogans tales como "Mejor, mejora Mejoral". Este en particular venía de una agencia publicitaria que producía estos afiches radiales en El Salvador. La voz era de Antonio "El patojo" Guerrero, un locutor de la YSU. "Camay embellece desde la primera pastilla", era otro. Por cierto, en una ocasión Emilio Díaz audicionaba a varios de nosotros para los papeles en una de sus varias adaptaciones radiales. Vio al "Indio Catarino" que pasaba por la salita de ensayos, interrumpiendo nuestra actividad, lo que no lo gusto a Emilio. De golpe y porrazo y con su acostumbrada mordacidad le dijo: " Coño chico, así como eres de abusivo eres de feo; tú sí que eres el fracaso de Camay". Otro de los anuncios llamativos por su brevedad y efectividad era el de Glostora: "Cabellera seductora, sí se peina con Glostora". Y ya que estamos en los anuncios publicitarios la pasta dental Kolinos tenia también un slogan llamativo: "Kolinos, para dientes blancos y aliento fresco". Este fue de inmediato contrarrestado por el dentífrico Colgate: "Colgate, que al mal aliento combate". No podía faltar Coca Cola con su: "Coca-Cola, la chispa de la vida". La mayoría de estos anuncios eran producidos ya fuera en México, Guatemala o El Salvador. Precisamente en la YSU de San Salvador, que sintonizábamos en la onda corta, notamos que se hacía uso de lo que en aquella época llamábamos la "cámara de eco". Casi todos los anuncios y hasta las identificaciones de la radio se graban con eco. Nosotros todavía no contábamos con tan innovador elemento. Estábamos en una sesión de grabación, creo que de un anuncio comercial. Riedel me informo que tenía que hacer no sé qué diligencia y me pidió que grabara el dichoso anuncio." Es fácil", me dijo. "Ya te dejo la Ampex lista, sólo le apretás este botón, el micrófono está abierto, lo grabás y cuando terminés sólo le apretás este botón para que la cinta se detenga". Se fue. Apreté el botón y salió con eco, similar al de la YSU. Obviamente me asusté pues creí que había dañado aquel aparato. Cuando regreso Riedel le dije lo que había pasado. Retrocedió la cinta y escuchó lo grabado. "No jodás" me dijo, "grabaste con el audio abierto, pero, esperate; lo vamos a dejar así y vamos a grabar otra vez". Nuevamente salió la grabación con eco. Accidentalmente habíamos descubierto la forma de imprimir eco a nuestras grabaciones. Riedel fue ajustando y adecuando el sonido. Eventualmente lo perfeccionó y de esta manera teníamos eco fuerte, mediano y breve para agregarle a nuestras grabaciones. Con "el Indio Catarino" continuábamos haciendo el programa de humorismo y entretenimiento, siempre patrocinado por "Wampole". El Licenciado Brevé Martínez me comunicó que, posiblemente, iba a comenzar a trabajar en Diario Matutino con el Licenciado Acosta Mejía. Mairena Tercero no sólo producía La Gaceta Informativa sino que creo que también trabajaba en un diario. No recuerdo con exactitud si El Día, no creo que fuera El Cronista debido a su ideología política, aparte de otras actividades que le limitaban el tiempo. En una oportunidad alguien comento que, al parecer, estaba involucrado en cuestiones políticas. Nunca lo supe a ciencia cierta. El Licenciado Brevé quedó de informarme cuando se haría aquel cambio. Con Carlos Eduardo y Guillermo habíamos ido creando un entrañable lazo de amistad y camaradería. En ocasiones, especialmente los días de pago, salíamos los tres a tomar una copa. Por lo general nuestro centro de reunión era o el Jardín de Italia o el Duncan Mayan, si queríamos prolongar la parranda. Con otro grupo de amistades incursionábamos los viernes en los drive ins de moda, "El Pingüino" y "El Riviera" y de donde partíamos para continuar con nuestras correrías hasta la carretera del sur. A Hiram Claros Álvarez esto no le pasó desapercibido por lo que nos bautizó con el sobrenombre de los "socios". Por cierto, no sé si Riedel los compró así o creo el estilo y los mando hacer a la medida, el caso es que en una ocasión llego luciendo un par de zapatos que llamaban la atención debido al diseño tan único. Una plataforma semicircular en la planta de enfrente y otra, separada de esta, circular, para el área del talón, allí donde va el tacón. Esto despertó el interés de Hiram Claros Álvarez quien le preguntó: "Oíme Riedel, ¿dónde compraste esos zapatos para pata de oso?". Nos causó gracia aquello. Pedro Panameño, "Perra Chinga", era otro que tenía gran imaginación para describir a su manera lo que a otros nos pasaba desapercibido. Precisamente, aparte de los "zapatos para pata de oso" que calzaba Riedel, este también vestía a veces una chumpa roja muy elegante que le daba cierto aire de distinción. En una ocasión que "Perra Chinga" lo vio vistiendo aquel atuendo comento: "Allá viene Riedel y su capa roja". Esto llego a oídos del abogado Acosta Mejía quien veía liberales en todo lo que tuviera color rojo. Mirá Riedel, me comentó Carlos Eduardo, que le había dicho "el pelón Acosta" en una oportunidad, "quitate esa chumpa roja, ese es color de liberales". Obviamente Riedel no hizo caso. Una de esas mañanas, ya para concluir la edición de Diario Matutino, el abogado Acosta Mejía cerró la emisión diciendo: Les hablamos, Tomás Antonio González, Gustavo Acosta Mejía y en los controles, Carlos Eduardo Riedel y capa roja". A partir de entonces y por muchos años el nombre radial de Carlos Eduardo fue "Riedel y capa roja". Esto lo hizo muy popular. Mas adelante se unirían al grupo José Jorge Villeda, con quien hice buena amistad y "Chito" López Flores, quien ya se había graduado de abogado y trabajaba en el departamento de representación legal de una compañía bananera. Incursioné en Diario Matutino debido a la cada vez más frecuente ausencia de Mairena Tercero. Algunos comentaban que estaba dedicado a la política adversa al gobierno del Doctor Villeda Morales. Nunca pregunté. Pasar a formar de Diario Matutino fue un reto bastante grande para mí. No era fácil ocupar el lugar de un periodista radial del calibre de Napoleón Mairena Tercero, con muchos años de experiencia y una capacidad profesional indiscutible. Por otro lado, trabajar en el radio periódico matutino número uno del país, pues se escuchaba a nivel nacional e internacional en la frecuencia de onda corta, era algo para lo que yo, con apenas diez y siete años de edad, no estaba preparado. Aparte, compartir micrófonos con el abogado y periodista Gustavo Acosta Mejía, una figura radial ampliamente reconocida y respetada por su trayectoria personal y profesional no iba a ser tarea fácil. Una cosa era leer comunicados de prensa y telegramas de los corresponsales de prensa en el Informativo del Medio Día y otra, totalmente distinta, no sólo locutar sino que participar de la dinámica que el licenciado Acosta Mejía imprimía a Diario Matutino. El primer día de trabajo lo puedo calificar como "atroz" pues los nervios me traicionaban, a pesar de que trataba por todos los medios de mantener el control y de que mi nuevo director trato de atenuar el nerviosismo dándome a leer breves notas sin mayor trascendencia. Después de concluido el noticiario el abogado Acosta Mejía me invitó a desayunar. Fuimos al Jardín de Italia. Era impresionante para mi ver la forma en que la gente que se encontraba en el aquel lugar, le saludaba. Respeto, admiración y aprecio fueron los elementos que pude detectar en los saludos y la manera en que estos eran manifestados. "Metí la pata al leer la nota del ministerio", le dije refiriéndome a un breve comentario que el había hecho sobre algo que había pasado, lo recuerdo bien, en el Ministerio de Hacienda. "Mire, Tomás Antonio, no se preocupe, a todos nos pasa eso. Lo importante es que leyó lo que tenía que leer y aparte de esos pequeños errores de lectura, lo demás salió bien. Hoy, en el Informativo del Medio Día le voy a dar otras notas, no sólo los telegramas de los corresponsales; le va a servir de entrenamiento para los próximos programas del Matutino. Otra cosa, quiero que saque notas de los periódicos y les dé una redacción propia, pero va a tener que citar la fuente. También quiero que me haga un encabezado de las notas de los corresponsales, no sólo lea el telegrama y ya. Elabore la nota". Para mí, desde luego, aquello era algo totalmente nuevo y diferente. "¿Qué es eso de citar la fuente?" le pregunté con toda candidez. "Por ejemplo", me dijo con paciencia, "si El Día publica algo relacionado con la propuesta de reforma agraria que ha hecho el gobierno, usted saca los elementos más importantes de la nota pero cite la fuente. Puede decir "El Diario El Día en su edición de hoy o de ayer, es importante la fecha, señala que los pormenores de la propuesta de reforma agraria hecha por el gobierno del Doctor Ramón Villeda Morales serán llevados al seno del congreso para su debate etc., etc.". La fuente es el periódico. "¿Y si no menciono la fuente?", pregunté aun con más inocencia. "Entonces se convierte en plagio, y eso sí que no lo vamos a hacer", respondió. "Y con lo de los corresponsales, ¿cómo quiere que haga los encabezados?". "Igual, fíjese bien en el contenido del mensaje; algunos son breves y otros un poco más extensos, según la información que traen. El corresponsal de Comayagua tiene la tendencia a extender sus notas. Hay que hacerle un encabezado. Por ejemplo, si es nota roja...".“¿Nota roja?". "Sí, es la nota de algún homicidio o cualquier otro acto violento que ocurrió, describa por ejemplo que en la ciudad tal se registró un homicidio, o un asalto, en fin, según lo reporta desde aquella ciudad nuestro corresponsal, fulano de tal, quien nos agrega... y de ahí adelante lea el contenido del telegrama, pues eso es lo que espera y quiere el corresponsal". Al medio día tenía yo listas las notas que el licenciado me había solicitado. Antes de entrar al aire se las leí, corrigió un par de líneas y las aprobó. Ahora si comenzaba mi bautizo de fuego y entraba más seriamente al mundo de la información radial. Sé que hubo algunas críticas por mi ingreso a dicho radio periódico, y eran críticas bien fundadas. Después de todo, yo era un adolescente inexperto, sin mayor entrenamiento en las lides del periodismo radial, con el único respaldo de la educación colegial recibida pero en una profesión diametralmente ajena a lo que es el mundo del periodismo. Gustavo Acosta Mejía realmente se echó encima la responsabilidad de darme su apoyo; es más, me puedo aventurar a decir que extendió su ala protectora cuando venían las críticas de algunos, afortunadamente pocos, que veían en mi a un "cipote advenedizo" que ahora tenía la suerte de codearse en las altas esferas del periodismo radial. El licenciado Acosta Mejía no sólo fue mi director. Se convirtió en mi mentor, consejero y, principalmente, mi amigo. Lo recuerdo con gran cariño, enorme agradecimiento y profundo respeto. Para mí fue un gran honor el haber compartido no sólo los micrófonos de HRN y, específicamente Diario Matutino, sino el haber recibido sus consejos y confiar en su guía. Un ejemplo de la impresión que se habían formado algunos acerca de mi presencia en Diario Matutino, se dio en una oportunidad en que, en ausencia del Licenciado Acosta, leí una nota de prensa relacionada con la queja de los maestros de educación primaria, quienes reclamaban por salarios atrasados y amenazaban con ir a reclamar a la Casa Presidencial pues se les adeudaban tres o cuatro meses. Leí la nota redactada por los educadores y agregué: "Señor ministro, estos profesores también tienen familia que mantener, ¿cuándo recibirán lo que en derecho les corresponde?". Esa nota la redacté cuando el licenciado Acosta Mejía me había dejado a cargo de la lectura del Matutino, pues él se encontraba de viaje por Japón. En la edición del diario El Día, a la siguiente mañana, leí en una nota en páginas interiores, una crítica dura y decididamente destructora. "Un locutor suplente leyó ayer en Diario Matutino una crítica en contra del Ministro de Educación, Don José Ángel Mejía, haciendo él, reclamos que no le corresponden", decía entre otras cosas la nota. "Este locutor es un cipote advenedizo que mejor papel haría en un programa musical que en un noticiario del calibre de Diario Matutino" concluía más o menos la dura critica. Ese escrito apareció en el periódico el día jueves. El lunes cuando el abogado Acosta ya había regresado de su viaje, le leí la nota del periódico y le dije que yo no quería que aquel tipo de reacciones le afectaran su imagen y la del noticiario que, si él lo quería, dejaba el trabajo de Inmediato. "No, me dijo, no sea infantil, tiene que acostumbrarse a este tipo de reacciones críticas, yo las recibo a diario por que es parte de este ambiente. Quédese conmigo. Guardé silencio por un momento". "El que escribió la nota atacándome es Herman Allan Padgett, a quien aprecio y admiro por su talento. No sé porque me atacó tan duramente", le dije. "Mire, me dijo, él es oficial de relaciones públicas del ministerio por eso le pagan y sólo cumple con su función. Ahora, en cuanto a lo duro de su ataque; es su estilo. "Le voy a contestar mañana", le dije. "Si así lo quiere, hágalo, está en su derecho a réplica", dijo utilizando un término periodístico, "pero, no trate de entrar en polémica ni debate, no es necesario escalar la situación. Antes de leer lo que escriba enséñemelo por favor". Al día siguiente leí una breve nota, con la aprobación de mi director. Más o menos decía:" Un oficial de relaciones públicas del Ministerio de Educación publicó el viernes pasado, en el periódico El Día, una nota en donde me crítica y ataca personalmente por haber leído el comunicado de un grupo de maestros de educación primaria que reclaman, con todo derecho, se les pague los salarios atrasados que el ministerio les debe. Mi pregunta iba dirigida respetuosamente al señor ministro y la repito nuevamente hoy: Señor Ministro, ¿cuándo recibirán estos maestros lo que en derecho les corresponde?". El señor de relaciones públicas del ministerio cobra un sueldo y a él sí se le paga a tiempo por atacarme y hasta ofenderme personalmente, pero no explica como se va a buscar una solución al problema de esos educadores a los que todavía no se les ha pagado los sueldos que aun se les adeuda. Al medio día El abogado Acosta Mejía y yo nos fuimos al bar del Hotel Lincoln después del Informativo del Medio Día. "Estuvo muy bien, no menciono nombres y no respondió a los insultos. Muy bien". Aquella actitud del abogado Acosta Mejía atenuó en gran parte el malestar que me había causado la crítica tan personal y demoledora de que había sido objeto por parte de una persona a quien tenía y, sigo teniendo aunque ya no está entre nosotros, el más profundo respeto y la más grande admiración por su enorme talento. A pesar de estas demoledoras críticas, el periodismo se había adentrado en mi sistema y ya corría por mis venas con torrencial empuje. Ese apasionado entusiasmo me obligaba a superarme para avanzar en lo que yo ya sabía, sería mi verdadero derrotero. Más adelante el tiempo nos uniría a Herman Allan Padgett, a Abelardo Enrique Avendaño, a Julio López Fuentes, a Ricardo Antonio Licona y a mí.

***

Un tres de octubre el abogado Acosta me invitó a que lo acompañara al Primer Batallón de Infantería. Se celebraba El Día del Soldado. Era una fiesta en grande, con abundante y variada comida típica , desde luego torrenciales cataratas de licor. Me presentó a varios funcionarios gubernamentales y militares. Yo me sentía orgulloso pero, más que todo, agradecido por la forma en que el Licenciado Acosta me presentaba, "Mi compañero y amigo, Tomás Antonio González", decía. Fue así como conocí al entonces Mayor Juan Alberto Melgar Castro, al Teniente Oscar Raúl Ordoñez, familiarmente conocido como "Moca", al Capitán Policarpo "Polo" Paz, al Coronel Oswaldo López Arellano y otros. El mayor Melgar desempeñaba la titularidad de jefe del primer batallón. "Moca" era el intendente. El Coronel López Arellano era el comandante en jefe de las fuerzas armadas. Nos hicimos buenos amigos con el Mayor Melgar y con el Teniente Ordoñez.

***

No recuerdo con exactitud cuándo fue la primera vez que lo vi. Creo recordar que llegó a la oficina de recepción, en donde por lo regular nos reuníamos a sostener breves conversaciones. El caso es que me pareció una persona amable y campechana. Nos saludó a los que estábamos allí reunidos. Recuerdo que fue un saludo breve y una conversación relámpago sobre algo relacionado con la programación. "Ese es el "chief", dijo Riedel. Se trataba de José Rafael Ferrari, quien recientemente había regresado de los Estados Unidos a donde había ido a estudiar, creo que administración de empresas. Yo esperaba a un tipo de mayor edad y con las características propias del ejecutivo de una empresa radial de la dimensión de HRN. José Rafael congeniaba con todos. Por lo regular los sábados después del medio día nos invitaba a Riedel a mí a que le acompañáramos ya fuera al Duncan Mayan o al drive in Pingüino o el Riviera en donde departíamos hasta entrada la tarde. En varias oportunidades nos acompaño el doctor Raúl Zaldívar Guzmán. Por demás está decir que nos gustaban aquellas parrandas. Sin embargo, José Rafael no sólo utilizaba aquellos almuerzos para departir sino también para buscar y compartir nuevas ideas que se pudieran agregar e implementar en la programación de la radio. "El chief", me dijo Riedel en una oportunidad, "trae ideas nuevas, creo que viene con mentalidad 'gringa' y vos ya sabes como son los estadounidenses, disciplinados y dedicados. Va a ser el nuevo gerente". "Se mira bien cipote", le dije. "Está cipote", fue su respuesta, "pero ya te dije, trae la formación "gringa". "Creo que sólo tiene unos veintitrés o veinticuatro años", me informó. Una noche, a finales de Octubre de mil novecientos cincuenta y ocho, Nahúm Valladares, Manuel Villeda Toledo, Rodolfo Brevé Martínez, José Rafael Ferrari y, si la memoria no me falla, Sigfrido Munés, un locutor salvadoreño que recientemente había sido contratado como director de programación, Rolando Ramos y yo, nos quedamos grabando partes de un programa muy especial. Me parece que Brevé y Nahúm habían escrito los libretos. Los locutores eran Manuel, Brevé y Nahúm. Rolando y yo estábamos de asistentes de Riedel quien era el operador de audio y, más que todo, de curiosos pues, al menos a mí, nos emocionaba el motivo de aquel programa especial. Lamentablemente el tiempo y la distancia se encargaron de extraviar una copia de aquel libreto que por mucho tiempo guardé conmigo. Se trataba de la historia de HRN que el primero de Noviembre de ese año, llegaba a los veinticinco años de existencia sirviendo, entreteniendo, informando y orientando al pueblo hondureño. La grabación se hizo después de haber cerrado audición para de esta manera, tener mayor amplitud en la edición de los diferentes segmentos en los que se narraba los inicios de la radio emisora y su trayectoria histórica. Se brindaba un tributo especial a su fundador, Don Rafael Ferrari y a su viuda, doña Rosario Sagastume de Ferrari. Se destacaba la trayectoria de la radio y las diferentes etapas que habían vivido durante ese primer cuarto de siglo de existencia. Terminamos tarde. Nahúm y yo nos acompañamos en el recorrido, el hacia La Ronda, yo hacía La Leona. Es muy posible que él no lo recuerde, pero en el trayecto a nuestras respectivas viviendas yo le hacía preguntas de todo tipo relacionadas con la radio, la locución, las técnicas de expresión y actuación que entonces nos enseñaba Emilio Díaz. Yo quería aprender más acerca de ese mundo fascinante de la radio, del que Nahúm era ya parte importante. Me hizo algunas recomendaciones. Me estimuló el escucharle decir "vos tenés buena voz y tenés futuro, es cuestión de dedicarte. Lee bastante, es básico". Le comuniqué que la lectura era uno de mis pasatiempos favoritos. Antes de despedirnos me preguntó en forma casual: "¿Ya leíste El Quijote?". No, todavía no había leído "El Quijote". Le agradecí la sugerencia.

***

Al día siguiente la N tiro la casa por la ventana. Conjuntos musicales desde temprano, mensajes de felicitación y visita de altos funcionarios y demás actividades propias de un evento de tal naturaleza, fueron la marca que ese día quedo definitivamente grabada en mi memoria. Recuerdo cuando Nahúm, al hablar de los locutores que habían pasado por los micrófonos de la radio hizo también referencia a "la nueva generación de locutores que desde ya destacan en el elenco de comunicadores de HRN. De esta manera hemos dado la bienvenida a Abelardo Enrique Avendaño, Tomás Antonio González, Rolando Ramos, Carlos Eduardo Riedel, Ricardo Licona, y otros más de reciente ingreso". Horas después y ya en un convivio que se brindó en un restaurante local, "El Papagayo", Rolando y yo así como Licona, Avendaño y el nuevo grupo, no nos cansábamos de repetir que nuestros nombres habían sido mencionados en una celebración radial de este calibre. El licenciado Rodolfo Brevé Martínez tuvo a cargo el anuncio de los nuevos cambios que se registrarían en la estructura ejecutiva de la emisora. José Rafael Ferrari Sagastume, sería el nuevo gerente general de la radio. Doña Rosario pasaría a ser algo así como la presidenta de la empresa. José Rafael anunció que habría nuevas ideas que se pondrían en práctica en forma paulatina, pero segura.

***

La idea nació de Sigfrido Munés quien había sido contratado como nuevo director de programación de la N. Después de Diario Matutino, que terminaba a las siete y treinta de la mañana, había programas musicales que no tenían mayor proyección. Una mañana, Munés llamo a Abelardo Enrique y a Julio López Fuentes, quien trabajaba en el cuadro artístico en el que todavía fungía como director Emilio Díaz, pues quería hablar acerca de un proyecto. Se trataba de un programa de conversación general que se desarrollaría en una barbería. Estarían el barbero y su cliente asiduo, quienes cambiarían impresiones y conversarían de diferentes temas. El programa se llamaría "Platicando con Mi Barbero". Julio seria el barbero. Los primeros días, que fueron de exploración entre el auditorio, se habló de temas generales extraídos de los dos periódicos en circulación, El Día y El Cronista. Yo me quedaba en el estudio de audio con Carlos Eduardo Riedel mientras se desarrollaba el programa; este era nuevo y aun no se tenia una idea clara de cómo se aplicaría aquel concepto de un programa que buscaba ser de humor y sátira. La presentación grabada era en la voz de Sigfrido. Aún no había un patrocinador. Una de esas mañanas, después de despedirme del Licenciado Acosta Mejía y de recibir de él algunas instrucciones para el Informativo del Medio Día, me llamó Sigfrido a la cabina de grabación y me pidió que grabara la nueva presentación de "Platicando con mi Barbero" pues tenía dos patrocinadores. Jugos Kerns y El Gran Hotel Lincoln. Hice lo pedido. Después de escuchar los dos anuncios Sigfrido me informó que le "gustaría que leyera los comerciales en el programa pues estos estarían rotando y siendo cambiados cada dos días". Accedí. Fue así como empecé a trabajar en "Platicando con mi Barbero", en calidad de locutor comercial. Abelardo comenzó a dar muestras de un ingenio especial para desarrollar la conversación, salpicando esta con algunos personajes que iba creando según el tema de que hablaran él y Don Julio, como inicialmente se conocía al barbero principal. En los primeros días no había libreto escrito, sólo notas tomadas de diversas fuentes que servían de base improvisada. En una ocasión y animado por Avendaño, traté de imitar una voz para entrar en la tertulia. No salió mal, aunque me faltaba mucho para poder dominar el arte de cambiar voces, algo que Abelardo Enrique hacía con gran naturalidad. Munés me dijo que tratara nuevamente. Poco a poco fui entrando a la tónica del programa. A veces hacía el papel de un cliente casual que decía algo rápido sin trascendencia y en otras, trataba de imitar el tono y la voz del doctor Villeda Morales: "El pueblo, tiene que querer a su presidente, es la simbiosis cívico mística que nos llevara hacia adelante", o sino; "soy un presidente de primera, en una república de segunda, con un pueblo de tercera, por eso, tienen que querer a su Presidente" dije una vez, recordando uno de los discursos del presidente. Varios días después Munés nos informó que José Rafael había decidido contratar a Herman Allan Padgett quien dirigiría y escribiría los libretos del programa. Nos gustó la idea. Herman venía precedido del éxito que había logrado en el programa Bingo y Bongo, que había creado con Conrado Enríquez. Hasta ese entonces Padgett, que ya había abandonado Radio Comayagüela para dedicarse a una pequeña imprenta y una librería que había instalado en el barrio abajo, se había limitado, en el aspecto periodístico y radial, a prestar servicios en calidad de relacionador público del Ministerio de Educación, y si mal no recuerdo, en la misma Casa Presidencial. Tuvimos una reunión de trabajo con Avendaño, López Fuentes y a yo. Detalladamente nos informó lo que quería y lo que esperaba de nosotros. La barbería se llamaría a partir de entonces "Barbería Dalila", la que le cortó la cabellera a Sansón", decía. "Don Julio, pasará a ser Don Fígaro". Nos dijo: "González, los comerciales tienen que estar a tiempo y en tiempo. Habrá algunos personajes informales que quiero que haga; trate de aprender a cambiar la voz. Avendaño, me gusta un personaje que sacaste el otro día de un señor sordo. Le vamos a buscar un nombre para que sea asiduo visitante de la barbería. También me gustó el tipo que hiciste que cantinflea bastante; también le vamos a buscar un nombre. Julio, vos como Don Fígaro tendrás la parte del serio, el que lleva el balance. González, cuando yo le dé una parte que incluya a algún político trate de imitarlo lo mejor posible. Me gusto como hizo lo del Doctor Villeda el otro día. Todos tienen que seguir el libreto, de lo contrario perdemos la continuidad y el hilo del tema y el programa se jode. "¿Entendido?". Desde luego que estábamos de acuerdo. Ahora ya no había más improvisaciones sin sentido. Tendríamos un libreto y un director que sabía lo que quería. Un par de días después trajo unas tijeras que le entregó a Don Fígaro. Cuando estábamos en el programa el "viejo" manejaba las tijeras, haciéndolas sonar como si estuviera cortando cabello. El programa comenzó a multiplicar su nivel de auditorio. No había duda, Herman Allan había sido una excelente adición pues no sólo escribía las guías y libretos, sino que había creado un concepto diferente el ámbito de la programación satírico-humorística. Los telegramas y cartas de diferentes partes del país llegaban en volumen. Había invitaciones para que fuéramos a visitar tal o cual ciudad. Padgett, con amplia visión futurística nos informó en una oportunidad que "sería bueno que fuéramos pensando en crear un programa genérico, con personajes generales, que pudieran ser utilizados en teatro estudio. Echamos a volar la idea. Un día llegó al programa Rolando Ramos. "¡Buenos días, corazón!", dijo, interrumpiendo a López Fuentes, quien de inmediato lo fusiló con una penetrante mirada de enojo. Por esos días a Rolando le gustaba bromear creando un personaje afeminado. Padgett lo utilizó un par de veces. Lo bautizó como "Flor". No sé por que causa dejó de salir más al aire en la voz de Rolando. En las celebraciones de un tres de Octubre, en el Primer Batallón de Infantería, a las que habíamos sido invitados, escuché las palabras del doctor Villeda y también el discurso del Coronel Oswaldo López Arellano. Mentalmente me grabé el tono militar y la cadencia del estilo de hablar del coronel López. Un día, fuera del programa, Padgett me escuchó imitando al coronel con aquello de "Pueblo y soldados somos un solo ejército que está dispuesto a cumplir con nuestro inmarcesible lema: honor, lealtad, sacrificio y nosotros no andamos con papadas. He dicho lo que he dicho, porque así lo he dicho. He dicho". Al día siguiente, durante el desarrollo del libreto, Herman incluyó las palabras del coronel, al que yo imité. A partir de entonces comencé a imitar ya fuera al doctor Villeda, al Coronel López o al Embajador de Estados Unidos Robert Newbegin a quien habíamos escuchado hablar español, con marcado acento anglo, en una de las reuniones a las que con frecuencia nos invitaban.

***

Nos preparábamos para hacer un programa en teatro estudio. "Allí la cosa va a cambiar", decía Padgett "pues vamos a tener que memorizar, y hasta recurrir a la mímica". Con Riedel, Guillermo Villeda, "Chito" López Flores y José Jorge, seguíamos haciendo nuestras incursiones en los centros de entretenimiento de aquella época, El Pingüino o El Riviera, los drive ins de moda. A veces nos escapábamos al Duncan o al Bar del "Gran Hotel Lincoln: después de todo, era uno de nuestros patrocinadores. Las actividades de "los socios", como nos llamaba Hiram Claros Álvarez, seguían viento en popa. Nuestras correrías se estaban haciendo famosas. Guillermo estaba cada vez más cerca de irse a los Estados Unidos, a la Universidad de Gainsville en la Florida y nos comentaba acerca de los preparativos que estaba haciendo. Antes tendría que ir ciudad de Guatemala en donde su papá, según recuerdo, se desempeñaba como Embajador de Honduras. "La Marcha Sobre el Rio Kwai" se escuchaba con más frecuencia como fondo de la propaganda política que hacía ya varios meses había iniciado el coronel Velásquez Cerrato. Aunque el número de estallidos de petardos había disminuido, a veces se escuchaban intercambios de disparos, principalmente en las áreas periféricas de la capital. Elementos de la Guardia de Honor presidencial salían a patrullar las calles y era frecuente ver a estos, fuertemente armados, abordo de vehículos tipo jeep. En voz baja se mencionaban las emisiones de Radio Liberación y, aunque no me consta pues nunca lo escuché, se decía que uno de los locutores "rebeldes" aparte de Luis Alfredo Alonso, era Gabriel García Ardón, aquel dinámico compañero que yo había conocido en Radio Comayagüela.

***

Se hablaba de que el gobierno del presidente Eisenhower, de los Estados Unidos, no estaba muy satisfecho con la administración del doctor Villeda pues se temía que este siguiera los pasos del derrocado Coronel Jacobo Arbenz, de Guatemala, unos cuatro años atrás. "La CIA está detrás de esto", comentaban algunos, pero sin ofrecer pruebas de tal acierto. También había rumores de que el gobierno de Luis Somoza Debayle estaba detrás de aquel movimiento pues intentaba desestabilizar el mandato del presidente de los hondureños y a la vez congraciarse con la administración Eisenhower. Rumores, ciertos o no, que contribuían a crear un clima de alta tensión en la ciudadanía. En Cuba un grupo de rebeldes había formado focos guerrilleros liderados por Fidel Castro en la Sierra Maestra. Las noticias provenientes de la isla pintaban el cuadro de una guerra civil. Se hablaba a través de la revista Bohemia principalmente, de las actividades de los insurgentes y de las diferentes acciones bélicas emprendidas por los grupos de guerrilleros. En una ocasión leímos con el licenciado Acosta Mejía, una nota en la que se daban detalles del fallido intento de un grupo de estudiantes, miembros del Directorio Estudiantil, que habían tratado infructuosamente de tomar las instalaciones del palacio presidencial en La Habana. En ese marco del acontecer internacional es que se vivían también las acciones del movimiento tendiente a derrocar al presidente de Honduras.

***

Yo continuaba trabajando en Diario Matutino, El Informativo del Medio Día y Platicando con mi Barbero. No se por qué razón los programas del "Indio Catarino" habían sido suspendidos y, al parecer, este se preparaba para reaparecer, supuestamente lo haría conmigo. Esta vez en Radio Centro. Manuel Villeda, Nahúm e Hiram Claros Álvarez, trabajaban arduamente en la futura programación de la radio. Habría novelas, tanto extranjeras como locales. Programas humorísticos, ya Herman Allan había acordado con Manuel hacer el programa "Risas y Sonrisas". "Centrito Regalón" estaba capacitándose cada vez más para iniciar sus actividades promocionales. Aparte de Rolando Ramos, Abelardo Avendaño, Guillermo y José Jorge Villeda, El Indio Catarino y yo, estaban Mario Rietti, quien hacia el "Desfile de Éxitos Musicales" de la semana. El programa se presentaba los domingos en horas de la noche y Mario lo conducía con mucho acierto aunque en un par de veces Manuel tuvo que llamarle la atención pues en ocasiones trataba de hacerlo tan real que más bien sonaba demasiado ficticio, especialmente cuando decía que estaba saludando en persona a los intérpretes estadounidenses cuya música presentaba. No obstante, era un programa de mucho éxito. Otro programa que tuvo gran aceptación fue el "'Correo de la Risa", bajo la conducción de "Yuyo" Soto. También estaba Roberto Díaz Lechuga, joven prometedor y dinámico elemento en las lides del periodismo radial. Otro que viene a le mente es Elías Viera Altamirano, creo que era de La Ceiba o San Pedro Sula y Cruz Núñez, quien ingreso al cuadro artístico. Este cuadro artístico estaría bajo la dirección de Emilio Díaz. El cuadro artístico de la N quedó bajo la conducción de Julio López Fuentes. En una ocasión Manuel nos invitó a Riedel, a Rolando Ramos y a mí a que fuéramos ver donde estaría ubicada la radio. Sería en el cuarto piso de un edificio de reciente construcción que estaba ubicado en las cercanías del mercado Los Dolores, al costado este de la iglesia del mismo nombre. Hiram se preparaba y trabajaba en la supervisión de la instalación del nuevo equipo que, finalmente había llegado de Los Estados Unidos. Era un equipo de primera. Tendría grabadoras Ampex y lo recuerdo, estaban instaladas en forma vertical, es decir una sobre la otra, formando un conjunto de dos reproductora/grabadora. Hiram era todo un maestro en el arte de la edición y sabía mezclar los sonidos; no era para menos, había tomado cursos de publicidad y técnica, al igual que Manuel, en la capital de México. "La radio saldrá muy pronto", nos dijo Manuel. Me haría buena y cumpliría su promesa de darme empleo. Lamentablemente, tiempo después, por errores ajenos, le fallé. Sin embargo, mi estadía en Radio Centro fue ampliamente placentera y sumamente productiva pues me ayudó a conocer la técnica de un tipo diferente de radiodifusión: la llamada "escuela mexicana", diferente en muchos aspectos a la escuela cubana, que habían traído de la isla e implementado en Honduras profesionales de la radiodifusión como Don Rafael Silvio Peña, Aramís del Real, Alfredo Arambarri y otros. Moy Ulloa viene desde San Pedro y se unirá pronto a nosotros," dijo en una oportunidad Lila Margarita Tercero mientras ensayábamos los personajes de una novela. Hasta entonces yo sólo había escuchado el nombre y se me había dicho que era un excelente locutor, con tremenda dicción. "¿Vos lo conoces"? le pregunte a Riedel. "No", me dijo "pero he oído hablar mucho de él. Quien lo conoce muy bien, pues han sido compañeros de parranda es Héctor", dijo refiriéndose a Héctor Maradiaga Mendoza. "Platicando con mi Barbero" iba viento en popa. Herman había creado algunos personajes, que ya eran ampliamente conocidos y gustaban mucha a la radio audiencia. Abelardo había pasado a ser "Don Ave", Padgett tenía varios personajes, entre los que destacaba "Bingo", su personaje inicial en la radio. A mí me había encomendado un personaje que se llamaba "Don Biombo"; este era un chofer de buses que llegaba a cortarse el pelo cada semana y se metía a hablar de política y otros chismes pues el escuchaba mucho en la ruta que cubría. "Don Biombo" tenía un saludo especial cuando entraba a la barbería, "maestro, vengo a que me corte la melena y a contarle algo de lo que oí", decía y así comenzaba con el rosario de chismes. Este personaje lo tomé de un verdadero chofer de buses a quien yo había escuchado muchas veces cuando me transportaba hacia la radio. El buen señor siempre hablaba de la situación política, lo que entremezclaba con chismes propios de vecindario. "Este va a ser un buen candidato para personaje", le dije un día a Padgett. "Y como habla, como suena" me preguntó. "Es así, medio gangoso y habla como si tuviera la nariz tapada". "Cree que lo puede hacer?" me preguntó. "Claro", respondí y de inmediato comencé a hablar con la voz de aquel chofer. "Lo vamos a hacer, va a venir una o dos veces cortarse el pelo y a hablar papadas, lo vamos a poner como crítico del gobierno", dijo. Me gustó la idea. Don Ave tenia al "don sordito". Su famosa frase era: "¿Qué diiice...?" y lo hacía con una voz entre viejito y niño. Tuvo mucho pegue. Cuando salíamos a actuar en teatro estudio los asistentes gozaban cuando repetía "¿Qué diiiice?". Avendaño nos confió que para tal personaje lo había inspirado su propio padre, "quien es medio sordo", nos dijo. A Herman y a Abelardo no les era nada difícil hacer el cambio de voces, no sé si la clave estaba en su tesitura que les permitía moldearla a su antojo. Creo que debido a mi timbre de voz se me hacía más duro, especialmente cuando se intercalaban los personajes. En una ocasión estaba imitando al doctor Villeda cuando, en el libreto, Padgett había puesto a "don Biombo" a hacerle preguntas al presidente. Como pude salí de aquel apuro. Por cierto, en una oportunidad el doctor Villeda Morales nos invitó a su casa de campo en la subida del Picacho. La finca se llamaba "San Antonio" y era una propiedad muy bonita, amplia y elegante, con una terraza rodeada de flores y arbustos diversos que le daban un toque muy especial. Precisamente estábamos, Julio, "Don Ave" Herman y yo, con el doctor y tomábamos unos whiskeys cuando el doctor me preguntó, "A ver, ¿cómo es que hablo yo?" Creo que me sonrojé, callé por un momento mientras los demás me miraban: "Cuando los pueblos, con el partido por la mitad, pero colorado y eternamente cipotón, con la dinámica y mística que le dan la simbiosis que forman la historia y la geografía, aparte de la metafísica y la reacción atómica elevada al cuadrado, tienen un presidente, que con su pechito rojo revolotea por todo Honduras, el pueblo, tiene que querer a su presidente. Hemos ganado la botella, digo, la batalla. Ni un vaso atrás… beberemos... digo, ni un paso atrás, venceremos". Rió . "¿Ya oíste Mina?" le preguntó a su esposa que se había detenido momentáneamente para escuchar aquello. Parece que a ella no le gustó, pues únicamente sonrió amablemente. "No está mal, ¿cómo es que has aprendido a imitarme?, me preguntó.

"Siguiéndolo y oyéndolo doctor", contesté. Creo que le gustó mi respuesta. Su invitación obedecía a que Herman Allan estaba por celebrar su cumpleaños. El presidente Villeda mostraba gran aprecio por Padgett. "No joda González, se puso casi a "cantinflear" ante el presidente" me dijo después Padgett. "Hombre, no joda, si todo eso lo he aprendido de Usted", contesté. Nos reímos. Competíamos pero compartíamos. Teníamos discrepancias y desacuerdos amigables pero, llegado el momento trabajábamos en conjunto en favor del grupo. Un día Avendaño y yo nos fuimos a tomar una cerveza al Zanzíbar, en medio de la conversación se quedo mirándome y me dijo: "¡puta!, se me acaba de ocurrir una idea; ¿qué te parece si hacemos un noticiero?". "¿Otro?" le pregunté. "Ya tenemos bastante con el Matutino, el del Medio Día, Gaceta Informativa… ¿A qué horas vamos a poner otro y quién lo va a hacer? No creo que Munés me vaya a permitir que haga otro informativo más", contesté. "No hombre, un noticiero con noticias locas. Vos podés usar la voz de "Don Biombo" y lo ponemos como noticierista. Yo pongo a "Cundo", —otro personaje que recientemente había creado Avendaño y quien era una mezcla de campesino y vendedor de periódicos—. Entre los dos serán los locutores. Pueden entrevistar al presidente, vos hacés la voz de Oswaldo y también hacés la voz del doctor… No jodás, si lo hacemos bien va a salir cachimbón…". "Y ¿cómo se va a llamar el informativo? ¿El informativo de los locos o qué?" le pregunté entusiasmado. Calló por un momento; después de un rato contestó. "No hombre, Loconoticias, ¿qué te parece?". "Pues lo hacemos", le dije. "Empecemos a crear el libreto". "Pues si vos hacés uno y yo el otro y luego los unimos, va a salir cachimbón porque nadie lo ha hecho" me dijo cada vez más entusiasmado. "Pero hay que decirle a Munés y a Padgett" le dije. "¿Por qué? si la idea es mía y bueno, ahora tuya también". "Mirá, para que no haya malos entendidos, ya ves como es Herman de quisquilloso" y Munés es el director de programación". "Ah, que no jodan", dijo "Don Ave", ya medio acelerado por el entusiasmo y las cervezas ingeridas. Así nació "Loconoticias". Fue de corta duración por falta de espacio en la radio. Más adelante y ya en otra estación segmentaríamos el programa, aunque no tuvo el éxito que esperábamos. A veces, después de terminar el programa nos íbamos al teatro estudio, que quedaba adyacente a la cabina, y nos poníamos a ensayar cómo haríamos el programa ante el público. Cada uno de nosotros ponía su granito de arena y, aunque a veces Herman quería imponer su criterio, dejábamos que fuera el "viejo" el que tuviera la última palabra. El programa avanzaba de tal manera que en ocasiones, cuando hacíamos algún sketch en el teatro estudio, el público se nos arremolinaba, a veces no podíamos salir pues nos pedían fotografías o simplemente querían platicar sobre el programa y sus personajes.

***

Habíamos formado un equipo de futbol al que bautizamos como "las Loras de HRN". Casi todos estábamos en la alineación de "jugadores". Nos invitaron a La Ceiba a un partido amistoso con los colegas de Radio el Patio. Un avión de La Fuerza Aérea nos transportaría hasta aquella ciudad. Marcio César Ferez, un conocido locutor ceibeño se había encargado de organizar la recepción y bienvenida a nuestro grupo. Después del partido tendríamos una fiesta en el salón El Patio. La salida había sido preparada para un día sábado, en la mañana y el punto de reunión sería las instalaciones de la radio. Temprano estaba nuestro nutrido grupo listo y preparado para lo que sería nuestro primer viaje fuera de Tegucigalpa. Aparte de nosotros cuatro, nos acompañaba Rolando Ramos, Carlos Eduardo Riedel, creo que un trio de músicos, un muchacho de ascendencia árabe, creo que se llamaba Enrique Asfura, le gustaba interpretar tangos y no lo hacia mal. Artísticamente usaba el nombre de "Quique Mayo". Debido a sus pobladas cejas Avendaño lo bautizó durante el viaje como “cara de cruz”. A “Quique” no le molestó el sobrenombre y cada vez que uno de nosotros lo llamaba como “cara de cruz”, él invariablemente contestaba con un alegre “¿qué querés?” al que imprimía un ligero acento argentino. Nuestro grupo era nutrido y lamentablemente no recuerdo los nombres de todos. Sí recuerdo una anécdota que tiene que ver con Rolando. Al parecer era la primera vez que este visitaba una playa, pues admitía que nunca antes había visto el mar. Una de las actividades que habían sido programadas era ir a visitar la playa. Nos contaron que Rolando se puso su traje de baño, tomo una toalla, jabón Camay y un paste pues, quería bañarse en las aguas del mar de La Ceiba. Cierto o no por allí hay una fotografía con una buena parte de nuestro grupo en el que se encuentra Rolando; aunque no le vimos ni con el paste ni el jabón. En un autobús oficial nos transportaron hasta la terminal de la Escuela Militar de Aviación de donde partimos alegremente. Considerábamos que nos recibiría una delegación de la radio y, según se nos había dicho, también representantes de la municipalidad. Cuando comenzamos a avistar la línea costera y las lindas playas que han dado tanta fama a La Ceiba, el capitán de vuelo nos informo que tendría que dar una vuelta más pues la pista tenía que ser despejada. Tomó altura nuevamente y después de unos minutos se enfilaba para realizar el aterrizaje. No nos esperábamos lo que aconteció después. Decenas de personas invadieron la pista. Un grupo musical amenizaba el ambiente. Los allí presentes nos recibieron con aplausos y “vivan los barberos!!”. Nos cubrieron con ese calor humano y esa proverbial amabilidad que caracteriza a los ceibeños. La popularidad nos tomo por sorpresa esa alegre y soleada mañana. De repente nuestros nombres y nuestros egos se elevaron volando en alas de la fama que nos daba la preferencia del público. Así lo demostraba aquella cálida reacción en suelo ceibeño. Esa noche hicimos la primera presentación, improvisada, fuera de Tegucigalpa y en el abarrotado salón de El patio. Abelardo Enrique con Julio López Fuentes y Padgett conmigo decidimos hacer un sketch. Él revivió a su personaje "Bingo" y yo usé el de "Tomasín". Aunque improvisado, parece que al público le gustó lo que hicimos pues costó que saliéramos de aquel lugar. Allí nació la pareja de "Bingo" y Tomasín". Abundaron las invitaciones a una copa y, algunas muchachas, haciendo gala de su talento artístico, nos deleitaron con una presentación bailable que nos dedicaron a nombre de la ciudad. Fue una experiencia inolvidable. Regresamos a Tegucigalpa, desvelados, cansados, "engomados" pero llenos de entusiasmo ante lo que todos nosotros consideramos un éxito artístico extraordinario. Futbolísticamente, sin embargo, "Las Loras de HRN" salieron apabulladas. Nos ganaron nuestros colegas ceibeños. Vendrían otros viajes. Nuestra siguiente visita fue a la ciudad de San Pedro Sula, esta vez sin la representación del equipo de futbol y ya en calidad de cuadro artístico. Aunque San Pedro es una ciudad más grande y poblada que La Ceiba, la bienvenida no dejó de ser menos cálida, no sólo por el calor del medio ambiente de la ciudad de los Zorzales si no que también por esa espontaneidad y amabilidad que en todo momento demuestran los sampedranos. Nuestra visita a San Pedro era con el fin de hacer una actuación promocional en la recientemente inaugurada Radio Norte, propiedad de HRN, que desde ya comenzaba a extenderse a otras ciudades del país. Al salir de los estudios de Radio Norte y cuando nos disponíamos a abordar los autos que nos llevarían a un hotel cercano, para participar en un almuerzo y convivio con algunos colegas y algunos representantes de la municipalidad, nos impresionó ver el numeroso público que se había congregado para acompañarnos. Cuando los autos estaban por arrancar muchos de los presentes comenzaron a seguirnos. Nosotros cuatro, por razones obvias, viajábamos en el mismo auto. Rolando Ramos, quien había impresionado especialmente al público femenino al declamar algunos poemas románticos, y otros acompañantes del grupo, entre los que contaban locutores locales, iban en otro vehículo. Como los choferes tenían que ir despacio debido al amontonamiento de personas en torno a los carros, Avendaño tuvo una idea genial. Le pidió al conductor que se detuviera e hizo señas al auto en que viajaba Rolando para que también se detuviera. "¿Qué tan lejos queda el hotel a donde vamos?", preguntó. "A unas cuatro cuadras", le contestaron. "Bueno, pues vámonos a pie, con el público", dijo. Estuvimos de acuerdo. Creo que todavía hay algunas fotografías de aquel evento. "Ustedes más parecen sampedranos, que capitalinos" nos dijo una locutora, cuyo nombre lamentablemente no recuerdo. Hacía referencia a la idea generalizada que, al parecer aun prevalece, de que los tegucigalpenses tienen una mentalidad elitista por ser nativos de la capital de la nación. Con aquella acción borramos, aunque fuera momentáneamente, cualquier idea en torno a la supuesta arrogancia de los capitalinos. Esa noche tuvimos una actuación en la terraza del Palacio Municipal. Habíamos hecho algunos cambios al libreto que usamos en La Ceiba y lo habíamos adecuado a San Pedro Sula. Padgett iba aflojando, poco a poco, aquella rígida disciplina, "vertical", según yo le decía, que imponía únicamente su criterio, el que, en todo momento, debía prevalecer. En una oportunidad y ya de regreso en Tegucigalpa, Herman y "el viejo" Julio se enfrascaron en una discusión sobre algo que López Fuentes habían puesto en voz de "Don Fígaro" y a lo que Herman Allan objetó decididamente. Estaba relacionado con una crítica que el "viejo" había aventurado en el programa y que tenía como blanco la acción del gobierno en relación a una licitación que se había abierto para que una compañía telefónica obtuviera el contrato de instalación de nuevas líneas telefónicas en la ciudad. Una de las dos compañías era la "Oki", de Japón y la otra creo que era de Holanda o de Suecia. "La compañía holandesa es la que mejor propuesta ofrece, ojalá que la acepten", fueron más o menos las palabras en el comentario que había hecho "Don Fígaro". Fue en el teatro estudio de la radio que nos reunimos, como por lo regular lo hacíamos después del programa, en donde Padgett le soltó una seria crítica al " Viejo" por haber dicho aquello. "No quiero que nadie se salga del libreto y menos para hacer comentarios que pueden ser tomados como viciados; Julio, que no se repita lo que dijiste hoy acerca de la telefónica esa". "Mirá Herman, Yo solo repetí lo que leí en el periódico... No jodás hombre, ¿qué querés decir con eso de viciados?, ¿que estoy haciendo movida? después de todo el programa es de libre conversación, aparte, esa papada apenas empieza y todavía no han abierto oficialmente la licitación hasta el otro año"… Don Ave y yo guardamos silencio. Nosotros también habíamos tenido nuestra respectiva dosis de crítica por parte de quien fungía como director del grupo, pues era el libretista y aparte, había logrado con su esfuerzo y talento, que el programa se convirtiera en poco tiempo en el más escuchado y popular de todo el país. Me mostré solidario con "el viejo". "No te arrechés viejo", le dije, "esas son papadas de Padgett, ya ves como es, al rato se le pasa". Sin embargo, Don Ave, Julio y yo, estábamos de acuerdo en que había que imprimir un cambio en el programa. Teníamos la impresión de que estábamos cayendo en "aletargamiento artístico" debido a la forma mecánica en que desarrollábamos los libretos. Había menos humorismo satírico y las criticas que hacíamos estaban parcializadas, por lo regular, a favor del gobierno. "Es que este jodido de Padgett" decía "el Viejo" utilizando su peculiar manera de expresarse, "como es colorado", no quiere que le tiremos ni "una chinita" a Villeda Morales". "No es eso viejo", le dije, "es que ya es mucha papada en contra del Doctor, pucha, fíjate, por todo lo critican; aquí si cabe aquello de, si "enchuto pierdo, si no también". Hasta los mismos del partido lo critican y eso no está bien". "Si jodido" me dijo Julio, pero vos también sos "chele", por eso estas de acuerdo con Herman. Oíme viejo" tercio Avendaño, "eso lo decís por que vos sos cachureco y te sentís en la "llanura". Don Ave y yo nos reímos. "El viejo" se limito a decir "Ah, no jodan ustedes tampoco, tres contra uno no se vale, aparte vos de qué hablás, si el otro día lo criticaste en El Cronista con aquel artículo "¿Quo Vadis Doctor?" Se refería a un artículo que yo había escrito y titulado así y que había sido publicado en aquel diario. Yo preguntaba "que rumbo seguiría el gobierno actual ante la latente amenaza que desde allende la frontera sur, (me refería a Nicaragua) esgrime en forma cada vez más agresiva y vociferante, el coronel AVC quien desde los micrófonos de Radio Liberación lanza diatribas cada vez más inquietantes las que, aunadas a los estallidos constantes de atemorizantes petardos en la capital, están sembrando de incertidumbre el camino pacifico de la ciudadanía en general. Todo con la anuencia de Don Luis (Somoza de Bayle) que permite que desde su territorio, violentando tratados internacionales de convivencia pacífica, se fragüe este atentado contra un país vecino y el silencio pasivo, casi pusilánime de nuestro mandatario". "¿Quo Vadis Doctor?". Había más pero sobre estas últimas líneas mi amigo Salvador Valladares, joven y brillante pluma, hijo de don Alejandro Valladares, director y magnífico escritor y editorialista de El Cronista, me dijo que su progenitor habría dicho, "Mirá, este muchacho escribe bien, pero decile que no sean tan duro cuando se trata de criticar al presidente. Aunque él, esté actuando pasivamente". Por muchos años me acompañó la copia de ese y otros artículos y notas que escribí para El Cronista. Con frecuencia nos encontrábamos con Salvador, quien firmaba sus artículos y comentarios con el seudónimo de "Salvalla". Analizábamos la situación nacional, internacional, especialmente Centroamericana y de Latinoamérica en general. Decíamos que nos reuníamos a echar "ñurda" o "ñurdear", término que algunos utilizaban casi en forma peyorativa, para describir a los que teníamos ideas liberales o progresistas. Algunos decían que teníamos inclinaciones "ñángaras", es decir comunistas. "Realmente los que piensan así y digan eso están más perdidos y despistados que un "chucho" en procesión", decía Salvador, cuyo abuelo, el periodista Paulino Valladares, fundador de El Cronista, había sido, según reportes de la época, el portavoz del general Carías allá por los años veinte del siglo pasado.

***

Herman Allan nos proveyó algunos libros pues todavía tenia el negocio de la librería en el Barrio Abajo. Fue así como conseguí "El Quijote", según me había recomendado Nahum Valladares. Padgett, con quien tenía una relación llena de altibajos pues a veces nos llevábamos bien, otras mejor, pero por lo regular señalándonos defectos sin virtudes, me recomendó el libro "La Madre", de Máximo Gorki. Este libro esta en lista negra" me dijo un día pues hablaba de la revolución rusa. De esa misma lista nos consiguió a Avendaño y a mi, una copia a cada uno del libro "La Fábula del Tiburón y las Sardinas", del gran escritor y ex-presidente de Guatemala Juan José Arévalo. "Este libro lo consideran no sólo comunista sino que también lo toman como un manual sedicioso", nos decía Padgett cuando nos reuníamos a tomar café o cerveza. La embajada ha ordenado que se prohíba y se prohíbe", nos comentó sonriendo al referirse al control y dominio que tenía la embajada de Estados Unidos en la vida de los hondureños. Leí aquel libro dos o tres veces tratando de encontrar algún llamado a la sedición o algún renglón con lineamientos doctrinarios, exóticos y sovietizantes. No encontré ni lo uno ni lo otro. Si comprendí, por que así lo denunciaba claramente en su obra el Doctor Arévalo, el inevitable poder omnímodo que las compañías bananeras ejercían sobre los gobernantes de los países de la región Centroamericana y, eso, no creo que tuviera nada de comunista. Era, y al parecer sigue siendo, una realidad innegable que algunos gobernantes del área se convierten en fieros dictadores contra su propio pueblo pero son dóciles y dúctiles ante los dictados de Washington y aquiescentes y genuflexos frente a las demandas de las transnacionales, particularmente del poderoso país del norte. También le compré a Padgett el famoso libro de Jean Valtin "La Noche Quedó Atrás". También compré "Mi Lucha", de Adolfo Hitler. "Este libro si lo recomienda la embajada", nos afirmó Herman. Años más tarde me enteraría de que Jean Valtin era el seudónimo usado por Richard Krebs para escribir su obra autobiográfica. Esos y otros libros eran el tema de conversación cada vez que nos reuníamos con Salvador Valladares, Avendaño, Padgett y otros jóvenes entusiastas que analizábamos, discutíamos, nos oponíamos o simpatizábamos con determinado autor. Uno de los visitantes que nos acompañaba a aquellas tertulias, era un hombre joven, ciudadano cubano, que decía ser exiliado político y perseguido por el régimen de Batista. Se llamaba Gustavo Marín. Su físico era inconfundible pues presentaba problemas en un brazo y, al parecer, cojeaba por problemas en una de las piernas. A Marín, que únicamente tomaba café cuando se reunía con nosotros, le gustaba una pequeña cantina que quedaba entre la Casa comercial René Sempé y la planchaduría El Akron, no muy lejos de las instalaciones de El Diario El Cronista, propiedad de la familia Valladares en la calle La Fuente. No recuerdo el nombre de este establecimiento, si recuerdo que Don Rubén López Fuentes, uno de nuestros operadores de audio, nos decía que al dueño del pequeño bar lo habían bautizado con el no muy elegante mote de "cagafuego", por ser una persona sumamente estricta y hasta agresivo con los clientes. Creo que a nosotros nos toleraba por ser de la radio. Marín andaba en una campaña de reclutamiento, particularmente jóvenes, para que se unieran a su causa y fueran a pelear a la Sierra Maestra. También buscaba agenciarse fondos los, que decía, eran para el movimiento. Lo escuchamos muchas veces, pero no nos comprometimos. En una ocasión Salvador y yo comenzamos a recordar nuestros años infantiles en el Colegio San Miguel. "Ya decía yo," dijo Herman Allan sonriendo y con algo de sarcasmo," ustedes no pueden ocultar que tienen origen pequeño burgués". "Mirá Padgett", le contesto Salvador, con estilo autoritario, "deja de hablar papadas y mejor echate otro trago". A mi amigo de la infancia le había dado por probar el "guaro" y sentía, al parecer, un deleite especial tomarlo "puro", como el decía. Me dolió su prematura partida. Algunos domingos acompañaba a José Dalmiro, "Milo" Caballero al estadio nacional. Había vuelto a sentir el gusto y la pasión que se me había despertado hacía tiempo atrás, en mis años de escolar primario por el fútbol. Mi equipo favorito era el Olimpia, pues conocía a algunos de los integrantes del mismo. Humberto "Furia" Solís, Calistrin Suazo, Felipe "Pipe" Barahona, Abraham Pavón, Will García y otros más con quienes había hecho alguna amistad. Esta amistad era especial con "Furia", quien había sido vecino nuestro. Tenía un hermano, Orlando y dos hermanas, Georgina y Zenaida, a quienes yo había conocido cuando cursaba el quinto grado de primaria en la Escuela Morazán. Él y su familia vivían en el barrio La Guadalupe, dos casas de por medio de la nuestra. Precisamente, cuando ingrese a las filas de la división infantil de futbol, "Furia" Solís se tomó el tiempo de enseñarme algunos trucos y pases. Me animaba a que aprendiera a mover el balón. Los entrenamientos los hacíamos en las tardes en el campo "El Birichiche" y, cuando este estaba ocupado, en cualquiera de los dos campos de la isla. En una ocasión en que habíamos terminado el entrenamiento me hizo saber que se iba a ir a jugar al Olimpia. Creo que hasta entonces el había estado en las filas de El Federal, que manejaba la familia Hasbun. "Algún día voy a jugar como vos", me parece que le dije. Se sonrió. "Claro que podés" me contesto. "Gracias, cuñado", le dije sin pensar. "Me miro sonriente y sólo me dijo: "Georgina no tiene novio". "Pues sí", dije para mí, luego pensé "como sabe "Furia" que es Georgina si tiene dos hermanas?. Estábamos en quinto grado y ya nos animaban púberes, inocentes y platónicas fantasías.

***

Cuando estaba en el campo de juego una de las características de "Betío", como le decía mi mamá, era los saques de banda. "Que manera de lanzar la pelota. La puede poner en el centro de la cancha y más allá" decía "Milo" Caballero cuando narraba los partidos de futbol desde la cabina del Estadio Nacional. Al principio mi participación en los partidos se limitó a la lectura de los anuncios comerciales. Aprendí que a este tipo de anuncios había que imprimirles una dinámica totalmente diferente a los leídos en cabina o en teatro estudio, Había que hacerlo "rápido y breve, sin que pierdan el mensaje", me dijo "Milo" más de una vez. Más adelante me dejaba el micrófono por lo que yo me aventuraba a "soltar" uno que otro comentario, aunque muy breves. Nahum Valladares tenía una presencia más frecuente en la cabina. Mientras me dejaba los anuncios el hacia comentarios y por lo regular hacia la descripción del juego, especialmente en la etapa complementaria. Lo hacia muy bien, especialmente por que le imprimía un sello diferente a lo establecido debido al sonoro timbre de su inconfundible voz. Me acostumbré a la lectura rápida, como era requerido en el transcurso de los juegos. José Rafael Ferrari, seguidor decidido del Olimpia, años más tarde pasó a ser propietario del equipo, tenía su lugar especial en la cabina. También tenía un "mesero" especial que nos llevaba cerveza, Nacional, bien helada, Con frecuencia, después de cada juego, nos íbamos en grupo ya fuera a "El Pingüino" o "El Riviera". "Milo" Caballero, como su apellido lo indicaba, era todo un caballero. Siempre solícito, amable, bromista y buen amigo. Me daba consejos casi paternales. "Estas bien cipote y tenés un buen camino por delante; no 'chupés' mucho", me decía ya cuando nos íbamos animando por el calor o, más bien, por los efectos de las frigorificadas cervezas. Otro gran talento en el ámbito del fútbol en particular y del deporte en Honduras en general fue el licenciado Manuel Bonilla R. Era todo un erudito en eso de deportes. Pocas veces tuve la oportunidad de sociabilizar con el pero esa pocas veces sirvieron de mucho para enseñarme que había mucho talento del que aprender bastante. Ya se escuchaba y cada vez era más popular, otro joven narrador que se caracterizaba por su estilo populachero y, principalmente por la velocidad que imprimía a la descripción de los juegos. Francisco 'Chico" Flores Paz. Nos hicimos amigos. Con la tácita anuencia de José Rafael Ferrari me había convertido en el locutor de los anuncios comerciales durante las transmisiones de los juegos de futbol desde nuestra cabina del Estadio Nacional a la que a veces llegaban, también a transmitir, locutores y narradores deportivos de otros países Centroamericanos. Fue así como conocí a Willy Galán Palomo, de Guatemala, Ernesto "Neto" Ponce Sarabia, también de Guatemala. Luis Cartin, José Luis "El "rápido" Ortiz y Claudio Rojas de Costa Rica. También conocí a Raúl "El pato" Alfaro, de El Salvador. Fue en una transmisión de un encuentro entre Honduras y Guatemala, en el Estadio Nacional, que a Galán Palomo se le ocurrió llamarme "el benjamín" de los locutores de Honduras pues yo apenas estaba por cumplir los diez y ocho años. Creo que fue en septiembre de mil novecientos sesenta cuando, gracias a una invitación de José Rafael Ferrari, realicé mi primer viaje fuera de las fronteras patrias. Iríamos a ciudad de Guatemala desde donde transmitiríamos un partido eliminatorio entre la selección del país anfitrión y la nuestra. Estaba en juego la asistencia a la Copa del Mundo, era entonces la "Copa del Mundo Jules Rimet", que se efectuaría en Santiago de Chile. Salimos por la vía terrestre abordo del vehículo propiedad del Señor Ferrari. Aparte de él, iba su esposa, doña Tachi, Carlos Eduardo Riedel, Fausto Irías y yo. Salimos temprano en la mañana y ya al promediar la tarde estábamos entrando a la ciudad de San Salvador, en donde la Señora de Ferrari se quedó ya que seria la huésped a una familia amiga. Nosotros continuamos rumbo a ciudad de Guatemala, llegando ya entrada la noche. Nos hospedamos en el Hotel Taurino, a un costado del Palacio Nacional y casi en frente del parque Central, donde había una "concha acústica". En ese mismo hotel estaban hospedados otros locutores de Honduras entre los que recuerdo a Héctor Maradiaga Mendoza, José Augusto "Muñecón" Padilla, "Milo" Caballero, Efraín Zúñiga Chacón, estos dos últimos serían los narradores oficiales del encuentro, Hiram Claros Álvarez y, desde luego Nahum Valladares. Hiram y Nahum viajaban en representación de Radio Centro. Riedel y yo éramos visitantes por primera vez a la "Ciudad de la Eterna Primavera". Carlos Eduardo y yo compartimos la habitación. El juego sería el día domingo, nosotros habíamos arribado el jueves en la noche. Al día siguiente, después de un delicioso desayuno con comida típica de Guatemala salimos a recorrer y conocer la ciudad. Me lo había dicho Neto Ponce Sarabia; "cuando vayas a Guatemala te vas a encontrar con un ciudad totalmente diferente a lo que es Tegucigalpa. Ustedes aquí tienen una topografía bastante irregular. Allá las calles son extensas, planas y bien trazadas". Tenía razón. Nuestra topográficamente irregular ciudad, con sus angostas callejuelas y empinadas subidas, es totalmente diferente al resto de las capitales de los demás países del área. Creo que eso la hace única. Aparte, la capital guatemalteca tenía una nomenclatura que la dividía en zonas. Creo que nuestro hotel estaba ubicado en la Zona uno o dos. Recorríamos en compañía de Nahum, Carlos Eduardo y José Augusto una calle sumamente comercial, cuando avistamos un rotulo que identificaba una estación de radio: TGW. Me viene a la memoria la idea de que inmediatamente después de la puerta de entrada había un teatro estudio, desde el cual, en ese preciso momento, se estaba presentando un programa, aunque el teatro estudio estaba prácticamente vacío. En un intermedio nos presentamos con el conductor del programa. Ya de regreso al aire nos dio la bienvenida presentándonos como "colegas de Honduras" que nos visitan este día en la TGW". Creo que cada uno de nosotros dijo unas breves palabras, hasta que le toco el turno a Nahum." Venimos a la ciudad de la eterna primavera trayendo un fraternal y cálido saludo al hermano pueblo guatemalteco, al que nos unen lazos de irrompible hermandad. A nuestros colegas de la TGW nuestras muestras de aprecio y agradecimiento por su cálido recibimiento". Aunque la cita posiblemente no sea exacta, pues el tiempo se ha encargado de nublar en la memoria el contexto literal de lo expresado por nuestro compañero, si creo que tiene validez pues mantiene el concepto original de sus palabras. Al regresar al hotel me fui directamente a la habitación y siguiendo mi costumbre, escribí algo de lo que había escuchado ese día. "No hay duda", escribí, "Nahum representa la voz y expresión de los locutores de Honduras". Nos fuimos de parranda Héctor, José Augusto, Carlos Eduardo y yo. Nos escoltaron Ponce Sarabia y otro locutor de quien lamentablemente no recuerdo su nombre. José Rafael y Nahum habían sido invitados por Willy Galán Palomo a cenar en algún lugar. En nuestro recorrido conocimos la alegre vida nocturna de la "Ciudad de la Eterna Primavera". Al día siguiente fuimos a la casa que en Ciudad de Guatemala tenía el papá de Manuel Villeda Toledo. El padre de Manuel fungía como embajador de Honduras en aquella republica hermana. Era un elegante barrio de anchas y bien cuidadas calles. Ahí estaba Guillermo, hermano de Manuel. Nos juntamos también con Hiram y Nahum. Recuerdo que Manuel nos saludo amablemente y nos ofreció una copa mientras aguardábamos en la sala. Creo que fue esa tarde que Ponce Sarabia nos invitó a visitar el Lago de Atitlán, no muy distante de la capital.

El sonido de la marimba prácticamente inundaba el ambiente y por doquier se escuchaban las diversas interpretaciones de la música guatemalteca, especialmente "Luna de Xelajú" y "El Ferrocarril de Los Altos". Abordamos una pequeña lancha en la que recorrimos partes del lago. Me llamo la atención que el agua estaba llena de pequeñas piedras flotantes. "Es piedra pómez", nos dijo el lanchero. "Viene de allá" agrego, señalando el alto cono del volcán. Recogimos unas cuantas de estas piedras para llevarlas como recuerdo. Hicimos algunas compras para traerlos como presente a nuestras familias. Yo le traje a mi mamá, a mi esposa y a mi pequeño primogénito, Alan. Más parrandas nocturnas. El juego sería al día siguiente, domingo. Temprano nos preparamos para ir al Estadio Nacional Mateo Flores, al que a mi se antojo un imponente coso deportivo. En la cabina estaban "Milo" Caballero, Efraín Zúñiga Chacón, José Rafael Ferrari, Hiram Claros, Nahum, Riedel y yo. Se comenzó a hacer los preparativos técnicos y las pruebas correspondientes para el enlace con la cabina principal en los estudios de la N, en Tegucigalpa. Todo estaba listo. Nahum hizo la presentación inicial y luego cedió los micrófonos a "Milo" Caballero quien comenzó la descripción del ambiente que se vivía en el Mateo Flores en los minutos previos a aquel importante encuentro. "Milo" y Zúñiga Chacón alternaban comentarios acerca de lo que se vivía en aquel estadio cuyas graderías empezaban a llenarse de entusiastas fanáticos. "El once hondureño acaba de salir al terreno de juego", anuncio "Milo". Le siguió Zúñiga Chacón describiendo las características de los jugadores que ese día se enfrentarían a la selección "chapina" en busca de un punto importante con miras a la participación por la Copa del Mundo Jules Rimet, en Santiago de Chile, en mil novecientos sesenta y dos. Se jugaría entre mayo y junio de ese año. "Esperamos ver de un momento a otro a la selección local, dijo "Milo". Pasados unos minutos percibimos que había cierta inquietud en las graderías del estadio y que el ya numeroso público comenzaba a impacientarse pues, a pesar de los anuncios en el sonido local de que la selección de Guatemala estaría haciendo su ingreso en "unos momentos", esta todavía no daba señales de estar por ingresar al engramado. No sé cuánto tiempo paso; lo cierto es que tanto Milo como Efraín, con la participación de Nahum, comenzaron a hacer comentarios relacionados con la posible ausencia de la escuadra local "Lo que sería frustrante pues, aunque por defección Honduras ganaría un punto, lo importante es competir", dijo en voz grave Zúñiga Chacón quien alternaba con "Milo" y Nahum en los comentarios mientras yo leía los anuncios comerciales y Carlos Eduardo e Hiram Claros se encargaban de mantener en orden la parte técnica. Los que ocurrió después fue tan rápido como inesperado. Cientos de fanáticos se lanzaron desde las graderías hacia el terreno de juego, de donde la escuadra hondureña tuvo que ser escoltada por policías y guardias de seguridad hacia los vestidores. Ya era un hecho, el conjunto guatemalteco no saldría al terreno de juego. Las razones eran confusas pero la reacción de la fanaticada fue sumamente violenta. Rompieron sillas, vidrios de algunas cabinas, provocaron destrozos en los baños públicos y lanzaron cuanto objeto tuvieran al alcance de la mano. Nosotros nos salvamos de aquella violenta erupción de ira popular por que nuestra cabina estaba en la parte alta del área designada a las estaciones de radio extranjeras. No obstante el caos que se desato, José Rafael decidió que siguiéramos transmitiendo hasta donde pudiéramos. Así lo hicimos. Aquí se dio una situación, casi jocosa, considerando las circunstancias, cuando Milo Caballero, saliéndose de lo sombrío de la transmisión por los momentos de apremio que experimentábamos dijo más o menos: "Es tan difícil este momento y tan frustrante, que he visto lágrimas de enojo y un nudo en la cara de Efraín Zúñiga Chacón". Creo que trataba de decir que Zúñiga tenía un nudo en la garganta debido al enojo. El caso es que a partir de ese momento Efraín Zúñiga Chacón quedo bautizado con el apodo de "Cara de Nudo". Regresamos a Honduras haciendo recuerdos de aquellos difíciles momentos que habíamos pasado durante los desordenes registrados en el Mateo Flores. Todo, por un juego de futbol que no se celebro. Guatemala visitaría a Honduras en el Estadio Nacional. Para ese juego yo le pedí permiso al señor Ferrari de buscar un patrocinador. Me dio el visto bueno. Creo que por sesenta lempiras le vendí anuncios comerciales y copatrocinio del juego a Luis Mendoza Fugón, quien era el distribuidor de unas pulseras magnetizadas que curaban todo tipo de males, desde reumas y artritis hasta problemas lumbares, según decía la publicidad. "Podés vender", me dijo después José Rafael.

***

"Platicando con mi Barbero" o "Los Barberos", como también éramos conocidos, continuaba cosechando éxitos. Seguíamos recibiendo invitaciones de diferentes partes del país para que fuéramos a tal o cual ciudad. Nos gusto una en particular. Venía de Amapala en donde, según decía la invitación de una agrupación comunitaria, nuestro programa era escuchado diariamente por un alto número de la población de aquella isla del Pacifico hondureño. Lo analizamos, lo planeamos y, desde luego, lo aceptamos. A nuestro grupo de había unido ahora un trío en el que cantaba un muchacho que también era locutor. Era salvadoreño y se llamaba Hernán Quezada; era la primera voz del grupo. Otro de los integrantes era Salvador Lara, un muchacho alto, extremadamente amable y por lo regular tranquilo si se compara al estilo y personalidad de los demás miembros de aquel cuadro artístico. Salvador era cantante, magnifico actor de teatro y de radio, libretista y creo que hasta escritor de obras teatrales. Nuestra visita a Amapala se hizo aunque esta vez con la notoria usencia de Herman Allan Padgett quien por causas que no conocí, decidió a último minuto no participar de aquella nueva aventura artística radial. Creo que se había creado un mal entendido entre el y Avendaño. Aunque nuestras desavenencias al final siempre eran zanjadas amigablemente esta vez la cosa había sido más seria de lo acostumbrado. No obstante nuestra visita a Amapala fue todo un éxito. Con don Ave y "Don Fígaro" hicimos un sketch satírico, al que Avendaño, con ese talento espontaneo que le caracterizaba, le imprimió un sabor diferente al, inesperadamente, comenzar a imitar al gran cómico mexicano "Cantinflas". "Oiga Usted", comenzó diciendo y saliéndose del libreto que habíamos ensayado "es que la cosa es que como dijo aquel que ya Usted, sabe verdad, por que la cosa, es que la cosa va por buen camino porque sino va por buen camino pues no anda y si no anda pues no va por buen camino", hizo una breve pausa que yo aproveche para decir imitando la voz del doctor Villeda Morales "el pueblo, tiene que querer a su presidente, es la simbiosis cívico mística". "Don Fígaro" intercedió y sólo dijo "ya hombre, ahí viene el coronel". Sin mencionar nombres habíamos dado en el clavo. La carcajada del público fue general. El aplauso nos estremeció pues no lo esperábamos. Simplemente, siguiendo el instinto especial de Abelardo habíamos creado, sin querer, un nuevo estilo de actuación el que, hasta ahora, había estado limitado, con raras excepciones, a los rigores del libreto. Una vez terminado el programa y ya en la mesa de la cantina a la que habíamos sido invitados le pregunte a don Ave: "Oíme avecilla", así lo llamaba cuando sabíamos que habíamos hecho algo bueno, "que te dio por salirte del libreto y comenzar a "cantinflear" y por qué a "¿cantinflear?". "Simplemente se me ocurrió", dijo. Se me hizo fácil pues se me habían olvidado algunas líneas y simplemente recurrí a "Cantinflas". "Estuvo macanudo", le dijo el "viejo". Vamos a hablar con Padgett pues hay que cambiar el tema. "Y ¿vos viejo?" le pregunté, ¿a qué coronel te referiste?". "¿AVC?". Bueno jodido, y vos ¿por qué sacaste a "Pajarito?" respondió. "Te van a meter preso viejo", le dijo Avendaño. "No empiecen a joder, mejor nos tomamos otro traguito", dijo Don Julio sonriendo. "Cuando regresemos le decimos a Padgett como estuvo la cosa", les dije. "Padgett ahorita esta arrecho conmigo" dijo Avendaño, pero no dio más detalles.

***

Una mañana dominical con mi esposa, el niño y yo fuimos a visitar a mis suegros. Habían adquirido una casa, bastante confortable por cierto, en la recientemente fundada "Colonia Veintiuno de Octubre", llamada así en honor al golpe militar que derrocó al dictatorial gobierno de Don Julio Lozanos Díaz. Cuando nos bajamos del autobús mi esposa me tomó de la mano, cosa que por lo regular hacia cuando salíamos juntos; "esta bonita la casa de mi papá", comentó. Ciertamente. La vivienda era cómoda, tenía un espacioso jardín en la parte posterior y una habitación extra que mi suegro había acondicionado para instalar su laboratorio dental y su silla de dentistería. Pasamos el resto del día extendiendo la visita hasta ya entrada la tarde. Cuando regresamos a nuestra casa le comenté a mi esposa que me había gustado la adquisición que había hecho su papá. Unos dos días después me decidí a ir al Instituto de la Vivienda cuyas oficinas estaban ubicadas en el área de El Guanacaste. Pedí hablar con la persona encargada de tomar las solicitudes de compra de viviendas. Me atendió gentilmente. Le expliqué que yo deseaba comprar una casa en "La Colonia Veintiuno" y que, desde luego, le solicitaba me diera la información relacionada con los requisitos que debía llenar. Me hizo unas cuantas preguntas generales como lugar de trabajo, tiempo en el trabajo salario devengado, cuentas bancarias y demás. "Ah, Usted trabajá en HRN... en Diario Matutino?" preguntó. Le respondí afirmativamente. Comenzó a llenar unos documentos. "¿Qué edad tiene Usted me preguntó?". "Dieciocho años" fue mi respuesta con tono indiferente. "¿Trajo su partida de nacimiento?" fue la siguiente pregunta. Contesté negativamente. "¿Cuál es su fecha de nacimiento?", volvió a preguntar. "Septiembre cuatro de mil novecientos cuarenta y uno", dije con seguridad. "Lo siento, Usted todavía no es mayor de edad y no puede, por ahora efectuar este tipo de transacción". "Voy a cumplir los diez y ocho en Septiembre", le dije ya un poco desilusionado. "Mire", dijo en voz confidencial, "Por ahora lo voy a dejar en lista de espera, venga cuando cumpla los diez y ocho y entonces terminaremos la documentación". Pregunté algo así como si se requería algún depósito. "No, no es necesario por ahora pero si se va a requerir un depósito, que será el cinco por ciento del total". Creo que eran unos dos mil lempiras. Toda una fortuna en esa época. No dije nada en mi casa pues quería mantener aquello en secreto ya que no deseaba crear expectativas que no pudiera cumplir.

***

Se acercaban las fiestas de Navidad y fin de año. Tegucigalpa se llenaba del bullicio propio de esa temporada. La música navideña, principalmente con interpretaciones en inglés, se escuchaba por todos lados. En la barriadas, ya comenzando el mes de noviembre y a veces desde antes, los niños y hasta los adolescentes se dedicaba a quemar cohetillos de diverso tamaño, llenando la ciudad de un olor a pólvora, que se entremezclaba con el aroma de los arbolitos de pino, de diverso tamaño, que eran ofrecidos en venta en distintos puntos de la ciudad. El árbol de navidad iba desplazando, poco a poco, la antigua costumbre de construir los tradicionales nacimientos. También era costumbre, después de recibir el aguinaldo o "bono navideño" que entregaban las empresas a sus empleados, salir a hacer las compras de los regalos. En la N nos preparábamos para hacer una programación especial. Sigfrido Munés, en calidad de director de programas tenía bajo su responsabilidad hacer aquel programa. En el mismo participamos, Nahum, Avendaño, Rolando, Moy Ulloa, Héctor Maradiaga Mendoza, Rodolfo Brevé Martínez y yo. Estaba bien producido, con un libreto especialmente dedicado a recorrer y destacar los acontecimientos más importantes del año. Como no contábamos con grabaciones que reprodujeran los efectos de sonido, tuvimos que recurrir al ingenio de Riedel, quien nuevamente mostro su capacidad y talento como productor de audio. El programa que duraba unas dos horas, debía ser transmitido entres diez y doce de la noche para que su final coincidiera precisamente con el último minuto del año. Munés nos pidió, más bien, delegó a Riedel, Rolando Ramos y a mi que nos quedáramos para dar la primera campanada del nuevo año. Más que todo como un gesto de solidaridad se nos unió Guillermo Villeda Toledo. Me sentía molesto pues no estaría en la reunión familiar que se había preparado en la casa y en la que estarían mis suegros, cuñadas, hermanos, mis padres y algunos vecinos que nos acompañarían a la tradicional bienvenida del nuevo año. Me molestaba más, no poder estar ahí para abrazar a mi primogénito quien ya cumpliría los ochos meses. Pero, teníamos que cumplir con nuestro deber. Tuve tiempo de cenar algo con mi familia y compartir unos momentos con ellos. Aproximadamente las nueve y media me despedí pidiéndoles que mantuvieran la sintonía de la radio y escucharan nuestros saludos a partir de las doce de la media noche; les di un abrazo y me encamine a los estudios de la radio. La ciudad, literalmente, estallaba de alegría. Los sonidos de los cohetes y cohetillos, con la iluminación de las luces de bengala, le ponían un toque casi de carnaval a aquella celebración de despedida de año. La música, con diversos ritmos y tonadas, se escuchaba por todos lados. Una vez en los estudios de la radio nos reunimos en la pequeña salita que conducía al estudio principal. Riedel ya había activado la grabación y el programa especial que habíamos grabado días antes estaba ya en el aire. Recuerdo que llegó "Chito" Lastra, también "Yito" Bier, quien era operador de audio en el turno de la noche pero en esa ocasión tenia la noche libre. Alguien, creo que fue Guillermo Villeda Toledo, llevo una botella de whisky. Rolando y yo nos haríamos cargo de los saludos de fin de año inmediatamente después de la grabación. Las doce campanadas habían quedado grabadas en el programa y lo demás seria cuestión de tomar saludos del público por la vía telefónica y poner discos con música bailable. Rolando salió con la idea de llamarle "bailables de fin de año". En un principio Riedel se opuso a que tomáramos whisky. "No jodan hombre", dijo, "si el chief" o Munés se dan cuenta se van a encachimbar y hasta nos pueden correr". Decidimos escoger la música para después del programa grabado y preparar algunas palabras para saludar y animar al público. Aparte de Bier y de Lastra, había otros compañeros que habían llegado a compartir el momento con nosotros. Algunos de ellos ya venían "medio prendidos", como dijo Héctor Maradiaga Mendoza, quien fue uno de los que estuvo con nosotros por unos momentos.

Poco apoco se fueron despidiendo pues querían ir a compartir la celebración con sus respectivas familias. Teníamos ya preparada la lista de discos que pondríamos en los "bailables". Creo que fue Guillermo el que me llamó y me dijo, "vení, echémonos un cachimbazo"; se nos unió Rolando y rápidamente dijimos salud. Finalmente convencimos a Riedel y con algo de renuencia, tomo su whisky. Consideramos que aquella botella iba a ser muy poco. Lastra, quien vivía cerca de la radio dijo que regresaría muy pronto pues él sabia donde podía conseguir otra . Cada uno de nosotros puso su contribución, creo que eran un total de diez lempiras o algo así. Se fue "Chito" y nosotros quedamos acompañando a Riedel y hablábamos generalidades. Afuera la celebración continuaba en grande. A medida que se acercaban las doce subía la intensidad de los estallidos de todo tipo de fuegos artificiales y hasta podíamos distinguir el sonido de disparos de alguna arma de fuego, con su distintiva y característica detonación. Ya habíamos empezado, pues había que continuar. Dijimos salud nuevamente, esta vez con el vaso un poco más lleno que el anterior. Regreso "Chito", traía una botella y media. Ni le preguntamos como ni donde había conseguido aquel licor. Cuando terminó el programa grabado y la celebración y el júbilo reventaban por doquier nosotros, Rolando, Guillermo, "Chito" y yo tomamos los micrófonos para empezar el programa en "vivo". ¡Feliz año Nuevo! Dijimos al unísono. "HRN la Voz de Honduras se une al júbilo que en este momento embarga a todo el pueblo hondureño ante el advenimiento de un nuevo año y elevamos nuestras plegarias por que mil novecientos cincuenta y nueve que hoy empieza, venga lleno de dicha y prosperidad a todos los hogares. Feliz Año Nuevo!!!."Estas más o menos habían sido las palabras que yo escribí mientras mis compañeros habían estado escogiendo la música para los "bailables de fin de año". "Quiero hacer llegar un saludo especial a mi esposa, a mi pequeño Alan, a mis padres, hermanos y mis suegros que nos están escuchando en este momento", dije ya entusiasmado. Siguió Guillermo también con saludo muy efusivo. Rolando, "Chito" y Carlos Eduardo hicieron lo mismo, enviando saludos a sus respectivas familias. Realmente no se cuanto duro aquella celebración radial. Lo cierto es que el calor del whisky y la alegría generalizada en las calles y que podíamos percibir hasta en nuestra cabina, se había apoderado de nosotros. Se que dijimos salud varias veces. No sé de donde aparecieron algunos bocadillos, de los que dimos cuenta rápidamente. Me parece recordar que cerramos audición ya entrada la madrugada. "Miren, mejor quédense aquí pues esta jodido salir a estas horas para irse a su casa", recomendó Riedel. "Vos sos el que más lejos vivís", me dijo. "Vas a tener que cruzar por todo el centro hasta llegar hasta allá". Decidimos quedarnos. Era curioso ver como rápidamente acomodamos un par de sofás y unas sillas para recostarnos y tratar de dormir un poco. Descubrimos los efectos térmicos que tiene el papel periódico pues nos cubrimos con las hojas de los periódicos que revisábamos a diario y los que por lo regular nos servían, especialmente a mí, como punto de referencia para nuestros reportajes ya fuera en Diario Matutino o en el Informativo del medio día. Todavía era temprano, seis o siete de la mañana, cuando nos despertamos. Como pudimos nos levantamos y nos lavamos la cara en el pequeño baño que quedaba ubicado en la parte inferior de la segunda discoteca y pequeño almacén que había acondicionado en un segundo piso. Nos despedíamos de Riedel cuando oímos más que vimos, el vehículo en el que venía el Licenciado Gustavo Acosta Mejía. Recuerdo perfectamente que Don Joaquín Navarro, un ciudadano español, propietario de la fabrica de Café Corona, que estaba ubicada en la esquina que formaban la bajada del barrio Buenos Aires y la calle que conducía al mercado Los Dolores, se encontraba en la puerta del local. "Cayó Batista", le comentaba Acosta Mejía al señor Navarro, quien dijo que había ido temprano a la fábrica para inspeccionar, no sé que máquina. El Licenciado Acosta se dirigió a nosotros y nos conminó a regresar pues quería que Riedel pusiera la marcha del matutino. Había que dar la noticia de inmediato. El había escuchado una radio extranjera, creo que de Guatemala, en cuyas emisiones se confirmaba que, efectivamente, el dictador Fulgencio Batista, había huido de Cuba, abandonando el gobierno ante los continuos avances de la guerrilla que había bajado de La Sierra Maestra. Regresamos a la radio. El abogado Acosta Mejía en su función de director del Diario Matutino, le dijo a Riedel que el hablaría después con José Rafael Ferrari, pero que era importante dar esa noticia lo más pronto posible. Vengase conmigo, me dijo, invitándome a la cabina. Comenzó improvisando la nota. "Emisiones de radio de Guatemala acaban de confirmar que Fulgencio Batista ha abandonado su país. Al parecer una junta militar ha quedado a cargo de las actividades gubernamentales", dijo Acosta Mejía, al iniciar la emisión especial de Diario Matutino de ese primer día del año mil novecientos y cincuenta y nueve. Casi al medio día regrese a la casa. Hubo regaños por parte de mis padres y recriminaciones del lado de mi esposa. "Nos hubiera gustado que todos estuviéramos en familia", decían alternativamente mientras criticaban me decisión de quedarme en la radio hasta el día siguiente. "No hasta el día siguiente", dijo mi esposa con sarcasmo, "te quedaste hasta el año siguiente. Desde el año pasado no te vemos". Traté de explicarles lo del reporte especial sobre Cuba y de nuestra obligación de transmitirlo. La N tenía una emisión especial informativa. Había entrado en cadena con la sintonía de la CMQ de La Habana desde la que se confirmaba la caída de Batista, la instauración de una Junta Militar de Gobierno y la marcha de los rebeldes quienes, comandados por Fidel Castro, líder del "Movimiento Veintiséis de Julio" habían bajado de la Sierra Maestra y se encaminaban a la capital. Al parecer, el caos reinaba en todo Cuba, especialmente en La Habana cuyo aeropuerto había sido cerrado a todo tipo de vuelos. Escuchábamos a algunos locutores, entre ellos a Ramón Irigoyen y Modesto Vásquez González, quienes describían el ambiente que en aquel momento predominaba en la isla. Así despedimos el último día de mil novecientos cincuenta y ocho y recibimos el primero de mil novecientos cincuenta y nueve. Los siguientes días estarían cargados de información proveniente de la isla. Se mencionaban algunos nombres a los que se destacaba como "héroes de la revolución". Con insistencia se hablaba de Camilo Cienfuegos, Ernesto "el Che" Guevara, Juan Almeida, Raúl Castro, un muchacho, pues se decía que era bastante joven, de apellido Zelaya Alger, a quien identificaban como hondureño, y otros más; todos ellos con el grado de comandante. Desde luego, la figura principal era Fidel Castro, quien tenía el rango de comandante en jefe. Había un alto nivel de entusiasmo entre los jóvenes de América Latina, tanto los de colegio y universidad así como entre la clase obrera. Los "barbudos", como les llamaban, habían bajado de la Sierra Maestra colgando sus rosarios, crucifijos y hasta camándulas del cuello de sus camisas verde olivo. Sin embargo, en los siguientes meses comenzó a trascender que en la isla los pelotones de fusilamiento trabajaban tiempo extra, llevando ante el paredón a aquellos que habían sido miembros de los cuerpos represivos del gobierno de Batista, ex-integrantes del ejercito y la marina, seguidores del derrocado dictador y hasta personas ajenas a la política pero que mostraban su descontento con el gobierno que en los primeros meses estuvo a cargo de un presidente interino, Manuel Urrutia Lleó. Solo duraría seis meses en el poder al final de los cuales fue sustituido por Osvaldo Dorticós. Fidel Castro había quedado con el titulo de primer ministro. Algunos desafectos con este orden de cosas comenzaron a abandonar la isla, teniendo como refugio natural la ciudad de Miami, debido a la cercanía geográfica con Cuba. "Esto va rumbo al comunismo", decían algunos comentaristas, entre ellos mi mentor y amigo, Gustavo Acosta Mejía. Yo no consideraba que ese era el rumbo que seguía el nuevo gobierno. Herman Allan, quien era decidido liberal de izquierda, decía que era natural que hubiera una reacción de este tipo. "Lo que hizo Batista no tiene nombre", decía. Ponía de ejemplo la revolución mexicana de 1910 con su más de un millón de muertos contabilizados antes, durante y después de aquellas gestas que ofrecía su máxima expresión en las acciones revolucionarias de Pancho Villa y Emiliano Zapata. El gobierno del presidente Eisenhower no se había quedado con los brazos cruzados y alentaba y recibía el cada vez más alto número de exiliados que salían de distintos puntos de la isla. Se hablaba de ataques aéreos e incursiones de contrarrevolucionarios que procedían de algún lugar de la Florida y tenían como blanco lugares específicos de la isla. Todo a vista y paciencia de la administración de turno en Washington. Esta acción del gobierno estadounidense fue respondida con la nacionalización por parte del flamante gobierno revolucionario cubano, con la declaratoria de un plan de Reforma Agraria en el cual se expropiaban grandes extensiones de tierra, propiedad de corporaciones de Estados Unidos. Se estiraba la onda de David contra la ira de Goliat. Comenzó una ofensiva de relaciones publicas proveniente de La Habana en donde, ese año, se celebró el congreso de La Asociación Interamericana de Locutores. Dicho congreso tenía como lema: "La verdad de Cuba en las Antenas del Mundo". Decenas de periodistas, locutores y escritores de programas radiales de toda América Latina fueron invitados a visitar La Habana para, supuestamente, confirmar en el lugar de los hechos la realidad del acontecer cubano. Recuerdo que en el seno de la APH, Asociación de Prensa de Honduras, se discutió los pros y contras que representaba enviar una delegación de profesionales de los medios electrónicos de comunicación a la isla. Se voto en favor. Herman Allan Padgett, Ernesto Galindo Ruiz, Alfredo Hoffman, Jorge Figueroa Rush, el abogado Armando Uclés Sierra, quien tenia lazos con los medios radiales, aunque sin ser parte de ellos, fueron algunos de los varios que visitaron Cuba en esos días. Padgett vino muy entusiasmado, nos enseñó una fotografía que se había tomado con Fidel Castro y nos dijo que hasta había hecho uso de la palabra en una de las varias reuniones a las que había asistido. Los demás invitados venían igualmente entusiasmados. El Licenciado Uclés Sierra también nos describió a Fidel Castro como un hombre alto, "más alto que yo y de cara colorada", nos decía Armando. "Ah papo", dijo una vez Avendaño "Sí es más alto que Armando quiere decir que esta realmente grande ese Fidel, por que Armando es alto". Otro que nos contaba anécdotas de su viaje a Cuba era "el chaparro" Galindo, quien nos comentaba que había estado en los estudios de la CMQ y se había codeado con algunos directivos de aquella cadena radial. "Goar Mestre es un tipo visionario", decía Galindo. "Lo mismo que Gaspar Pumarejo; y lo bueno es que todos ellos están en favor de la revolución", comentaba. El Licenciado Acosta Mejía no estaba convencido y aseguraba que Fidel llevaba aquella revolución por el camino equivocado. "Va volando hacia el comunismo", me dijo un día, después de haber concluido el Informativo del Medio Día y mientras tomábamos nuestro acostumbrado traguito, por lo regular más de uno, en el bar del Hotel Lincoln. "¡Puta, Licenciado!", le dije, "por qué ustedes los derechistas todo lo miran color rojo. Para ustedes todo es comunismo, hasta el Doctor Villeda Morales, eso es ser extremadamente reaccionarios". "No, Pajarito no es "ñángara", pero Fidel sí. "No lo creo", le contesté. Lo mismo decían de Arbenz en Guatemala y mire lo que pasó". "Apostemos", me dijo de repente. "Un año más y ya verá por dónde va eso". Apostamos una botella de whisky. Perdí la apuesta. Menos de un año después Fidel Castro admitía que siempre había sido Marxista Leninista "y lo seria hasta el último día de su vida". Pagué veinte lempiras por una botella de Buchannan, que era el whisky favorito de mi mentor.

***

"Platicando con Mi Barbero" continuaba cosechando éxitos. Recibíamos invitaciones de diferentes partes del país. De San Pedro Sula nos invitaban nuevamente para que regresáramos y lo mismo pasaba con un grupo que encabezaba Don Marcio Cesar Ferez, de La Ceiba, quien nos decía que nuevamente nos esperaban con los brazos y las puertas abiertas, especialmente en el Salón El Patio. Teníamos otra invitación, esta venía de Tela. Lo platicamos con Padgett y nos fuimos a Tela. Era para un Día del Estudiante. Padgett acababa de regresar de su segundo viaje a La Habana y nos hablaba con mucho entusiasmo de aquel proceso. Con nosotros iba el grupo acostumbrado pues tendríamos una presentación en un teatro local en donde también actuaria un par de grupos musicales locales. La mañana del evento nos fuimos a la playa, nuestro hotel no estaba tan distante de la misma, y comenzamos la tradicional ceremonia de refrescarnos con unas cervezas. Probamos un platillo confeccionado con mariscos, comida típica de Tela y, ya para el medio día, había aparecido una botella de whisky. A nuestro grupo se había unido Ricardo Antonio Redondo Licona quien había hecho suyo aquel personaje que creara Rolando Ramos y para el cual imitaba una voz afeminada. Licona re-bautizó a aquel personaje con el nombre de "Flor" y fue usado por mucho tiempo en algunos programas de" Platicando". Con Licona, Padgett y Avendaño nos metimos al agua y medio nadamos un rato mientras continuaba el desfile de "traguitos" y platos con "boquitas" de mariscos; López Fuentes nos observaba desde la playa. Ya para las seis de la tarde el mundo entero giraba a nuestro derredor. El licor estaba haciendo sus efectos; uno de estos era que nos pusimos a "cantar" e improvisar canciones para cuya interpretación nos acompañaba el trío. "Chinita, ya me voy de nuevo al mar, no se hasta cuando volveré", decía una de las canciones que estaba "componiendo" Herman Allan. Este mar de Tela me ha inspirado, dijo Herman. "¿El mar?, no jodás Padgett, lo que te tiene inspirado son los cachimbazos que te has estado echando desde temprano", comentó entre risas Licona. El más sobrio de todos era "el viejo" López Fuentes quien decía que tenia que cuidarnos y ya no quería que continuáramos "chupando", pues teníamos que salir bien en la noche. Por un buen rato, como siempre, lo hicimos blanco de nuestras bromas. "Ya no más tragos, se enoja "mama fígaro" , decíamos, en alusión a su personaje de "Don Fígaro", el dueño de la hipotética Barbería Dalila". Nos dimos un baño y nos preparamos para irnos al lugar de nuestra presentación; aún, en mayor o menor grado, sentíamos los efectos de la matinal parranda. Nos tocó la ahora de actuar. "No se vayan a salir del libreto", fue la admonición de Herman Allan. Estuvimos en el libreto por los primeros cinco o diez minutos. En el sketch se incluía una parte en la que, en forma humorística, criticábamos al gobierno, al que calificábamos de inútil por no cumplir las promesas hechas durante la campana electoral. Me tocaba un segmento en el que, imitando la voz del Doctor Villeda, decía "Y yo prometo a la ciudadanía de Tela, siempre incluíamos el nombre de la ciudad visitada, que construiré nuevas carreteras, tendremos un hospital nuevecito, con todo y enfermos aunque no haya medicinas ni doctores y es más les construiré un puente". Aquí un personaje que generalmente hacían Avendaño y ahora Licona, preguntaba "pero Doctor, si no tenemos río". "Secretario," decía la voz del Doctor, "anote allí, también les vamos a hacer un río". Otra parte del libreto, esta vez en la voz de Don Fígaro, decía. "Mire, lo que pasa es que a este gobierno le faltan fondos para cumplir con todas la promesas". En esa ocasión, debido quizá a las tempraneras libaciones, Don Fígaro estaba un poco lento en su lectura e hizo una ligera pausa cuando llego a la parte de "le faltan"... "Huevos, van los huevos... dos por uno", grité fuera del micrófono, imitando la voz de un vendedor de huevos ambulante que yo miraba cada mañana, cuando iba a la radio, en las cercanías del Mercado Los Dolores. La risotada fue general, seguida de un nutrido aplauso. Padgett se rió también, pero me fulminó con una puntiaguda mirada porque me había salido del libreto". Lo que pasa es que ustedes ya andan bolos", dijo Padgett, usando la voz de Bingo, su personaje inicial en la radio. "Andamos, corazón, andamos", tercio Licona usando la atiplada voz de "Flor" y con fingidos y feminoides ademanes. Nueva risotada y más aplausos del público. Abelardo, aprovecho el momento e imitando la forma de hablar de las personas embriagadas soltó otra línea improvisada: "Bolos, Bolos...Arriata es que andamos todos porque aquí en Tela el guaro sabe más sabroso", expresó, a la vez que se mecía de un lado a otro, imitando a los briagos. El estruendo del público fue general. Con esas breves líneas habíamos creado al igual que lo habíamos hecho en Amapala, aunque en aquella ocasión sin la presencia de Padgett, una nueva forma de hacer nuestra presentación, sin apegarnos estrictamente al libreto. Cerramos nuestro acto agradeciendo la gentileza y calidez de los teleños por darnos la bienvenida a "su linda casa", según dijo Padgett. Lo consideramos un éxito rotundo. Ya de regreso al hotel y mientras degustábamos, para variar, de unos traguitos de ron con agua de coco bien helada y ya casi al filo de la media noche Padgett nos llamó a "conferenciar". "Mire González, Usted empezó todo este relajo al salirse del libreto. Estuvo bien, pero no vulgaricemos la presentación... Esa expresión de "huevos" se oyó muy mal...". "¿Mal por qué?". Pregunté… La palabra huevos no es ofensiva, y sólo describe el producto de las gallinas". "Si, pero el público no lo toma así..." interrumpió..."Mirá Padgett", intervino Licona, "lo que importa es que al público le gustó… Yo también me salí del libreto, vos también te saliste cuando dijiste que andábamos "bolos" y don Ave cerró muy bien cuando uso la palabra "Arriata"; ¿qué hay de malo?". "Sí hombre", dijo López Fuentes, esta bueno que de vez en cuando hagamos algo distinto y, si estos jodidos la hicieron bien pues, ni cosa mejor". "Mirá viejo, esto no es una radionovela como las que vos dirigís, en donde a veces improvisan algunas líneas; esto es en un teatro, ante un público; ¿qué tal si alguno reacciona molesto por la connotación política? De ahí a que nos tiren huevos de verdad no hay más que un paso". "También nos pueden tirar huevos y tomates, si el libreto tiene algo que a ellos no les guste", le dije. En forma casi imperceptible, López Fuentes cambio el rumbo de la conversación hasta llevar a Herman a que nos contara las experiencias de su reciente viaje a Cuba. Fue una noche inolvidable. Pero más inolvidable fue la mañana siguiente, cuando "una histórica goma" nos cobró a todos una cuota altísima, que tratamos de bajar y aplacar ingiriendo jugo de toronja bien helado.

RADIO CENTRO

Manuel Villeda Toledo estaba listo y la inauguración de la nueva Radio Centro era cuestión de días. El grupo de locutores, grupo artístico que dirigiría Emilio Díaz, personal técnico y demás estaba listo. Mi antiguo compañero, "El Indio Catarino" tendría un programa musical y humorístico que tenia como tema de fondo la interpretación que hacia Celeo González, el famoso vocalista de la Sonora Matancera y que llevaba por título "Humo". Con este programa "Catarino" llego a tener una respetable cantidad de oyentes. Entre los intérpretes de la música de moda destacaban los cubanos Bienvenido Granda, Olga Guillot, Celia Cruz, Celeo González y la Sonora Matancera y otros más. Aunque chilenos pero creo que residiendo en México, los que se llevaban la gran cuota de preferencia entre el público de todas la edades eran Lucho Gatica y Antonio Prieto así como los tríos. De esta forma Los Panchos, Los Ases, Los Caballeros, los Tecolines, los Diamantes, Los Dandys y otros eran los que figuraban entre los más solicitados. Del mundo anglo Pat Boone se había convertido en el número uno, compitiendo en esta posición con Paul Anka y Brenda Lee, mi favorita. Pero el grupo que estaba en el primerísimo lugar en la preferencia de la "cipotada" era la orquesta y coros de Ray Connif. Esto lo platicamos con Guillermo Villeda Toledo en una oportunidad en que estábamos en uno de los balcones de Radio Centro. Guillermo acababa de regresar de Guatemala, a donde había estado por varias semanas. Me hablaba con entusiasmo de la radio y la música que en aquel momento estaba en el primer lugar de la preferencia del público "chapín". "Me fijo que aquí siguen escuchando a Ray Conniff como el favorito", me dijo. "En Guatemala el que esta pegando ahora es Billy Vaughn", me afirmo. Jamás había yo escuchado a Billy Vaughn. "Fijate", me dijo, que también hay un cipote local que esta muy popular; se llama Hugo Leonel Vaccaro. Por ahí tengo un disco que voy a traer; canta música guatemalteca pero tiene muchos oyentes". Al parecer Guillermo había viajado ya a La Florida para registrarse en la Universidad de Gainsville, en donde estudiaría arquitectura. Guillermo me describió lo que había sido un vuelo abordo de un avión jet de pasajeros. "El ruido externo no es tan molesto como en el de hélice y parece que ni se mueve", me comentó.

Guatemala había abierto recientemente los vuelos internacionales con aviones jet, siendo el primer país del área en establecer este tipo de servicio en el transporte aéreo centroamericano. Días después mi buen amigo partió hacia La Florida. Nos miraríamos ocasionalmente cuando regresaba a pasar vacaciones. José Jorge también había preparado maletas y ya se encontraba en la capital de México, en donde estudiaba el difícil como estresante arte de la publicidad de medios. Radio Centro fue inaugurada el ocho de marzo de 1959.Fue todo un acontecimiento que se vio coronado por un resonante éxito. Manuel, Nahum e Hiram, estaban radiantes de alegría pues el sonido de la radio era de primera. La inauguración y presentación de los estudios y oficinas se hizo en forma oficial ese día. De nuestro grupo original, los que nos habíamos conocido en Radio Morazán, estábamos únicamente Carlos Eduardo Riedel y yo. Yo en calidad de locutor y Riedel como operador de audio. En la programación se incluían radio novelas, programas humorísticos, especialmente "Risas y Sonrisas", que escribía Herman Allan Padgett. También estaba en el elenco de locutores musicales Rolando Ramos, Manuel Carías y Roque Moran. El cuadro artístico era, en esencia, el mismo de la N. Comenzamos la grabación de una novela que se llamaba "Entre Monte y Cielo" la que tengo entendido era o una creación o una adaptación que había hecho el director Díaz. Me tocó narrar dicha novela. Avendaño era el actor principal y, creo que Gloria Orellana la primera actriz. Como todo el proceso era grabado, Emilio Díaz exigía que primero se hiciera un ensayo general antes de entrar al estudio de grabación. Había una escena muy especial por lo intenso de la misma, ya que se trataba de un drama típico de ese tipo de programas. "Quiero que este escena sea lo más fuerte y dramática posible", nos dijo Emilio. "Avendaño, dame un repaso. Abelardo leyó la parte de su personaje. "Espera, coño espera", interrumpió el director… " ¿Dónde coños esta la intensidad que te pedí? Repite eso". Pasaron varios minutos antes de que nos diera su visto bueno para empezar la grabación. Antes de que Carlos Eduardo pusiera la presentación pre grabada Emilio me dijo, "Mirá, tú tienes una larga descripción hoy, tienes que darme sensibilidad, pasión y dramatismo. Todo en uno". "¿Todo en uno?", pregunté. "Cojones, sí eso es lo que estoy diciendo; para eso son actores. Vamos". Contrario a lo que ocurría en otros capítulos, en donde Emilio detenía la grabación ante lo que el consideraba "fallas, faltas o errores", esta vez la grabación del capítulo entero transcurrió sin alteraciones. Cuando concluimos e hicimos un alto para descansar, sentimos una especie de mareo. Yo creía que era el único, pero tanto Abelardo, Gloria y los demás integrantes del grupo experimentamos la misma sensación. Emilio nos miró sonriente. "¿Están mareados, verdad"? Pregunto. "Sí", le dijimos casi a coro. "Coño, es que hoy si se han portado como verdaderos actores. ¿Se fijaron que no hubo necesidad de detener la grabación? De verdad que estoy orgulloso de ustedes, lo hicieron muy bien". Concluyó. Era común que grabáramos tres o cuatro capítulos en una sesión. En esa oportunidad grabamos dos. Emilio nos dio el resto de la noche libre. Obviamente nos fuimos a celebrar el éxito de nuestra actuación al Zanzíbar. Creo que fue la primera y quizá, la ultima vez que nuestro director nos acompaño ya que, por lo regular el se mantenía al margen de nuestras bohemias reuniones. No recuerdo con exactitud cual fue la razón por la que se hizo una promoción frente a las instalaciones de la radio. El caso es que se sacaron los micrófonos hasta la planta baja y de ahí a la calle y se hizo la primera transmisión a control remoto. Herman Allan era el locutor principal del evento. Recuerdo, sí, que ya para las tres de la tarde una gran aglomeración de personas habían prácticamente, cerrado el paso al tráfico vehicular. Padgett hizo gala de sus personajes, destacando a Bingo lo que uso muy acertadamente para promocionar el programa "Risas y Sonrisas". Otro que también logro capturar la simpatía del público fue "Centrito Regalón", el personaje de promociones de la radio quien, sin ser locutor, tenía una naturalidad para usar el micrófono que atraía la atención y capturaba la simpatía del público. "Este "Perra Chinga" es cachimbón en lo que hace", comento en más de una ocasión Riedel, quien decía que "Centrito" había nacido con un don de gentes que lo hacia un animador nato. Yo dividía mi tiempo entre Diario Matutino, El Informativo del medio día y "Platicando con mi barbero", en la N, con los programas de Radio Centro y las radio novelas en las que intervenía. Nosotros no lo sabíamos con certeza pero, al parecer, había cierta pugna empresarial entre José Rafael Ferrari y Manuel Villeda Toledo. Escuchábamos comentarios más que todo relacionados con la programación de ambas estaciones. A la campaña promocional de "Centrito Regalón", de Radio Centro, la N respondió con el "Circulo de la Suerte". Me parece que este fue un concepto promocional creado por Sigfrido Munés y era bastante simple en su aplicación. Consistía en un círculo con las siglas de la estación y la frecuencia de la misma. Si mal no recuerdo tenía la leyenda "Círculo de la Suerte HRN", en el centro tenía un número. Al locutor en turno, en cualquier hora de la programación, le entregaban un número previamente seleccionado, se anunciaba el número y el afortunado poseedor del mismo debía llamar para tener acceso a un premio. La competencia entre las dos estaciones escalaba con su respectiva programación. La N dejo de grabar radio novelas y prefirió importar estas de Cuba, aunque ya comenzaban a registrarse restricciones dadas las condiciones políticas en la isla. Radio Centro tenía ya su cuadro artístico el que era dirigido por Emilio Díaz con la producción de audio ya fuera de Hiram Claros o Carlos Riedel. José Rafael había comisionado a Riedel y a veces a mí, para que efectuáramos lo que el llamaba un "survey", que consistía en escoger una diez casas, a veces más, a determinada hora de la mañana o la tarde y conducir una breve encuesta con el residente de la vivienda visitada.

Se le preguntaba que estación escuchaba diariamente, ¿qué programas eran sus favoritos?, ¿cuáles eran las horas de sintonía? Se incluía una pregunta muy específica: ¿Por qué razón le gustaba aquellas estaciones? Había más preguntas pero se cerraba con una, que se consideraba clave: "¿Qué estación esta escuchando en este momento?". Creo que, aparte de nosotros dos había otras personas conduciendo este tipo de entrevista. Riedel me comentaba que José Rafael traía la mentalidad "gringa", cuya escuela estaba poniendo en práctica con esas encuestas. Aunque Villeda Toledo y Ferrari estaban emparentados pues Manuel había contraído nupcias con Doña Dina, una de las hermanas del Señor Ferrari. Pero, la competencia empresarial iba en aumento y a veces parecía llegar a los linderos de lo personal. La primera fisura en esa unidad familiar, la pudimos ver cuando se registro un incidente en el que estuvo involucrado, a mi parecer, en forma involuntaria, Carlos Eduardo. Radio Centro presentaba una radionovela de mucho éxito; no recuerdo si era producida en los estudios con nuestro cuadro artístico, o era importada. A esa misma hora la N también presentaba otra novela. El radio drama de la Centro estaba ya en el último capítulo, que era clave. Por un error de fechas, Riedel no presentó el capítulo correspondiente si no que puso uno anterior, dándose una repetición. Recuerdo haber visto a Manuel sumamente alterado, preguntando a Riedel el por que de aquella repetición de capítulos, cuando en la N Ferrari acababa de presentar una nueva novela, en forma anticipada, después de una intensa promoción. Riedel no supo que contestar: creo que adujo un error en las fechas. "Lo que pasa es que vos sos un quintacolumnista," le dijo Manuel en la cima de su enojo. Diciendo y haciendo despidió a Carlos Eduardo, quien salió nerviosamente del estudio. "Yo no lo hice a propósito", nos comentaba después. "Yo no voy a estar sudando calentura ajena". Después de aquel incidente las cosas regresaron a su curso normal en Radio Centro.

También en la N. Pero continuaban los rumores entre el personal de la oficina, quienes tenían mayor acceso que nosotros al ir y venir de aquella competencia. Una tarde, después de haber concluido el programa a mi cargo, me encontré con Rolando Ramos en uno de los balcones de la radio y nos pusimos a platicar de temas intrascendentes cuando comenzó a saludar a dos muchachas que desde la acera de enfrente le llamaron por su nombre. Rolando les hizo señas para que entraran a la radio. Así lo hicieron. Yo lo acompañé para que me presentará con sus dos admiradoras. Estas eran agraciadas, coquetas y bulliciosas. Estábamos en el corredor que conducía a las oficinas y las que conectaban con el despacho del señor Villeda Toledo. Al escuchar la algarabía que formaban las dos invitadas de Rolando y, por extensión, mía,

Manuel salió de su oficina y preguntó airadamente: “Bueno, y ¿esto que es? aquí no vengan a hacer este relajo, ¡se van ya!”. Salimos todos de inmediato. Así, sin mayor ceremonia, había perdido la oportunidad de continuar mi trabajo en Radio Centro. “Le quedamos mal a Manuel”, le dije después a Rolando”. El fue el que nos dio la oportunidad en la N y nos dio este trabajo aquí en su radio, creo que metimos la pata”. “No estábamos haciendo nada malo”, me contestó mi amigo y compañero. “Esa dos cipotas son oyentes de mi programa y si las invite era para que conocieran la estación”. “Si, pero estaban haciendo mucho relajo, en eso tiene razón Manuel”, contesté. “Bueno, si querés vamos y le damos una explicación y le pedimos disculpas”, propuso.” No, anda vos si querés, pero yo no voy. Vos mismo decís que no hicimos nada malo y él no lo va a entender así. “Días después llegó a Tegucigalpa Guillermo Villeda; venía de La Florida a pasar unas breves vacaciones. Entre trago y trago en el Duncan, tanto Riedel como yo le comentamos lo que había pasado con el asunto de la radio novela y los de las bulliciosas amigas de Rolando, cuyo nombre jamás supe. “Manuel es bien arrecho”, nos dijo Guillermo, “Cuando se encachimba, se encachimba de verdad, pero es muy consciente”. “Claro, vos lo decís porque es tu hermano”, le dije, “pero viéndolo bien, ciertamente, el fue el que nos abrió la oportunidad en la N y en su estación”.

***

Las noticias provenientes de La Habana eran cada vez más alarmantes.[18] La saliente administración del presidente Eisenhower comenzaba a apretar las tenazas en torno al cuello del gobierno revolucionario que comandaba Fidel Castro. Se recibían informes de ataques aéreos a varias ciudades de

18 Las noticias provenientes de La Habana eran cada vez mas alamantes. Había atentados en contra de algunas ciudades que eran ametralladas desde pequeños aviones procedentes de La Florida.(Revista Bohemia)

la isla. Estos ataques, perpetrados desde pequeños aviones Cessna debidamente artillados, se multiplicaban en forma alarmante. Eran grupos de exiliados que se habían organizado en diversos frentes, con la ayuda y la anuencia de la CIA y eran cada vez más audaces en sus incursiones. Estas acciones también provocaron que el régimen revolucionario recrudeciera su reacción y comenzara a acusar de contrarrevolucionarios a decenas de ciudadanos desafectos al gobierno. Un día nos llegó la noticia en la que se daba cuenta de un grupo de contrarrevolucionarios que habían sido arrestados en La Habana, se encontraba Gustavo Marín, aquel asilado político que, apenas hacia tres años, trataba de reclutar jóvenes y ayuda económica entre los grupos estudiantiles para que fueran a luchar en contra de Batista. Marín fue fusilado en los patios de la fortaleza de La Cabaña, el cuartel general de las fuerzas armadas revolucionarias,[19] según decía el parte. Lo acusaban de contrarrevolucionario sedicioso y malversación de fondos.

***

"Radio Liberación" continuaba escuchándose en algunas partes del territorio nacional. "Atención todos los departamentos, atención todos los departamentos, hoy estamos en las montañas y pronto, muy pronto estaremos en la capital", decían las emisiones de la estación clandestina, cuya base estaba en territorio nicaragüense.

Este tipo de transmisiones profundizaba el clima de zozobra en Tegucigalpa, el que era magnificado por esporádicos atentados con explosivos, más que todo en la capital. En Junio de 1959 se denunció lo que paso a ser conocido como "La masacre del Chaparral".[20] Según los reportes recibidos,

19 Marín fue fusilado en la fortaleza "La Cabaña".(Emisión de Radio Rebelde capatada en Honduras. Notas del autor).

20 En Junio de 1959 trascendió lo que pasó a ser conocido como "La Masacre del Chaparral". (Diario El Día)

un grupo de guerrilleros anti somocistas entró a territorio hondureño en donde fue interceptado por una patrulla militar. Los reportes iniciales hablaban de un enfrentamiento entre los anti somocistas y los soldados hondureños. Más tarde trascendió que los rebeldes se habían entregado sin disparar y habían sido masacrados cuando estaban con las manos en alto. Ocho o nueve de ellos perdieron la vida. Otros más, no preciso el número, recibieron heridas y fueron trasladados a un hospital de Tegucigalpa en donde denunciaron los hechos. Curiosamente, así lo pensaba yo, el gobierno del Doctor Villeda Morales protegía férreamente las espaldas de su enemigo más feroz en el área centroamericana, Luis Somoza, el mismo que protegía y armaba al coronel Velásquez Cerrato que ya se preparaba, en territorio nica, para dar lo que el consideraba seria el zarpazo final que derrocaría el gobierno libremente electo en Honduras. Escribí un articulo, lo titule "Abel protege a Caín". En el mismo hacia referencia a lo que yo consideraba era un acto de "cobarde entreguismo" la forma en que un grupo de patriotas nicaragüenses había caído, más que todo, victimas del miedo que el actual gobierno demuestra ante aquel que arma, entrena y subvenciona a un coronel ambicioso que ha hecho un pacto con el diablo para satisfacer su, a todas luces, ilimitada megalomanía y ansias de poder, un poder que busca a cualquier costo". "Desde territorio nicaragüense, con la aquiescencia de Luis Somoza, AVC busca subvertir el orden institucional en nuestro territorio. ¿Qué hace nuestro gobernante? protege las espaldas de quien lo ataca y busca su caída como presidente del pueblo que lo eligió libre y espontáneamente. La masacre del Chaparral así lo demuestra". Decía muchas cosas más. El artículo nunca fue publicado. "Está muy duro", me dijo un día Salvador Valladares. Me explicó que, al parecer lo del Chaparral estaba sumamente confuso y la orden de eliminar a los guerrilleros rendidos no había sido dada por el Doctor Villeda. Pero el era el presidente de Honduras. En la N recibíamos reportes de que algo andaba mal en El Salvador, cuyo gobernante el Teniente Coronel José María Lemus el que, aunque contaba con el apoyo de un pequeño grupo elitista de la sociedad salvadoreña, era, en términos generales catalogado como despótico y represivo. A la N llegaron varias estudiantes salvadoreños, que decían haber logrado escapar de las garras de la policía y denunciaban a la vez una situación de terror impuesto por una bien aceitada maquinaria que movían agentes encubiertos del régimen. Los denunciantes hablaban de capturas de líderes estudiantiles, obreros y campesinos, en horas de la madrugada. La peor parte, decían, la han llevado los estudiantes universitarios entre cuyas filas hay muchos "arrestados, torturados, desterrados y enterrados". Sigfrido Munés, siendo salvadoreño, nos decía que sentía en carne propia el dolor que en esos días sufrían sus compatriotas. Las fuerza policiales, respaldadas por el ejercito y La Guardia Nacional, están haciendo destrozos en todo el país, nos dijo en una oportunidad, en una entrevista, un estudiante salvadoreño que había logrado llegar a Tegucigalpa, "escondido en un camión que transportaba chanchos", según sus propias palabras. Este muchacho, alto, delgado y de lentes, recuerdo, se apellidaba Lemus. "¿Familiar del Coronel? " le pregunté. "No, fatal y lamentable coincidencia", fue su rápida respuesta.[21] Según los reportes de estos exiliados, el gobierno del coronel Lemus era cada vez más agresivo y la represión escalaba, llegando a niveles de brutalidad. Describían cuadros de horror. Mujeres, estudiantes, obreros y docentes, siendo golpeados con las culatas de los fusiles de la soldadesca de La Guardia Nacional. "Nuestra única arma son piedras y palos", decían y ellos nos disparan a matar; ya mataron a un estudiante que cayó en las cercanías de la Plaza La Libertad" denunciaban. Los estudiantes que se habían refugiado en Honduras decían y prometían que regresarían a

21 Este muchacho, alto, delgado y de lentes, recuerdo, se apellidaba Lemus. "¿Familiar del coronel? le pregunté. "No. Fatal y lamentable coincidencia" (Entrevista, en H.R.N. de Sigfrido Munés y el autor, con un grupo de estudiantes exiliados en Honduras. Notas del autor)

su país a continuar la lucha hasta derrocar a aquel sanguinario régimen, como lo describían.

***

En Nicaragua tampoco las cosas andaban bien. Luis Somoza Debayle, quien había heredado la presidencia después del ajusticiamiento de su padre a manos del poeta nicaragüense Rigoberto López Pérez, enfrentaba una cada vez más fuerte y decidida oposición por parte de diversos sectores que denunciaban los actos represivos perpetrados por elementos de La Guardia Nacional de Nicaragua, cuyo director, el General, Anastasio Somoza Debayle, hermano menor de Luis, a quienes algunos llamaban "Luis, el bueno", pues había realizado algunas obras que eran consideradas como positivas para la ciudadanía en general, era denunciado como un tipo duro, con mentalidad dictatorial. Se decía que "el bueno" había dado la autonomía a la Universidad Nacional y había creado el Banco Central de Nicaragua, favorecía la integración centroamericana y había creado obras de beneficio social. Sin embargo las denuncias se centraban en la situación prevaleciente en el campo, en donde los jueces de mesta y otros funcionarios gubernamentales, con el franco y decidido apoyo del gobierno central, cometían actos de corrupción y otros abusos que lesionaban los derechos de la ciudadanía en general. Se habían registrado manifestaciones populares en Managua y otras ciudades del interior de la republica, las que habían sido duramente reprimidas por los elementos de La Guardia Nacional, principalmente, y de la policía local. De esta manera Anastasio Somoza, demostraba ser un militar de mano dura que no vacilaba en usar todos los medios disponibles para poner bajo control aquellas manifestaciones de descontento popular. Muchos opositores habían sido encarcelados. Los que habían logrado salir en libertad se fueron al exilio ya fuera hacia Honduras o Costa Rica. Uno de estos exiliados era el Doctor Pedro Joaquín

Chamorro, quien era el director del Diario La Prensa[22] y quien desde su exilio en San José, la capital costarricense, denunciaba constantemente la situación prevaleciente en su país. En mayo de 1959 el Doctor Chamorro logro entrar a territorio nicaragüense procedente de Costa Rica. Se mencionaba que el periodista insurgente había entrado acompañado de un nutrido grupo de luchadores anti somocistas en lo que era descrito como un desembarco aerotransportado que tenía como meta iniciar una ofensiva armada en contra del gobierno somocista. Los diarios de Honduras hablaban del doble aterrizaje de los rebeldes en los llanos de Chontales habiendo descendido uno en el área conocida como "Mollejones" y el otro en "Olama", en departamento de Boaco. Al parecer hubo algunas pequeñas escaramuzas entre los rebeldes y los soldados de La Guardia Nacional. En junio la ofensiva revolucionaria había llegado a su fin y todo estaba bajo control de La Guardia Nacional pues los destacamentos insurgentes fueron capturados sin sufrir bajas. Una corte los sentencio a nueve años de cárcel pero fueron favorecidos por un decreto de amnistía al año siguiente, en 1960. El doctor Chamorro tenía una largo historial de lucha en contra de los Somoza pues en 1954 había participado en una conjura para dar muerte a al General Anastasio Somoza García. En la misma estaban involucrados varios oficiales de la Guardia Nacional y un grupo de civiles desafectos al régimen. Chamorro fue hecho prisionero y condenado a dos años de cárcel. Según los reportes de la época, la mayoría de los conjurados no corrió con tan buena suerte y fueron fusilados. Al doctor Chamorro lo confinaron a una cárcel de la pequeña ciudad de San Carlos, de la cual se fugó en 1957, huyendo hacia Costa Rica en donde pidió y se le concedió asilo po-

22 Uno de estos exiliados era el Doctor Pedro Joaquín Chamorro, quién era el director del diario La Prensa. En Mayo de 1959 el Doctor Chamorro logró entrar a territorio nicaragüense procedente de Costa Rica (Diario la Prensa, Managua).

lítico a él y a su esposa, Violeta.[23] Nicaragua, en esa época, atravesaba por periodo de latente insurrección general. No obstante esa situación, desde la zona fronteriza con Honduras continuaban las emisiones radiales a través de "Radio Liberación", en contra del gobierno del presidente Ramón Villeda Morales. Mientras tanto, en Puerto Cabezas, en el atlántico nicaragüense, comenzaba a registrarse un cada día más efervescente movimiento de personal militar local y extranjero. También se registraba, aunque no tan abiertamente, la llegada de "turistas" con acento cubano y "gringo".

***

En Guatemala gobernaba Miguel Ydigoras Fuentes a quien sus opositores denunciaban como un gobernante errático que, aunque había abierto las puertas a lo que el llamaba la reconciliación de la "gran familia guatemalteca" permitiendo el retorno de los exiliados que habían abandonado el país después de la caída del gobierno izquierdista de Jacobo Arbenz y de otorgar libertad al movimiento sindical que había sido duramente reprimido durante el breve gobierno del coronel golpista Carlos Castillo Armas, se le denunciaba por haber entregado el país nuevamente a las compañías bananeras, concretamente la United Fruit Company; de crear un clima artificial de confrontación con el gobierno de Belice, lanzando arengas en las que prometía que ese territorio, "legítimamente guatemalteco", seria recuperado por su gobierno "para beneficio y honra de todos los guatemaltecos". Con el gobierno de Nicaragua fue uno de los primeros gobernantes en crear un clima de confrontación con el gobierno revolucionario cubano de Fidel Castro. En esto fue más allá de la retorica beligerante. Concedió también permiso y dio apoyo prestando parte de su territorio, a los preparativos de La Agencia Central de Inteligencia de Estados Unidos para

23 Se fugó a Costa Rica en donde pidió y se le concedió asilo a él y a su esposa Violeta. (Diario La Prensa, de Managua)

una eventual invasión a la isla. Ydigoras, dicen los partes de prensa de entonces, era un decidido propulsor de la integración centroamericana[24] que también mostro un claro interés por mejorar el rubro de la agroindustria en su país, con especial énfasis en el cultivo de la caña de azúcar. Al parecer este era el principal motivo por los que Ydigoras apoyaba una invasión a Cuba. Habría recibido seguridades de que su administración contaría con la ampliación de la cuota azucarera en el mercado de Estados Unidos.

La apertura política inicial se fue desvaneciendo poco a poco al registrarse reacciones populares, principalmente estudiantiles y sindicalistas que pedían que se levantaran las restricciones que ya apretaban la garganta política y social del país. Constantemente se hablaba de complots, estallidos de bombas en la capital de la nación y de arrestos masivos de lideres estudiantiles y sindicalistas que elevaban su voz de protesta ante lo que consideraban reacciones de un gobierno ya franca y decididamente autoritario. A Tegucigalpa llegaron varios líderes estudiantiles y gremialistas guatemaltecos que, para variar, denunciaban cuadros de represión sin límite. El presidente Ydigoras y el presidente Villeda Morales eran amigos muy cercanos; tanto así que, al parecer, ambos mandatarios habían establecido lazos de unión a través de un compadrazgo del que nos dimos cuenta cuando el jefe de estado de Guatemala llego a la capital hondureña, en 1961, como invitado especial del presidente Villeda. Fue en la ceremonia de bienvenida, en el Aeropuerto de Toncontín, que se registró aquella anécdota que se haría popular en esos días y provocaba hilaridad entre muchos de nosotros, por la forma en que se había desarrollado. El Doctor Villeda dio la bienvenida al general Ydigoras y éste, en cadena nacional expresó más o menos "vengo con un saludo del pueblo de Guatemala a visitar al hermano pueblo de Honduras y, lle-

24 Ydigoras, dicen los partes de prensa de entonces, era un decidido propulsor de la integración Centromaericana. (Prensa Libre. Guatemala)

no de contento, vengo a bautizarle el chiquito al presidente Villeda Morales". Hubo risas sofocadas. Al parecer el nuevo vástago del presidente de Honduras seria bautizado por el mandatario de Guatemala. La expresión, sin embargo, se prestó, por mucho tiempo, a chistes picarescos de todo tipo, especialmente en "Platicando con mi Barbero".

***

Era en las páginas de este interesante capítulo en el libro de la historia de América Central que se registraban estos hechos, por demás contradictorios. Por un lado había tres militares, gobernantes de extrema derecha, Somoza, Ydigoras y Lemus, ostensible y decididamente dictatoriales, que trataban por brutales medios represivos, de acallar las ansias de libertad y de sofocar las peticiones de implementar los necesarios y urgentes cambios sociales para favorecer a las grandes mayorías populares de sus respectivos países. Por otro lado, en Honduras había un gobierno electo democráticamente por amplia voluntad popular, que estaba siendo sometido a un acoso constante por parte de sediciosos de extrema derecha que acusaban a su titular, el Doctor Ramón Villeda Morales y al partido gobernante, de estar integrado por elementos "marxistas, villedocomunistas y abiertamente "ñángaras". Al otro lado de la frontera con Nicaragua se había registrado una curiosa alianza. Luis Somoza abrió las puertas al coronel hondureño, Armando Velásquez Cerrato, quien había ocupado altos cargos en la cúpula militar de su país, para que desde territorio nica, arengara a través de "Radio Liberación" a un grupo de sediciosos que apoyaban sus planes por derrocar a un gobierno legítimamente constituido. Es más, Somoza había permitido que en territorio de Nicaragua fronterizo con Honduras, se instalaran campamentos en donde se entrenaba a pequeños grupos de rebeldes, quienes recibían armas de largo alcance, de la propia Guardia Nacional. Esto me lo confirmó mi entrañable amigo y compañero de programas radiales Ricardo Licona, quien me confió y me demostró como había aprendido el uso y manejo de varios fusiles de distinto calibre durante el tiempo en que estuvo en uno de esos campamentos del que se salió aduciendo problemas de salud, según nos confió a mi y a otros compañeros. Armando Velásquez Cerrato era el mismo coronel que en 1957 había jurado "ofrendar la sangre y la vida", defiendo la integridad de la patria, amenazada por... El gobierno somocista de Nicaragua, que ahora lo apoyaba y alentaba para atacar al gobierno del Doctor Villeda Morales. AVC no vaciló en derramar sangre de humildes hondureños en su megalómano intento por derrocar al presidente liberal.

***

Era en el marco de esos convulsos días que nos dedicábamos a tratar de crear nuevas ideas para implementarlas en nuestros respectivos programas radiales. Los viernes los dedicábamos a cambiar opiniones al calor de los tragos que ya fuera en el Dunca Mayan o en el Zanzíbar, terminaban siempre en proyectos que pondríamos en práctica más adelante. Para mí los sábados eran para la familia. Salíamos a visitar a mis suegros en la Colonia 21 de Octubre o, si el presupuesto familiar me lo permitía, iba con mi esposa a cenar a algún restaurante. Nos gustaba el Duncan pues ahí se podía saborear de una buena cena y bailar al compas de una orquesta que amenizaba las veladas nocturnas, especialmente los fines de semana. Aquel sábado no fue la excepción aunque hubo un ligero cambio en los planes. El niño, nuestro pequeño Alan, había quedado en casa bajo el cuidado de mi mamá y nosotros habíamos decidido ir primero al cine, al Variedades a ver una película de vaqueros, que eran las que ofrecían temas que a mi me gustaban y las que mi esposa aceptaba con cierta complacencia, y después ir a cenar al Duncan y bailar un poco. Vimos la película, estuvimos tentados a comprar una "sanguche de basura" de los que ofrecía, deliciosos por cierto, una popular vendedora ambulante que ya se había establecido en la esquina de aquel cine y a quien era ya una tradición, comprarle su producto. "Se me antoja uno de esos" dijo mi esposa señalándome el popular emparedado. "¿Entonces que va a pasar con la cena en el Duncan?", pregunté. Lo pensó por unos segundos, "sí mejor vamos por que ahí hay música", respondió. El Duncan quedaba a unos cuantos pasos del cine. No le presté mayor atención a la forma en que me había dicho que se le "antojaba" uno de esos. Cenamos, bailamos un poco y ya para las once de la noche, aproximadamente, decidimos regresar a casa. "Ojalá que el niño no se haya alborotado", comentábamos. Vivíamos en La Guadalupe, precisamente en una casa de esquina que tenía un largo patio lateral y quedaba al subir la cuesta de dicho barrio. No, el niño se había portado muy bien, no había hecho "berrinche" informó mi mamá y dormía angelicalmente. Di las buenas noches a mi mamá y a mi papá, quienes ya estaban en su habitación. Había sido un alegre y tranquilo sábado once de julio. Aproximadamente a las seis de la mañana del día siguiente mi mamá entró a nuestra habitación y en forma agitada nos informó que, al parecer, "había estallado la guerra". "¡Hay tiros por todas partes!" nos dijo. "No" le dije medio dormido, "han de ser los motoristas que andan celebrando el día de San Cristóbal". En esas estábamos cuando mi papá entró también al dormitorio, venía aún más agitado que mi mamá. "Acabo de hablar con Don Celeo y me informa que al parecer AVC está ya adentro con su grupo de gente y quiere marchar sobre la Casa Presidencial". Ahora si escuchaba yo las detonaciones y el eco de los disparos. Me levanté rápidamente y como pude me di una ducha que se me hizo más helada que de costumbre. Cuando salí del baño ya mi papá estaba tomando café, le acompañaba Don Celeo Ramos quien era vecino nuestro y quien era un destacado líder del Partido Liberal; le acompañaba su esposa, Estela, quien se mostraba sumamente nerviosa y daba la impresión de que de un momento a otro comenzaría a llorar.

Los acompañé tomando café. La trabajadora de la casa me ofreció algo de comer y creo que medio comí algo que tenía queso. Se me quedó grabado, no sé por qué mecanismo de la memoria, aquel trozo de queso. Mi esposa llegó al comedor, doña Estela y mi mamá la habían contagiado con sus nervios. Contribuía a ello el repiqueteo de una ametralladora que, al parecer, estaba siendo disparada desde uno de los torreones de la Penitenciaría Central. "Están disparando desde la PC", dijo Don Celeo. "Ahí no creo que hay problema pues ésta en manos de Chon", dijo refiriéndose a Don Concepción Gómez, otro líder liberal quien, creo, fungía como director de la PC.

El señor Ramos nos informó que había tratado de comunicarse telefónicamente con la casa presidencial pero la línea parecía estar ocupada constantemente. "Es muy probable que la hallan cortado", dijo mi papá. Don Celeo se excusó regresando minutos después. Traía una pistola, tipo escuadra, calibre 45 "Me voy para la presidencial", dijo firmemente. "Me acompaña Don José?" le pregunto a mi papa. "Yo no tengo arma" dijo pero, "Vámonos. Tomás, vos quedás a cargo de la casa por si algo pasa", me informó en tono serio y sombrío. Salieron uno junto al otro. Mi mamá, doña Estela, mi esposa y yo, los vimos bajar aquella cuesta que estaba semidesierta. Uno que otro vecino se asomaba a la puerta y eran pocos los que se agrupaban para cambiar impresiones. Por alguna razón a mi se me hizo curioso ver a mi papá y a Don Celeo bajando aquella cuesta, lo hacían con paso lento pero decidido. Más curioso aún se me hizo ver lo disparejo de estaturas. Mi papa, más bajito contrastaba con la estatura del señor Ramos, quien media poco más de uno ochenta y era fornido. Los disparos de distinto calibre estallaban en la distancia. Me fui al dormitorio. Me cambie el pantalón que tenía puesto y me vestí con un blue jean. De la pequeña cómoda saque mi pistola, un revolver calibre veintidós de nueve tiros, que le había comprado a Roberto

Pinkay, un residente costarricense, primo de Carlos Eduardo Riedel. Cada vez que íbamos a la "montaña", la propiedad de mi mamá, yo me ponía la pistola al cinto pues ya en el monte, me gustaba practicar el tiro al blanco. Me dejé la camisa por fuera y decidí ponerme la pistola debajo de ésta. Tomé una pequeña caja de tiros, creo que eran unos treinta y sólo le dije a mi esposa: "Voy a la radio". "¿Para qué llevás eso?" me preguntó haciendo alusión al arma. "Por cualquier cosa". Fue mi respuesta. Me pidió que me quedara, que le cumpliera a mi papá, pues yo estaba a cargo de todo. Con mi mamá y Doña Estela formaron un coro pidiéndome que me quedara en la casa. "Oí esos tiros mi hijo", me decía mi madre, casi al borde del llanto. "Tengo que ir a la radio". Me voy a ir por aquí arriba pues allí parece que esta todo tranquilo, todo va a salir bien", dije señalando hacia la calle que conducía al área donde está situada la Nunciatura Apostólica. Diciendo y haciendo salí de la casa. Se oían los disparos. Uno que otro cercano pero la mayoría en la distancia, en el centro de la ciudad. No sé cuanto tiempo me tomó llegar al edificio de la radio. Recuerdo que recorrí el área de la Colonia Palmira para salir al Guanacaste cuya posta policial parecía desierta. Unos tres o cuatro policías, con su rifle al hombro, dejaban circular a la gente sin mayor problema. Caminé todo el trayecto, pasando por la Ronda, subiendo una de las cuestas de La Leona, precisamente por donde habíamos vivido años antes, hasta llegar a la cuesta Lempira y bajar a la estación. Algunas personas salían a las puertas de sus casas mostrando una actitud que reflejaba el temor y la aprensión que provocaba aquella, ahora nutrida balacera. Llegué a la estación. Yo sabía que Riedel iba a estar ahí y así fue. Toqué con fuerza en la puerta de entrada que estaba cerrada. Carlos Eduardo abrió con precaución. Entre a los estudios. "Estamos fuera del aire", me dijo, "estos jodidos parece que cortaron la corriente eléctrica y no hay nada que se pueda hacer". Frente a los estudios de la radio estaba el colegio María Auxiliadora, una media cuadra más abajo, en una esquina, estaba la residencia privada del Doctor Villeda Morales, el presidente de Honduras y, curiosamente, aunque el cuartel general de policía estaba ubicado a unas tres o cuatro cuadras hacia el sur, la casa del mandatario no había sido ni sitiada ni tomada. "Yo voy donde mi primo Roberto, voy a ir a desayunar ahí", me dijo Riedel. Lo acompañé. Bajamos dos cuadras hacia el oeste por la calle donde estaba ubicada la "Agencia Merz" y de allí nos encaminamos en línea recta hacia el sur hasta pasar por El Teatro Nacional. Había varios policías en posición de combate dentro y fuera del Parque Herrera, pero nos dejaron pasar. Íbamos con los brazos en alto. El apartamento de Roberto Pinkay estaba localizado en el segundo piso de una casa de esquina, a menos de media cuadra de la residencia del General Tiburcio Carías, ex dictador de Honduras. Aunque los disparos en esa zona eran continuos, nosotros logramos llegar a nuestro destino sin mayores problemas. En la distancia, en las cercanías del entonces edificio de la Lotería Nacional, mire dos cuerpos en el suelo, quizá a unos dos o tres metros el uno del otro. "Han de ser bolos que quedaron dormidos y ni los tiros los despiertan", pensé. Horas después me volvería a encontrar con aquellos dos cuerpos y pasaría cerca del charco de sangre, ya casi seca, que rodeaba a cada cadáver. Eran policías, según pude apreciar por el uniforme que vestían. Después del desayuno le pregunté a Riedel que planes tenía. Regresamos por la misma ruta. Los tiros arreciaban y podíamos escuchar que salían de la parte alta del Hotel Lincoln y del techo del Palacio de comunicaciones, contiguo al cuartel general de policía. Volvimos a la radio. Seguía fuera del aire. Decidimos, no se por que razón, tratar de llegar al centro. Tomamos el camino, pasamos frente a la agencia René Sempé, continuamos, pasando frente al edificio de Rivera y Compañía, no muy lejos del diario El Cronista. Precisamente ahí nos encontramos con Efraín Retana, un destacado fotógrafo de prensa, quien había ido a las instalaciones del diario para tratar de captar algunas tomas fotográficas para la edición especial que, al parecer, ya estaba en marcha aunque con las puertas del periódico debidamente selladas. Recuerdo que semiagachados, pasamos frente al cine Variedades. Había otras personas que también caminaban como nosotros, tratando de agacharse y buscando resguardo en el escaso marco de cada puerta. Cruzamos la calle y nos disponíamos a continuar hacia el sur, cuando un muchacho que estaba agazapado en el área de entrada al edificio Cantero nos advirtió de no seguir por ese lado. "Ahí, en esa entrada lateral, está un policía con una ametralladora, si uno trata de pasar "rafaguea", nos dijo. Lo consultamos entre los tres.

Retana consideró que lo mejor era tratar de llegar al parque Central, siempre pegándonos contra la pared y buscando la magra protección que nos daban las puertas de aquellos edificios. Logramos llegar al costado este del parque. Había ahí los corredores de entrada que daban a la tienda La Samaritana. Dos mujeres de mediana edad, acompañadas por un muchacho de unos catorce anos, nos dijeron que éramos temerarios, pues por ese lado era donde más "tiros" había. "Allí arriba, en la azotea de Cantero, hay un tirador, miren como nos hizo la ventana aquí abajo", dijo señalando los destrozados vidrios de la ventana y la desgarrada cortina de la misma. "Vengan con cuidado y desde acá lo podrán ver", dijo el muchacho. Nos movimos con precaución y levantamos la vista hasta la parte más alta del edificio. En principio no miramos a nadie. Sonaron varias ráfagas que al parecer eran disparadas desde lo alto del Hotel Lincoln hacia la Casa Presidencial; entonces pudimos ver al franco tirador del que nos hablaban los ocupantes de aquella casa. Vestía uniforme policial, por el kepi consideramos que era oficial. Lo miramos que acomodó el arma en la orilla de la azotea y disparó un par de ráfagas cortas, también en dirección a la presidencial. No sé porque no les dije a ninguno de los dos que yo estaba armado. Creo recordar haber visto a Retana disparando su cámara. Tomó varias fotografías tanto de la ventana tiroteada como del tirador aquel en plena acción. Decidimos salir de aquel lugar cuando hubo un alto a los disparos. Eran las diez y media de la mañana o, tal vez, pasadas las once. Lo demás quedó confuso en la masa de recuerdos, sin mayor orden cronológico pero como una vivencia que todavía, no obstante el paso de los años, continúa existiendo con claridad meridiana. Creo que Riedel decidió regresar con Retana, quien había dicho algo así como que quería ir por más rollos de película y entregar el material que tenía para la edición especial que a esas horas ya estaría en prensa.

Muchos años después, cuando buscaba confirmar fechas y acontecimientos entre mis colegas para corroborar esta historia, Riedel me comentó que, al separarme de ellos, él había decidido regresar con Retana, quien iba para las instalaciones de El Diario El Cronista. "Pero, me separé de Retana, dijo y me encaminé a la casa presidencial, a la que entré por la parte de abajo, por un portón que era vecino con el edificio de el Instituto Moderno. Allí me encontré con Jorge Arturo Reina quien me entregó una pequeña dotación de tiros y un rifle cuyo manejo yo desconocía;[25] me dieron una rápida instrucción de como manipular aquella arma pero, cuando mire que la cosa era en serio y salíamos para la calle, decidí dejar las cosas por las buenas y regresé a la radio. Recuerdo", continuo, que "Doña Chayo" de Ferrari me llamó por teléfono para preguntarme como estaba todo y para ordenarme que no dejara entrar a nadie. Había tiros por todos lados y mire a algunos heridos y muertos en la calle", concluyó. Después de tantos años esta fue la primera vez que Carlos Eduardo y yo intercambiamos comentarios sobre estos acontecimientos. Recuerdo haber cruzado hacia La Casa Quan y de ahí por El Café de Paris, cruzarme a la carrera hacia el edificio de la Casa Soto, doblar hacia la derecha y, con los brazos

25 Allí me encontré con Jorge Arturo Reina, quién me entregó una pequeña dotación de tiros y un rifle. (Conversación electrónica con Carlos Riedel y el autor)

en alto, llegar a la casa presidencial. No era el único. Había otras personas que hacían lo mismo, todos varones. Si se pudiera dar una descripción para exponer el significado de la palabra caos bastaría con narrar o, al menos tratar de describir aquel pandemónium que se vivía en la rotonda de la casa presidencial. Los soldados de la guardia de honor habían formado un cordón en torno a la mansión ejecutiva. Algunos estaban parapetados en el parque La Merced, Otros frente al edificio del Banco Central y en la azotea del mismo. Otros custodiaban la entrada al cuartel presidencial, situado frente al Instituto Moderno.

Todos queríamos entrar al mismo tiempo. Había profesionales, estudiantes, obreros, jóvenes, de mediana edad y viejos, según pude apreciar. Los disparos de una ametralladora pesada retumbaban desde la cúpula de la rotonda. Al parecer disparaba hacia el Hotel Lincoln y a la azotea de Cantero. Como pude entre. En aquella confusión de voces, órdenes, gritos y empujones llegue hasta una oficina, al lado izquierdo de la entrada, en donde alguien, un señor de edad mediana, distribuía algunas armas. "Vos ¿sabés disparar este rifle?", preguntaba. Si la respuesta era afirmativa entregaba el arma y al receptor lo enviaba hacia otro lugar, en la misma sala, en donde alguien más, este en uniforme y con fusil al hombro, entregaba una dotación de tiros. A empellones me pare frente a aquel señor. "¿Vos que sabes manejar?", me preguntó. "Carabina", dije a la carrera. "Allá te van a dar una", dijo señalándome hacia donde estaba el oficial uniformado. Nuevos empujones. Había un señor de mediana edad, alto, creo que vestía una camisa café, manga larga. Daba órdenes y se notaba que tenía jerarquía. Lo reconocí. Era Francisco "El Indio" Sánchez. "Coronel," le dije, "a sus órdenes". "Tomasito, ¿todavía no tiene arma?", preguntó. "Tengo esta veintidós" dije levantándome la camisa y mostrando la pistola. "¿Qué sabe manejar?" Me pregunto. "M1, carabina, lo que sea", le dije apresuradamente y recordando los breves pero intensivos cursos en el manejo de armas que nos habían dado en el primer batallón cuando los estudiantes voluntarios nos entrenábamos para ir a "defender la patria de la agresión Nicaragüense". Me llevo con el uniformado. "Sargento, dele una carabina a este muchacho, es de los nuestros". No sé de dónde, ni a qué horas lo cierto es que minutos después yo tenía en mis manos una carabina M1 y tres cargadores. "A ver, ¿mostrame como la cargás?", se que me preguntó aquel oficial. Le hice una demostración metiendo el cargador y poniendo bala en boca con el caño del fusil hacia arriba y poniéndole el seguro de inmediato. "¿Vos has sido soldado?" me preguntó. Le conté como había aprendido el manejo de aquella carabina. Todo esto a gritos y hablando a la carrera. El Coronel Sánchez había desparecido en aquel mar de gente. Algunos comenzaron a gritar que abrieran paso. "Quítense, háganse a un lado, hirieron al capitán", decía alguien. Lo pude ver de cerca. Era en Capitán Rigoberto "Rigo" Díaz. Supe después que había sido uno de los primeros en llegar a la casa de gobierno, para ponerse a las órdenes del presidente. Había salido con un grupo de soldados de la Guardia de Honor y de varios civiles voluntarios. Recibió una herida superficial en la mandíbula cuando la bala de un fusil hizo impacto en la culata del M1 que manejaba. Esto le salvo la vida. Sé que lo atendieron de inmediato, esto es digno de mencionarse y de recordarlo por siempre. Después de haber recibido el tratamiento de emergencia en la enfermería de la presidencial, decidió salir nuevamente a combatir. "Yo no voy dejar que esos muchachos se queden solos" parece que dijo, refiriéndose al grupo de civiles voluntarios que había salido con él. Entiendo que en ese entonces era instructor en Instituto Central de Varones Vicente Cáceres. Yo trataba de moverme en aquel mar de gente. Algunos decían que el Doctor Villeda había subido a la cúpula exterior de la rotonda y el mismo había comenzado a disparar hacia los edificios donde había policías emboscados. Cierto o no, la verdad es que el tiroteo arreciaba. Yo me había sacado la pistola de entre la camisa y me la había colgado al cinto. Recuerdo haber visto fugazmente a un hombre joven, de poblado bigote, que de inmediato no conocí pero cuyos rasgos se me hicieron familiares. Tenia una gorra azul y una pequeña mochila sobre la espalda y portaba un fusil, creo que Springfield o un calibre similar. Calzaba botas como las que usan los topógrafos cuando salen a tomar medidas al campo. La misma marea de empujones me acercó a él. Lo reconocí entonces. Era el licenciado José María Palacios. Mi profesor de la clase de derecho elemental en el HPU. "Hola chemita", le dije familiarmente. Me miró con curiosidad por breves instantes y, al parecer, se acordó de mi. "Hola González", contestó. "Ésta jodido allá afuera, pero ya los estamos copando". "Yo voy a regresar otra vez a la calle", me informó. "Solo vine a traer más parque". Afuera la intensidad del intercambio de disparos se grabó en mi mente como una especie de ritmo sincopado. Bajaba por momentos para luego dejarse escuchar con toda fuerza e intensidad. Empecé a distinguir el sonido de los diferentes calibres. El M1, el Springfield, del que había muchos, especialmente entre los policías, el Máuser y, desde luego, la metralleta y las ametralladoras pesadas calibre treinta o tal vez cincuenta. La que estaba en la cúpula del la presidencial era una treinta, según supe después. La que disparaban los policías desde lo alto del Hotel Lincoln, al parecer era también una treinta. Por alguna razón reflexioné que aquellos pequeños altos en el fragor del combate se debía a dos razones, o el que disparaba había caído o simplemente estaban recargando sus respectivas armas. Se me ocurrió pensar en lo que podría pasar si la Fuerza Aérea entraba en acción. "Nos aplastan", pensé. Me pareció ver a aquel capitán que nos había recibido en la Escuela Militar cuando, estudiantes aún, nos presentamos como voluntarios. Vestía uniforme caqui, tenía un casco en la cabeza y creo que portaba una carabina M1, similar a la que yo ya ratos tenía terciada al hombro. "Creo que es el capitán Padilla", pensé. Lo vi que llamó al sargento que me había entregado mi arma.

Dialogaron por unos momentos. El capitán estaba visiblemente alterado y al parecer tenia prisa pues se retiró una vez que concluyó la conversación con el sargento. "¡Vos, el de la carabina!", dijo autoritariamente el sargento dirigiéndose a mí. "¡Vení!". Llamó a otros más, civiles como yo. "Estos hijos de puta se están replegando pero se han quebrado ya a varios de los nuestros, tengo ordenes de mi capitán de que vayamos y los cerquemos por el lado del rio, por el Parque Herrera", dijo. "Vámonos ya pues", dijo. Llamó a tres soldados más de la guardia de honor. Habló con ellos y dijo algo que nosotros no oímos. Obviamente estábamos nerviosos. Nos sonreíamos tontamente. Creo que la sonrisa o la risa abierta son el arma psicológica que tenemos los humanos en momentos de alta tensión. Nos fuimos abordo de dos autos, íbamos algo apretados, al menos en el vehículo en el que yo iba. Conmigo viajaba un muchacho, me parece estudiante ya fuera de la universidad o de secundaria. Dos señores más, creo que obreros y, pegado a la puerta izquierda de la parte posterior del auto, una camioneta de mediano tamaño, un hombre de mediana edad que bien pudo haber sido un profesional o tal vez un burócrata. En el frente iban dos soldados. Uno, el que manejaba, portaba una metralleta de calibre desconocido para mí y el otro un fusil poco más largo que el M1, con bípode. "Púchica", recuerdo haberle dicho tratando de aparentar una serenidad que estaba lejos de tener, con esa sí estamos protegidos; ¿qué es, una treinta?", pregunté cándidamente. "No", me dijo, "es un BAR." Después supe que era un Browning Automatic Rifle, de largo alcance y alto poder de fuego. Parte del cañón del BAR salía por la ventana delantera y apuntaba hacia el frente. Hablamos poco e íbamos tensos, sobre todo por que a veces arreciaban los disparos. Yo tenía mi arma apretada, también parte del cañón salía por la ventanilla del auto. Viéndolo en retrospectiva, curiosamente a ninguno de nosotros se nos ocurrió presentarnos ni preguntar por nuestros respectivos nombres. Hacía bastante calor y comenzamos a sudar copiosamente, creo que más por efecto del temor y nerviosismo, natural en estos casos, que por ir apretujados en aquel pequeño auto. Bajamos en los dos vehículos, creo que en las antenas llevaban una bandera blanca o amarilla, por la calle que de la Presidencial conducía a la entrada norte del puente Mallol, doblamos a la derecha y pasamos frente a la Escuela de Artes y Oficios, luego frente al Colegio San Miguel. No sé porque se me ocurrió pensar en los estudiantes internos. "¿Estarán rezando ahorita?" pensé.

En la calle observé pequeños grupos de gente que hablaban entre sí. Entramos al Puente Carías y doblamos a la izquierda para quedar al costado oeste del Teatro Nacional. El auto que iba al frente y el que viajaba el sargento, acababa de llegar y sus ocupantes estaban bajándose del mismo. Dos soldados más acompañaban al sargento. También con ellos iban cuatro civiles armados de fusiles de cerrojo, creo que treinta cero seis y Máuser. Ya una vez fuera de los vehículos el Sargento nos llamó y dijo algo así como "Bueno, ya estamos aquí, se nos informó que el parque ya fue copado y está seguro", se refería al parque Herrera en donde, según supimos después, se habían parapetado algunos agentes, los mismos que vimos en la mañana con Riedel, que trataban de evitar de esta manera que por ese lado entraran tropas de la Guardia de Honor o grupos de civiles armados, como nosotros, leales al gobierno y trataran de sorprenderles por la retaguardia, según las palabras del sargento. Al parecer el tiroteo había comenzado temprano de la madrugada. Vi a algunos soldados de la presidencial y varios civiles que se habían cubierto en algunas de las pilastras del parque. Nos saludaron y se mostraron alegres, si cabe la expresión, al ver al soldado que cargaba el BAR con bípode. Es lo que necesitábamos, me parece que dijo alguien. "Desde donde más están jodiendo es desde lo alto del hotel (Lincoln) y desde el Palacio de Comunicaciones y de La Curacao. Pero desde allí a donde están tirando más es a la Presidencial", hizo una breve pausa. Vamos a ir de dos en dos; "ustedes, "dijo refiriéndose a los civiles, tengan cuidado como disparan porque aunque casi todos los policías están de uniforme hay algunos que están vestidos de civil. "¿Cómo los vamos a identificar? " preguntó el señor que parecía obrero. "Va a estar difícil", contestó. "Pero", agregó, como que algunos andan un brazalete azul así que si miran a uno con ese color, no tenga miedo y tírenle.

Los demás "cuilios" están uniformados y casi todos usan fusil treinta cero seis. Hizo una pausa. Ustedes dos bajen por la calle de esa escuela, era la escuela "Estados Unidos", ordenó al soldado que manejaba el fusil BAR y al que manejaba nuestro auto. Bajen por aquella calle. Vos, el de la carabina, dijo dirigiéndose a mí y vos, le dijo al que parecía estudiante, bajen por esa calle hasta la orilla del río y luego se vienen a salir al gimnasio. "Si ven a alguien armado que no sea de los nuestros, tírenle". Ya el soldado del BAR se encaminaba por el lado de la escuela y bajaba hacia el río. "Nosotros vamos a asegurar el parque con los que ya están aquí. Bueno, váyanse", nos gritó a mí y al otro compañero. "Sepárense pendejos,!! nos gritó". "Vos a la derecha y vos por la acera izquierda", volvió a gritar. Se oían los disparos que cobraban intensidad y a los que nosotros no habíamos prestado ya mayor atención. Hicimos un trote corto y llegamos a la orilla del río, a la altura de la siguiente calle, doblamos a la derecha. Mi compañero se cargo hacia el lado izquierdo, por donde empezaba la entrada del Gimnasio 15 de Marzo. Algo me hizo adelantarme. En el medio quicio de la puerta estaba un tipo, en uniforme de policía. Levanté mi arma y antes de que yo apretara el gatillo me pidió "No tire por favor, ya no tengo parque, ya tiré mi rifle, me entrego pero no tire". Mi compañero y yo nos miramos. La orden era tirarle al enemigo, pero este no tenía arma en la mano, decía que no tenía parque "¡Mirá hijo de puta!" grité, quitate esa ropa y ándate a la mierda ya. Si te ven los que vienen atrás te quiebran". Era un hombre de mediana estatura, blanco, algo entrado en años. Recuerdo verlo quitándose la camisa y tirando su identificativo kepy policial y, con las manos en alto se fue sin correr pero con paso rápido hacia la orilla del río, con rumbo al área conocida como "El Chile" y por la parte trasera de la Cervecería Tegucigalpa. "¿Por qué no le tiraste?" me preguntó mi compañero. "Mirá ese fusil", le contesté señalándole el rifle en el suelo, "ese pobre hijo de puta ya no tenía tiros, se mira que es un viejo y a un tipo desarmado no se le tira", le dije. No me dijo nada. Posiblemente era de mi edad o, tal vez un poco más joven que yo. No hubo mayores incidentes. Me es difícil conciliar esto en el archivo de los recuerdos, pero me parece que aquel policía era aquel recogedor de ropa que se apellidaba Rodas y que había trabajado en la planchaduría La Americana, cuando esta era propiedad de mis padres. Me lo encontré varias veces después de aquellos fatídicos días. Vendía lotería chica en el parque Central. A veces me lo encontraba en la calle y me saludaba con una leve sonrisa. Levantamos el rifle del suelo y lo llevamos hasta donde estaban los demás. Al pasar por la Iglesia de El Calvario miramos a un policía caído. Ni rastros de su arma de reglamento, señal de que habían sido grupos leales los que lo habían eliminado. Nos juntamos con el sargento. Acababan de llegar el soldado del BAR y su compañero. "De aquel lado no hay novedad", reportó. Yo le entregué el fusil del policía y le dije, "el que cargaba este rifle se fue, ya no tenía parque". Le corrió el cerrojo y riendo dijo algo así como; "este fusil todavía tiene el peine con cinco tiros, ¡ese hijueputa se cagó!". "¿Lo dejaste ir?". "Sí", fue la seca respuesta. Noté que estaba en estado de gran excitación. "Eso que hiciste es ser pendejo, si estos te miran, te quiebran, aunque no estés armado", gritó. "Esos no andan con papadas y no respetan", concluyó. Guarde silencio. Tenía razón. "Allá al otro lado hay un policía caído," dijo mi compañero. "Sí, ya lo vimos", gritó el sargento. "Bueno, ustedes dos se van para aquel lado. Vos que tenés el fusil automático, rafaguea hacia el hotel. Mando al soldado de la metralleta por el lado donde estaba el bar Zanzíbar, a un costado del edificio de los ministerios. Lo seguían creo, otros tres civiles. "Vos, de la carabina, vení conmigo, vos también", le dijo al obrero y a mi compañero de patrulla. Avanzamos en zig zag. Casi frente al edificio de la lotería nos encontramos los cuerpos de dos agentes uniformados. Se notaba que habían sido de los primeros en caer pues había sangre ya casi seca en el área donde estaban.

También había pequeños trozos de color amarillo pálido, al parecer gelatinosos, dispersos en las cercanías donde estaban los cuerpos. Me dio la impresión de que eran residuos de masa encefálica pues uno de ellos presentaba una herida en la sien. Creo que esos eran los cuerpos que yo había visto temprano en la mañana, cuando acompañé a Riedel a la casa de su primo y quienes yo había considerado, eran "bolos", que estaban "fondeados". Me pareció ver que en la entrada sur del Palacio de los Ministerios había algo de movimiento. Me moví hacia la esquina opuesta, en la parte posterior del edificio del correo. Vi un bulto. Disparé, fue una secuencia de tres detonaciones pues mi arma era semiautomática. Me cubrió una sensación extraña. De pronto, la fuerte detonación de mi carabina al ser disparada, me despertó a una realidad jamás imaginada. Esta vez nos enfrentábamos a la policía y no les tirábamos piedras, ni ellos nos lanzaba gases lacrimógenos. Disparábamos balas de verdad. Crea una especie de paroxismo el sentir, más que pensar, pues en esos momentos es difícil razonar, saber que estas disparando un arma en contra de alguien que también te va disparar buscando eliminarte. Así entraba yo a aquel absurdo como demencial fratricidio en el que nos había metido la desorbitada ambición y ansias de poder de un militar que había jurado respetar y proteger la Constitución de la Republica. No sería el primero que en aras de la ambición por el poder, derramaría sangre de hermanos. Tampoco seria el último. El sargento gritó algo. No le entendí. Por el lado del Hotel Lincoln se acercaba un grupo de civiles; los acompañaban creo que unos tres soldados de la Guardia de Honor. El soldado del fusil BAR, hacia cortas y roncas ráfagas hacia lo alto del hotel. El Sargento, un hombre bastante fornido y alto, nos hizo señas, al estilo militar, para que avanzáramos, pero los civiles que le acompañábamos no las entendimos. "¡Corran, hombre, no se queden atrás o se los lleva putas!", gritó. Ya estábamos casi en la entrada principal del correo; instintivamente miré el lugar hacia donde yo había disparado. La puerta estaba entreabierta y mostraba varios impactos de bala. Obviamente yo no había sido el único que disparó hacia ese lugar. Uno de los soldados presidenciales que venía en el nuevo grupo se acercó al sargento y a gritos le dijo: "¡Ya liquidamos al hijo de puta que estaba en la azotea de Cantero!". "Nos falta ese que esta allá arriba!!", dijo señalando hacia la parte alta del hotel. Pero también había tiradores en la parte superior del Palacio de Comunicaciones Eléctricas. Otros se habían ido a lo alto del edificio de La Curacao así como al área donde se reconstruía el Mercado Los Dolores. También había resistencia desde el interior del cuartel de policía, aunque esta parecía ir disminuyendo. Y, aunque esporádico, había fuego desde la parte alta del edificio de los ministerios. Un grupo de soldados entro al edificio ministerial por el portón principal. Oímos un rápida secuencia de disparos de grueso calibre. Los soldados salieron minutos después. Le hicieron una seña también al estilo militar a nuestro sargento. Entendimos que tres de los contrarios habían sido eliminados. Ya no hubo más tiros en contra nuestra desde ese edificio. Escuché algo así como el zumbido de uno o varios moscardones o "ronrrones" en pleno vuelo. Hasta las avispas andan revueltas pensé. En fracción de segundos llegué a la conclusión de que aquello no eran ni moscardones ni avispas; eran proyectiles que pasaban cerca. Afortunadamente no dieron en el blanco. Alguien me dijo que en una de las ventanas del edificio de La Sanidad nos estaban disparando. "¿Cuál?", atiné a preguntar. "Esa, la de en medio sobre la entrada", dijo. Apunté y disparé. No hubo reacción. Alguien preguntó que era lo que estaba pasando. "Allí hay uno", repitió el mismo señor que me había dado la indicación. Otros dos más dispararon sobre la misma ventana. Tampoco esta vez hubo reacción. El Sargento nos indico algo así como que tuviéramos cuidado y no fuéramos a disparar contra la casa del Carías, ubicada en frente del edificio de la Sanidad. Parece que la orden era proteger la vivienda del ex-dictador.Nos dio indicaciones que regresáramos por donde habíamos venido y que dobláramos por el área segura frente al edificio de la lotería y que hiciéramos contacto con el soldado del BAR y sus tres compañeros. "El les va a decir que hacer", gritó. Creo que fue un grupo de cuatro de nosotros, esta vez ya sin el sargento los que regresamos. El tiroteo continuaba con su estruendo para luego bajar en intensidad. Los zumbidos aquellos, que me recordaban un puñado de avispas revueltas, continuaban revoloteando cerca de nosotros, buscando donde clavar su mortal aguijón. Más grupos de civiles continuaban llegando por el área de la Casa de la Cultura. Algunos traían brazaletes rojos, al menos eso es lo que me pareció ver. Yo estaba en la esquina opuesta del Bar Las Camelias. Un muchacho, civil, venía pegado a la acera del mismo establecimiento, semiagachado y con un fusil en la mano cuando lo miré que se fue hacia atrás. Lo primero que pensé es que se había deslizado, debido a la forma en que se movía. Alguien, no recuerdo con exactitud quien, si fue civil o soldado, me hizo señas con la palma de la mano de que no me moviera. Creo que puso el dedo pulgar hacia abajo, indicándome que aquel muchacho había caído. Después nos dimos cuenta que había recibido una herida superficial en uno de los hombros y había sido sacado del lugar por otros voluntarios. Nos tiraban de lo alto del Palacio de Comunicaciones. El soldado del BAR hizo una larga ráfaga hacia lo alto de ese edificio. Veo todavía el polvillo levantado por las balas haciendo impacto en la cornisa de la parte superior. Nos hizo señas de que nos moviéramos rápidamente hacia el lado del Bar Zanzíbar. Lo cruzamos a la carrera y nos pegamos a las puertas, también semiagachados. Íbamos en fila india, detrás del soldado del BAR y de su compañero, el de la metralleta. Nos detuvimos momentáneamente, cuando me pareció ver que del interior del Palacio de Comunicaciones, bajando las gradas de entrada a este, salía alguien con un arma en la mano. Al parecer corría hacia el Hotel Marichal. Jalé el gatillo, mis compañeros hicieron lo mismo. Después de eso me di cuenta que el cargador ya estaba vacío. Saque otro que llevaba entre el cinto y cargué mi fusil de inmediato. Frente al Edificio de La Curacao, podíamos ver en la distancia, había un caído. No sabíamos si era nuestro o del enemigo. El que había salido hacia el Hotel Marichal, estaba tendido casi en la esquina del edificio. En la distancia, a la altura del cine Variedades, pude observar una ambulancia de la Cruz Roja. "Quiero que todos tiren a la parte alta de comunicaciones cuando yo lo diga" dijo el soldado del BAR. Ya estábamos a la altura de un establecimiento cuyo nombre, no se por que, se me quedo grabado: "Guilbert". Era un pequeño edificio, una sola planta, color gris. El del BAR contó, uno, dos, tres, "¡tiren!". Tiramos todos y salió a la carrera hasta colocarse detrás de un vehículo que estaba estacionado a un costado del edificio de los ministerios. Al parecer los rebeldes empezaban a entender que estaban rodeados y trataban de salir de aquel cuartel. Aparte, se les acababa la munición. Salió otro, también arma en mano. Volvimos a disparar casi al mismo tiempo. Parecía que había tropezado con algo. Lo miramos extender los brazos y caer como en cámara lenta. Su arma cayó a varios pies de distancia de él. El Sargento hizo contacto con nosotros. "Ya nos bajamos al hijo de puta del Lincoln, tenia una treinta", le oí decir. Todos hablábamos a gritos, posiblemente por que el estallido de los disparos de alguna manera nos habían afectado los tímpanos o, tal vez por una reacción nerviosa. O ambas. "A estos pendejos si no salen los vamos a granadear, ¡¡¡ya tenemos granadas!!!" dijo el sargento, gritando y refiriéndose a los policías que estaban dentro del cuartel policial y quienes resistían disparándonos desde varios lugares. Para nosotros, al menos los civiles, aquello era nuevo. No habíamos oído hablar de granadas. Los que llegaban por el lado del Teatro Nacional eran cada vez más numerosos. Parece que varios de estos se fueron dando un rodeo por las calles del Barrio Abajo, pasando por el Hotel Boston, hasta llegar al Mercado Los Dolores en donde chocaron con varios policías quienes, al verse rodeados tiraron sus fusiles, tratando de escapar a como diera lugar. Eso fue lo que oí después. También venían otros por el lado del Parque Central. Teniendo mejor acceso visual hacia la entrada del cuartel policial, el soldado del BAR, disparaba ráfagas cortas en contra de la entrada principal. También disparaba hacia las ventanas del segundo piso y a la parte alta de Comunicaciones. Nosotros nos unimos a aquel constante tiroteo y también jalábamos el gatillo, en especial a los pisos superiores. Llegaron otros soldados presidenciales. Venía un teniente, creí ver en la distancia al Capitán Rafael Padilla. Creo que fue un arranque de euforia colectiva, el caso es que recuerdo haber oído a alguien gritando "¡ya estamos adentro!". El cuartel policial tenía una doble puerta ancha, que era su entrada principal. Esta daba a un patio, creo que el piso era de piedra o cemento. Después del ancho portón de entrada, hacia la izquierda, había unas gradas que conectaban con unas oficinas del segundo piso. Se que varios de nosotros, encabezados por un oficial presidencial que no puedo ubicar adecuadamente en el recuerdo, subimos por esas gradas. La primera oficina estaba abierta de par en par. Dos policías estaban inertes boca abajo, cerca de un escritorio y en medio de un charco de sangre. En la siguiente habitación, también oficina, había un escritorio dado vuelta, creo que por instinto empujé la puerta que estaba entrecerrada. Sentí, más que miré, un movimiento, apreté el gatillo desde la cadera. Erré. Recuerdo eso si, el impacto en la pared. Había un tipo con un brazo en alto y una gran mancha roja en el hombro izquierdo. Gritando dijo algo así como "¡¡No tirés que estoy herido!!". A gritos le ordené que se tirara al suelo. Así lo hizo. Vestía el uniforme policial. Cerca de el había un kepi, creo que era oficial de rango. Nuestro sargento llego corriendo y en estado de suma excitación. "¡¡¿Qué putas pasó aquí?!!" preguntó. "Este hijo de puta sólo está herido", le dije a gritos. Le echo un rápido vistazo. Dijo que a él y otros más los iban a llevar prisioneros para interrogarlos. Querían saber donde estaban los cabecillas que se habían tomado la policía. "Ya no tengo balas," le dije. "Entonces andá conseguí más", fue su respuesta. "¡¡Estos hijos de puta se apearon a dos de mis muchachos!!", gritó. Se que tomó su cuarenta y cinco. Di una media vuelta para salir de ahí. Sólo escuché dos detonaciones. Bajé de aquel segundo piso. Todo era una especie de locura colectiva. Civiles y militares de La Guardia de Honor Presidencial corriendo, gritando, ordenando. Se escuchaban detonaciones tanto adentro como afuera del edificio. Volví a revisar mi cargador. En efecto, estaba vacío. Decidí regresar a la Casa de Gobierno. Haría lo que había hecho mi ex profesor "Chemita" Palacios, ir por más para continuar en la lucha. Fue la primera y definitivamente, la últimas vez que entre a aquel edificio. Tenia la boca seca. Una sed insoportable me hacia sentir mareado. Me zumbaban los oídos. Tenía la camisa pegada al cuerpo debido al intenso como copioso sudor. No iba solo al encaminarme al palacio presidencial, venían otros civiles, también armados, quienes regresaban como yo a traer más munición. Todos hablábamos a gritos y en forma inconexa, cuando escuchamos una potente explosión cuyo eco procedía del edificio policial; "las granadas", pensé. Había un penetrante olor a pólvora quemada que impregnaba nuestras ropas. Cuando ya cruzábamos por el Parque Central me acorde de la pistola veintidós que llevaba al cinto. "De algo va a servir si hay necesidad", calculé. Llegamos a la presidencial. Continuaba reinando el alboroto pero ya menos caótico que en la mañana. Yo había perdido la noción del tiempo, solo se que comenzaba un tenue crepúsculo. No se donde perdí mi reloj. Tenía algo de hambre aunque lo que necesitaba mi organismo era agua pues creo haber entrado a un principio de deshidratación; me sentía mareado y la boca la tenía cada vez más seca. Al hablar descubrí que estaba ligeramente afónico. Pedí agua. Alguien me dio un vaso el que tomé de un sorbo. Minutos después la nausea se acentuaba y sentía ganas de vomitar. Pedí más agua, pero la tomé más despacio.

Fui a la parte de la intendencia de la guardia de honor a la que me guió un civil que cargaba un fusil que, se notaba, estaba nuevo; se miraba muy lustroso y al parecer todavía no había sido disparado. Pedí municiones para mi M1 me dieron dos "chifles", según los describió aquel voluntario. "Estamos racionando este tipo de munición", me dijo un señor que, al parecer tenia a su cargo la distribución del parque. "Aquí le dejo los tres vacíos para ver si los pueden recargar", le dije extendiéndole los dos cargadores que me había metido en las bolsas del pantalón y sacando el que aun tenia en la carabina. "Te dieron tres de quince", me dijo. Me informo que los dos nuevos cargadores que me había dado tenían treinta balas cada uno. Alguien preguntó si alguno de nosotros quería café y unos trozos de pan dulce. Acepté de inmediato. El café me reconfortó y la nausea que había estado afectándome comenzó a desaparecer. Llegó un señor, se que era alto funcionario del gobierno pero no lo supe ubicar. Mencionó algo así como que necesitamos una radio pero "en la HRN están sin energía eléctrica", si recuerdo bien sus palabras. No sé por qué no le dije que era empleado de esa estación. Habló de Radio Deportes en donde, dijo y esto si lo tengo bien presente, "se encuentra Jorge Arturo con un grupo de estudiantes". Yo sabía donde estaba Radio Deportes; era amigo y colega de Francisco "Chico" Flores Paz, su propietario y estaba seguro que el había puesto su estación al servicio del gobierno pues simpatizaba con el Doctor Villeda

Morales. "Disculpe", me parece que le dije a aquel señor, quien usaba lentes gruesos y, por su vestimenta, era alguien con un status económico arriba del promedio. "Yo se dónde está Radio Deportes, me gustaría ir con ustedes está a unos cinco minutos de aquí". Había otros señores más, de mediana edad, algunos de ellos con rifle en mano y evidentemente funcionarios de rango, que querían ir hasta la estación. Aceptaron que los acompañara y, abordo de un jeep de la guardia presidencial nos encaminamos a Radio Deportes que estaba ubicada entonces al costado este del Estadio Nacional. Cruzamos el puente de la Isla y rápidamente llegamos a nuestro destino. Había una gran cantidad de personas en la estación que estaba en una casa de habitación, pequeña, que había sido habilitada con una pequeña cabina y un estudio, pequeño también. Estaban prácticamente sobrecargadas aquellas dos o tres habitaciones. El señor que actuaba como dirigente del grupo, alto, de cara colorada y de bigote, pregunto por Jorge Arturo Reina. Creo que éste estaba hablando en el micrófono pero salió de la pequeña cabina. Se saludó familiarmente con aquel grupo que acababa de llegar, dialogaron brevemente y luego se despidieron. Yo me quedé en la radio. Saludé a Jorge Arturo. Portaba una carabina M-1, similar a la mía; le comenté que lamentablemente, Radio Deportes no tenía la potencia suficiente para oírse en toda Tegucigalpa, menos en todo el país. "La N está fuera del aire" le comenté. "La que nos puede servir es Radio Tegucigalpa que tiene bastante potencia, les podemos pedir que se pongan en cadena con Radio Deportes. Le informe a Jorge Arturo donde estaba situada, por la Colonia Palmira. Me preguntó si podíamos hacer algo para que se enlazara. Había mucha confusión y la conversación tenía que hacerse casi a gritos para podernos escuchar. "Si Usted quiere, puedo ir con un grupo a ver que podemos hacer", le dije. Tres se ofrecieron de voluntarios; uno de ellos, que portaba un fusil de palanca, un treinta cero seis, creo, fue el primero. Luego se unieron dos hombres, jóvenes estudiantes de la universidad, según supe después. No había un vehículo que nos transportara por lo que tuvimos que caminar desde el costado del Estadio Nacional, en el barrio Morazán, hasta las cercanías de la Colonia Palmira. Antes de encaminarnos hacia Radio Tegucigalpa y recordando las instrucciones que nos había dado el sargento de la Guardia Presidencial durante las acciones del medio día, les pregunté a los voluntarios que tipo de armas portaban. No era mucho; uno de ellos llevaba una pistola, creo que treinta ocho, ajustada al cinto y el otro tenía un rifle veintidós. "Bueno", les dije asumiendo el mando, "ustedes dos se van por la acera izquierda, Usted y yo nos vamos por la derecha, si hay acción, tiren". La imagen del señor que portaba el treinta cero seis se me quedo grabada. Vestía un saco negro que al parecer le quedaba un poco apretado y corto, El pantalón, creo de dril, era un poco bombacho y ajustado en los tobillos. Me recordó a Charlie Chaplin. Me parece recordar que me dijo que se llamaba Manuel y era zapatero, "cien por ciento liberal", según sus palabras. Pasamos por la casa del licenciado Rodolfo Brevé Martínez quien salió a la puerta cuando tocamos para que nos abriera. Él y su esposa se sorprendieron cuando nos vieron armados. "¿Qué andás haciendo jodido?" Fue su pregunta con aquella manera peculiar de hablar. Le expliqué. Le pedimos agua y nos trajo creo que Coca-Cola en vaso. Aquel refresco me supo a gloria. No muy lejos estaba la Nunciatura Apostólica y, casi al frente, un campo baldío, en donde a veces se jugaban "potras" de futbol. Llegamos a Radio Tegucigalpa. Mi colega y amigo, Guillermo Pagán estaba de turno y estaban poniendo música clásica. Le dije que queríamos que se pusiera en cadena con Radio Deportes. Me informó que necesitaba la aprobación y orden del Coronel, nunca supe a que coronel se refería. Trate de hacerle ver la necesidad que tenia el gobierno de informar a todo el país de lo que estaba pasando. "Voy a llamar al coronel" insistió. Sé que hizo un llamado telefónico y sólo lo escuché cuando dijo: "muy bien, yo les digo". Nos informó que el "coronel" decía que no iba a ser posible el enlace con Radio Deportes. Me despedí de Guillermo. Una vez afuera Manuel, el zapatero, me dijo que con mi carabina y su fusil más las armas de los otros dos voluntarios podíamos tomar la radio. Le hice ver que para eso necesitábamos la aprobación de Jorge Arturo Reina. Regresamos a Radio Deportes con "las manos vacías". De regreso saludé a Don Humberto Solís, el papá de "Furia" Solís, quien se encontraba en la puerta de su casa. Salieron sus hijas Zenaida y Georgina acompañadas de su mamá, a quienes también saludé. Estaba claro que ya no éramos los púberes de quinto grado de algunos años atrás. "Cuidáte por favor" me dijo Georgina al despedirnos. Se lo agradecí. Al llegar a la Deportes le informe a Jorge de lo que había pasado. Le dije que existía la posibilidad de tomarla por la fuerza. Lo pensó por unos segundos. Reconoció que no era prudente hacerlo pues si en verdad estaba bajo control militar tomarla por la fuerza podría dar paso a una confrontación mayor. Alguien iba en un carro hacia la presidencial, decidí regresar. Me despedí de Jorge Arturo. Radio Deportes, aunque con limitada potencia pero siendo la única que estaba transmitiendo, había atraído a gran cantidad de voluntarios, ansiosos por ofrecer su ayuda al gobierno. Antes de irnos alguien llego corriendo y en un ostensible estado de agitación nos informo que la policía había sido incendiada y todavía a esas horas estaba ardiendo. Tratamos de ver a lo lejos desde la plaza de estacionamiento del estadio, y en efecto alcanzamos a ver un resplandor, aunque la distancia no nos permitió establecer con exactitud el origen de aquellas llamas. Me parece que eran las nueve o diez de la noche. Como pude me abrí paso en aquel mar de gente que se encontraba en la rotonda de la casa presidencial. Al traspasar la verja principal, había una entrada que se bifurcaba en dos pasillos, uno hacia la izquierda y el otro hacia la derecha. Decenas de personas estaban parados, otros sentados en el piso, todos hablando en voz alta y al mismo tiempo. Se mencionaba que, en efecto, el edificio de la policía había sido incendiado. Alguien dijo que habían sido los mismos policías que la incendiaron cuando salían de huida. Nunca lo creí pues se requiere tiempo para incendiar todo un edificio y, si se busca huir bajo una lluvia de balas, no hay tiempo que perder. Aparte, yo había entrado, con otros más y al menos, en los pocos minutos que estuve allí, no vi a nadie actuando como pirómano. Ni de parte nuestra ni de los contrarios. Un civil voluntario, que al parecer también había entrado al edificio, dijo que habían lanzado unas granadas en el interior de la armería y que el estallido de éstas había provocado una explosión mayor, la que a su vez produjo el incendio. Recordé que el sargento había dicho que iban a "granadear" el interior de la policía. Todos hablaban del incendio. Estaba buscando la manera de "terciarme" la carabina sin golpear a nadie, cuando escuché que alguien llamaba mi nombre: "Tomás, Tomás, ¿qué hacés aquí?". Era mi papá que estaba sentado en el piso en compañía de otras personas, entre ellos el señor Ramos. Trato de regañarme diciéndome que me había ordenado que me quedara a cargo de la casa. No sé que mirada le eché. Se que cambio el tono y me preguntó que por donde había andado y que como estaba "aquello". Don Celeo también me hizo algunas preguntas. No contesté mucho. No me sentía con ganas de hablar de lo que había visto y en lo que había participado. Don Celeo y mi papá se levantaron del piso. Mi progenitor vio que yo tenía la pistola al cinto. "Prestámela", me dijo. Me la quite y se la entregue". Está cargada, tiene nueve tiros", le dije. Rápidamente se la colgó del cinto de su pantalón. En aquel barullo me encontré con el sargento; se notaba tenso. Hay detalles insignificantes que, por alguna razón, en circunstancias como esa, se graban imborrablemente en la memoria. Recuerdo como la cuarenta y cinco de reglamento del sargento se movía en su cadera cuando caminaba. "Ajá", me dijo, "llegaste. Estos hijos de puta mataron a..." me dio el nombre, lamentablemente no lo recuerdo. Era el soldado que manejaba el fusil BAR. Le pregunté como había sido. Según la versión que el tenía, este soldado había hecho buen uso del

BAR pero se le estaba acabando la munición. Le permitieron que regresara y cuando se disponía a hacerlo, desde la parte alta de La Sanidad le dispararon, impactándole por la espalda. Alguien más dijo después que le habían disparado desde el Palacio de Comunicaciones Eléctricas. Esta última versión tiene más credibilidad pues desde allí y desde La Curacao es de donde más se disparaba en contra de nuestro grupo. Comprendí entonces el por que el sargento estaba en aquel estado de violenta excitación cuando subió al segundo piso de la policía y por que tiraba a rematar a quien tuviera uniforme policial. Me llevó hasta una pequeña salita del cuartel de la Guardia de Honor. Había varios ataúdes alineados; en uno de ellos estaba el cadáver de aquel joven soldado. Mi papá, que nos había seguido, se quedó en silencio cuando le dije al sargento que haría guardia por unos minutos. El militar estuvo de acuerdo. Tercié mi carabina al hombro y me paré al lado izquierdo del ataúd, la tapa de este estaba levantada y se podía ver el rostro joven de aquel soldado que hasta hacía unas horas nos había acompañado y luchado por lo que el consideraba su deber. La camisa de su uniforme, rellena de trozos de algodón, presentaba manchas rojas; era sangre. Al parecer los médicos del lugar no habían tenido tiempo para limpiar bien aquel cuerpo. Para estas bajas no habría responsos ni liturgia fúnebre, ni catafalcos con negros crespones donde reposar sus mortales restos. Un humilde ataúd de madera era ya su última morada". En mi país," pensé, "toda la historia de un hombre, termina con el letal zumbido de una bala". Esa idea me acompañó por mucho tiempo. Aun no he cambiado de opinión. Me embargaba una rabia sorda y tenia ganas de regresar al cuartel policial y vaciar mi arma en el primer enemigo que encontrara. "Pero", reflexioné, "esos pobres "cuilios" son tan víctimas como este muchacho". La culpa la tiene la desmedida ambición de militares sin honor como AVC, de los políticos inescrupulosos que lo manipularon a el y a su cáfila de asaltantes".

Nunca supe el nombre de aquel circunstancial soldado desconocido. Después de un rato mi papá me dijo en voz baja: "vámonos". Salimos, regresando al área de entrada en donde el Doctor Villeda Morales acababa de hablar con los presentes, agradeciéndoles por su buena voluntad al servicio de la patria, según dijo. El teniente Murillo Selva quien era el edecán del mandatario, vestía un uniforme caqui y portaba una carabina M1 igual a la mía, se colocó inmediatamente a espaldas del mandatario, cuando este se encaminó a las habitaciones del segundo piso. Ese acto me llamo la atención. Esa noche, mi papá y yo dormimos, con otras decenas de voluntarios más, en el piso de las oficinas de la casa de gobierno. Tiempo después mi padre me decía que había visto con cierta preocupación como yo apretaba las mandíbulas, especialmente cuando hice guardia ante el féretro del soldado caído. Había rumores de que algunos policías se habían logrado escapar y estarían tratando de atacar desde el otro lado del río. Apagaron las luces y desde el almenar de la cúpula se activo un potente reflector con el que iluminaron toda el área del río y el puente Mallol. No había nadie, posiblemente nerviosos rumores. Al día siguiente, lunes trece de julio, muy temprano nos encaminamos de regreso a casa. También venía con nosotros Don Celeo Ramos. Yo dejé la carabina en la armería. Esta vez ya no estaba un civil a cargo de la misma si no que un soldado, creo que cabo. Le di mi nombre, "no es necesario" me dijo. Mi mamá, mi esposa y Doña Estela de Ramos estaban al borde de la histeria. A mí, ambas, madre y esposa, me regañaron. Las escuché en silencio. Tenía hambre. Desayunamos. Yo guardaba silencio que ellas atribuyeron a que estaba cansado. Al promediar la mañana decidí ir a la radio. La N ya estaba en el aire. Escuché que soldados del primer batallón habían entrado a la ciudad y ellos eran los encargados de controlar los puntos clave. Pero había escaramuzas en las inmediaciones del mercado Los Dolores, y frente a la iglesia del mismo nombre. Se decía que desde la parte alta del edificio Mandofer, ya en su última etapa de construcción, había tiradores emboscados que disparaban indiscriminadamente. Los soldados del Primer Batallón estaban mejor armados que nosotros.

***

Trascendían rumores y anécdotas. Supuestamente en la madrugada del doce, día de la asonada, un grupo de oficiales afectos a AVC, se había dirigido en un jeep hasta las instalaciones del cuartel San Francisco cuyo comandante de turno era el teniente Emilio Montesi. Fue, según esos rumores, el Mayor Isidoro "Tutú" Martínez quien le ordenó que entregara el cuartel. La respuesta de Montesi fue contundente y propia de un militar de honor: "Mi mayor", afirman que dijo, "¡los cuarteles no se entregan, se toman!"[26]. Con esto el mayor Martínez decidió retornar al cuartel policial. Posteriormente escuché que el doctor Miguel Andonie Fernández, propietario de la droguería Mandofer, se había ofrecido de voluntario en la Cruz Roja y había ayudado a recoger heridos y demás caídos en combate. Una de estas fatales bajas había sido un locutor de Unión Radio, que todavía tenia sus estudios en una casa ubicada en los Altos de la Leona. Según se informaba, los soldados del cuartel San Francisco, que se habían rehusado a sumarse a las huestes de AVC al no entregar el cuartel, estaban siendo hostigados con disparos de francotiradores, apostados en algunas partes alta del parque La Leona. Los defensores del cuartel respondieron a aquellos ataques, disparando desde los torreones. El locutor Herman Ordoñez quiso tener acceso visual a aquel intercambio, siendo alcanzado por una bala disparada desde el cuartel. El Doctor Andonie Fernández, también dueño de Radio América, hizo el levantamiento del cadáver de aquel joven colega. Se decía que el coronel Velásquez Cerrato, quien se

26 "Mi Mayor", afirman que dijo. "¡¡Los cuarteles no se entregan. Se toman!! (Conversación telefónica con el activista del Partido Liberal Eduardo David Ardón.QDDG)

había acuartelado en La Escuela Militar, había pedido y recibido un salvoconducto que le otorgaba asilo político en Costa Rica. Corrió el rumor de que, cuando los oficiales del Primer Batallón a cargo de tomarse la Escuela Militar habían llegado hasta las inmediaciones de esta, el coronel Velásquez había salido, lanzando su arma al suelo y cobijándose con la bandera costarricense. Cierto o no, se fue al exilio. Muchos de sus seguidores recorrerían la misma ruta, exiliándose en Costa Rica y otros países. Muchos, supuestos simpatizantes del coronel Velásquez Cerrato fueron a parar a la cárcel; entre ellos y por unos pocos días, mi mentor, el Licenciado Gustavo Acosta Mejía y Don Humberto Andino Napky, el propietario de Radio Comayagüela. La "simbiosis cívico mística" de la que hablaba el presidente en sus discursos se había manifestado y cumplido de la manera menos esperada y a la vez trágica, por medio de un acto ilegal y violento que había causado mucho luto, provocando un innecesario derramamiento de sangre. Si se había demostrando que en realidad existía una auténtica comunión, aún ante aquel alto precio, entre una amplia mayoría del pueblo y su gobernante. En los días siguientes quedó de manifiesto que el otro resultado de la fallida asonada era una dicotomía, fuerzas armadas/ gobierno civil, que casi de inmediato probaría ser trágico para el futuro de la nación. El presidente Villeda, con la práctica desaparición de la policía nacional, decidió crear lo que para muchos analistas de la época era una especie de ruleta rusa política. Se trataba de un cuerpo policial que estaría directamente bajo el control del gobierno civil. De esta manera se dio paso a la creación de la Guardia Civil cuyo cuartel general, inicialmente estaba ubicado frente al edificio de la antigua Imprenta Nacional. El gobierno civil y no la jefatura de las fuerzas armadas controlaría este recién creado departamento de policía. El uniforme de esta guardia civil era diferente en todo sentido al de la desaparecida policía. En lugar del viejo y casi tradicional rifle treinta cero seis, los guardias portaban carabinas M1 y creo que un revolver calibre treinta y ocho. La Guardia contaba con una flotilla de vehículos tipo jeep para patrullar las ciudades del país. Con los días salieron a la luz pública algunos detalles de aquella trágica como absurda y violenta jornada. Velásquez Cerrato había llegado con toda facilidad a la ciudad de Comayagua en donde el comandante del cuartel, un coronel, de apellido González Triminio le ordenó a varios soldados que se unieran a la sedición. También entregó un par de ametralladoras de pesado calibre a los revoltosos.[27] Eso explicaba los disparos del calibre 30 desde el Hotel Lincoln y del edificio Cantero. La policía no tenía este tipo de armas automáticas, ni sus agentes estaban familiarizados con el uso de las mismas. Después de llegar fácilmente a las instalaciones de la Escuela Militar, la que convirtió en su cuartel de operaciones, AVC había ordenado a los cadetes a que se unieran a su nefasta causa. Los cadetes se negaron, por lo que el coronel sedicioso ordeno a sus seguidores que los mantuvieran como rehenes. También ordenó a algunos oficiales de la policía que estaban comprometidos en la conjura, que se tomaran el Palacio de Comunicaciones Eléctricas. Cortaron el servicio de y hacia la Casa Presidencial y ordenaron a algunos agentes que salieran a formar una especie de perímetro defensivo en la calles cercanas y a que se atrincheraran en la terraza del Hotel Lincoln, del Edificio Cantero, del Ministerio de Hacienda, el edificio La Curacao y otros más. Según parece, no pudieron ingresar por alguna razón ni al edificio de Quinchon León ni al Ministerio de Hacienda. También fueron a traer más agentes de algunos cantones policiales de la periferia capitalina para reforzar a los agentes del cuartel general. La idea era aislar y cortar todo tipo de comunicación telefónica a la Casa de Gobierno. Supuestamente el coronel golpista esperaba la reacción favorable del coronel Oswaldo López Arellano, jefe de las Fuerzas Armadas en ese entonces, pero

27 Velasquez Cerrato había llegado con toda facilidad a Comayagua. También entregó una par de ametralladoras de pesado calibre a los revoltosos (Conversación telefónica con Eduardo David Ardón. Notas del autor)

este decidió mantenerse temporalmente “al margen”. Velásquez Cerrato, sin embargo, tenía unos cuantos cómplices en las fuerzas armadas pero estos no eran ni suficientes ni determinantes. No es mi intención hacer ni un análisis político ni mucho menos de tipo militar de aquel histórico evento. Simplemente menciono estos datos como lo escuché tiempo después de labios de algunos que estuvieron en la lucha del lado de AVC y lo que leí en la prensa de esos días ya que esos acontecimientos fueron parte de la época que nos toco vivir a mí y a muchos de mis compañeros y amigos. Ante la reticencia del coronel López de unirse a sus planes, AVC trato de mostrar su decisión de llegar hasta el final de su campaña de ese día a como diera lugar. Tomó una acción desesperada. Supe que ordenó disparar un mortero, al parecer de sesenta milímetros en dirección a la casa de gobierno. O el artillero, supuestamente un sub teniente de apellido Romero, no tenía precisión o el mortero no tenía el suficiente alcance. El caso es que la granada cayó en una casa de habitación, frente al centro de salud la Policlínica. Creo que el impacto fue en la residencia de la familia Ponce; al parecer no hubo bajas graves que lamentar. Se habló también de que algunos policías de línea, obligados a unirse a la conjura por sus superiores, desertaron y abandonaron los puestos que les habían asignado, especialmente en las calles adyacentes a su cuartel general. Eran rumores posteriores a los hechos. Ciertos o no, el resultado final demostró una verdad incontrovertible, el pueblo, en su mayoría, había apoyado decididamente a su presidente.

***

Algo en mi había cambiado. Yo no lo notaba pero mis compañeros me decían que yo, por lo regular desenvuelto y bromista, ahora me quedaba callado y me mostraba hasta hosco y taciturno. A veces sentía la necesidad involuntaria, casi compulsiva, de cargar la pistola veintidós entre mi camisa. En ocasiones tenia pesadillas indescifrables. Mi esposa me preguntaba que me pasaba y yo le contestaba que había tenido "un mal sueño". El Licenciado Brevé Martínez trataba de entablar conversación conmigo sobre los hechos de ese día pero yo buscaba como esquivar sus preguntas. El abogado Acosta Mejía no tuvo mejor suerte cuando regreso al Matutino. En un par de ocasiones, estando en el bar del Hotel Lincoln, cuya fachada aun presentaba los orificios de bala disparadas ese día, me hizo algunos comentarios pues alguien le había dicho que yo me había "metido en el barullo del doce de julio". Tampoco encontró respuesta, ya que le contesté con evasivas. Ante la insistencia de mi esposa le dije que "sí, que había visto algunas cosas", pero no pase a más. años después platiqué superficialmente con un entrañable amigo, Eduardo David Ardón a quien conocí posteriormente a los hechos y quien tuvo parte activa como combatiente en los eventos de aquel doloroso día. No entró en confidencias, aunque yo había escuchado de su decidida participación, con un grupo de civiles voluntarios en la toma del cuartel policial; ni yo le ofrecí detalles de la experiencia que me toco vivir. Hay hechos en la vida que, por la contundencia de su impacto, son involuntariamente bloqueados para subyacer en la mente y emerger posteriormente con el tiempo. Esta es la primera vez que hablo con más amplitud de aquella experiencia. El líder Liberal, Jorge Arturo Reina, me comentó muchos años después, para la elaboración de estas memorias, que ese dramático día, en compañía de tres amigos más, se disponía a viajar por tierra a San Pedro Sula. "Era muy temprano, casi las cinco de la mañana. "Íbamos a la altura de la calle Real de Comayagüela, cuando avistamos un carro pequeño VW, una "cucarachita" color verde. El conductor nos hizo señas. Nos detuvimos. Era Marco Tulio Mendieta, jefe del estado mayor presidencial", me narró Jorge Arturo y continuó: "Nos puso al tanto de que había un golpe de estado en contra del gobierno. Hasta allí llegaron nuestros planes de viajar a San Pedro.

Nos encaminamos a la Casa Presidencial. Una vez allí y en medio de soldados de la guardia de honor y de decenas de voluntarios que comenzaban a llegar a la casa de gobierno, fuimos recibidos por el Doctor Villeda. Recuerdo sus palabras, me dijo Jorge Arturo: "Es un honor para mi que ustedes vengan a defender mi gobierno".[28] "Señor presidente, vinimos a defender la democracia que Usted representa", fue la respuesta de Jorge. "Aún conservo como recuerdo la carabina M1 que porté ese día", me confió. Era la misma carabina que yo le había visto terciada cuando desde las instalaciones de Radio Deportes, informaba a la población de los acontecimientos de ese día.

***

Abelardo Enrique Avendaño nos comentaba que estaba trabajando en la creación de un nuevo personaje para que formara parte de la lista de "clientes" de la "Barbería Dalila". "Quiero que sea un tipo que se haga el "papo", que "cantinflee" para sacar "pisto" prestado a todos". "El problema", comentaba Avendaño, es que todavía no he podido ponerle una voz que lo identifique ni un nombre adecuado".

Herman Allan le dio la idea de que fuera "un lana" y que le pusiera "Cundo". "Cundo" se iba a hacer amigo inseparable de otro personaje en el que Padgett estaba trabajando. Este era un "fuereño" con mucha chispa que junto con "Cundo", harían picardía "blanca" y media, sobre todo cuando se metían a analizar cosas políticas. Padgett ya tenía el nombre de ese personaje. "Se va a llamar Margarito Pérez y Pérez", nos dijo un día. Nos gusto el nombre. "Margarito" ya tenía una voz y una expresión que lo identificaba "Ah ta güeno" decía cuando ya había logrado salirse con la suya.

28 "Es un honor para mi que Uds. vengan a defender mi gobierno". (Conversación con el líder del Partido Liberal Jorge Arturo Reina)

"Cundo" había encontrado una expresión complementaria a la de "Margarito": "Va pué vos". Comenzaron a visitar "La Dalila". Con mucha agudeza Padgett iba presentando los personajes de reciente creación en forma paulatina pues primero esperaba ver la reacción del público. "Margarito" y "Cundo" fueron recibidos y aceptados por este casi de inmediato. Ricardo Licona, quien poco a poco se incorporaba cada vez más al cuadro, seguía perfeccionando a "Flor", quien a veces llegaba a la barbería a que don Fígaro le hiciera sus "rizos" y a hacer algún comentario sobre temas generales. Yo continuaba haciendo las imitaciones de las voces del Doctor Villeda, del coronel López y de otros personajes de nuestra política. Había copiado una nota del Tornillo Sin Fin, el periódico editado en la celebración del día del estudiante, en la que al líder liberal, Modesto Rodas Alvarado, le llamaban "Sandalión", primero por su estatura pues era bastante alto y después por el contenido de algunos de sus encendidos discursos en los que afirmaba: "Yo que estuve en las ergástulas penitenciarias y como exiliado político calcé la sandalia del peregrino". Lo consulté con mis compañeros". Tengo un personaje, se va a llamar "Sandalión". Les expliqué el por que del nombre y la forma en que se comportaría. " Esta medio "Locuaz", les dije, "es decir medio loco y hablara como si pronunciara discursos políticos encendidos". Padgett no estuvo de acuerdo puesto que consideraba que hacer una imitación de la voz del Doctor Rodas Alvarado y ponerlo a hacer discursos sin ton ni son podría resultar ofensivo para este. Argumente que también imitaba al Doctor Villeda y al coronel López y al embajador de Estados Unidos y ninguno se sentía ofendido. "Si, pero no los pone a decir cosas como loco", dijo Herman. Decidimos que se llamaría "Don Lucas", tendría una participación ocasional y no imitaría la voz del líder liberal. "Don Lucas" tuvo aceptación pues siempre se metía a cuestiones políticas y hablaba de que cuando llegara al poder iban a faltar "palos de roble en Honduras para apalear a tanto "pícaro" y dictador malvado que nos mandan a las ergástulas". Esta era una referencia a las supuestas declaraciones del doctor Rodas de que "faltarían pinos en Honduras para colgar a tanto "cachureco". Un día decidimos darle de baja a "don Lucas" y lo mandamos al "neuropsiquiátrico", del cual ya no volvió.

***

Ocasionalmente miraba a Jorge Montenegro, quien continuaba con esa chispa especial que le caracterizaba y que provocaba hilaridad, especialmente cuando se ponía a contar chistes. Un día me informaron que se había ido a trabajar a una estación de San Pedro Sula. Rolando Ramos seguía incrementando su fama como declamador, con énfasis en la poesía romántica, la que sabía adornar muy bien con música especial que el mismo seleccionaba.

El programa "Serenata", había adquirido gran popularidad, especialmente entre el sexo femenino de todas las edades gracias a esa capacidad de Rolando de saber interpretar y declamar los poemas de todas las épocas. Esto le provocó uno que otro contratiempo con su respectivo dolor de cabeza a mi buen amigo. Cosas de faldas. Carlos Eduardo Riedel había creado un programa musical que tenía bastantes seguidores. Se trataba de un programa de complacencias musicales en el que la estrella principal era la habilidad de Riedel para complacer peticiones musicales al instante.

Así nació "el Rápido Riedel". Los oyentes le llamaban y el sacaba las llamadas telefónicas al aire. Le pedían una canción y les preguntaba "¿en cuánto tiempo la quiere?", en diez segundos, y comenzaba el conteo regresivo. Antes de cumplirse los diez segundos, "el Rápido Riedel" le complacía con la canción. Manuel "Meme" Carías y José Domingo Flores incursionaban en el medio radial, aunque "Meme" juraba que lo más importante para él era graduarse de maestro de educación primaria. Juraba también que no tomaría un trago de licor hasta el día de su graduación. Cumplió su promesa a medias.

***

Una dominical tarde veraniega mi esposa y yo andábamos de compras cuando pasamos frente al cine Variedades.

“Mirá,” me dijo, “quiero un sanguche de basura”. Compramos uno, “póngale chile”, le dijo a la vendedora. Yo creí que lo iba a llevar para comerlo después. Mi sorpresa fue ver con que deleite comía aquel emparedado allí mismo. Lo más extraño, “con chile”. “Se me antojaba desde ya días”, confirmó. Días después me dio una noticia. Estaba embarazada, tenía unos dos meses, más o menos. Así fue como llegué a entender lo del “antojo” por comer un sanguche de “basura” con chile.

***

Frente a un whisky, en el bar del Hotel Lincoln le confié al abogado Acosta Mejía que sería padre por segunda vez. Me aconsejó primero, una cuenta de ahorros, segunda y a la vez muy importante, una casa.

Al día siguiente regresé a las oficinas del Instituto de la Vivienda. Pedí hablar con el funcionario que me había atendido la primera vez. Le pregunté si me recordaba y le mostré la copia de mi partida de nacimiento en donde se comprobaba que en el mes de septiembre había cumplido los diez y ocho años. Se mostró muy atento; me presentó varios documentos que yo había llenado la primera vez que le visité y me pidió que le confirmara si no había habido cambios en mi dirección, lugar de trabajo y demás información.

Buscó en un archivo y me mostró que había dos casas disponibles. Esta, dijo señalando un pequeño mapa, es de dos dormitorios y tiene un terreno amplio. Esta es de tres habitaciones, el terreno no es tan grande al frente pero tiene un patio un poco más grande en la parte de atrás. Ya está construida y sólo requiere un depósito de dos mil lempiras, me informó. Le pregunté si podía ir a ver las casas. Tendría que ir acompañado de un representante del instituto y para ello tendría que hacer una cita. Dos días después yo visitaba las dos viviendas. Un sábado les dije a mi mamá y a mi esposa que fuéramos todos a visitar a mis suegros a la Colonia 21.

Fuimos, los visitamos y en forma que pretendía ser casual, les pedí para que viéramos algunas casas. Llegamos al denominado Sector Uno. Miramos algunas casas y llegamos a la que estaba disponible. Esta es de tres habitaciones, sala, comedor, cocina, un baño y una pequeña despensa, les informé. Con curiosidad me preguntaron cómo es que yo sabía los detalles de aquel inmueble. "Porque si les gusta, va a ser nuestra casa," les dije. Un mes después, ya en las cercanías de la navidad de 1959, nos mudábamos a nuestra casa propia.

En Febrero de 1960 llegó al seno familiar la princesita de la casa. Se llamaría Lourdes Violeta, nombre escogido por mi madre y mi esposa. Al igual que Alan, mi hijo mayor, era de tez colorada y ojos vivaces. El día que la fuimos a traer a la Policlínica fue día de fiesta en la casa. Alan estaba alegremente celoso. "Ya lo desbancaron del trono", dijo mi mamá, refiriéndose a que todas las atenciones estaban dirigidas ahora a la nueva integrante del grupo familiar. A mi esposa y a mí nos gustaba ir al cine. Alternábamos entre el Variedades, Clamer, Presidente o el Palace. En este último se proyectaban principalmente películas mexicanas. No recuerdo el nombre de la película pero era, si mal no recuerdo, un filme de "Cantinflas" en el que uno de los protagonistas hacía gala de una voz afectada y de un lenguaje sumamente rebuscado. Cuando salimos de ver aquella película yo iba repitiendo las palabras y el tono de hablar de aquel personaje.

Mi esposa no dijo nada pues estaba acostumbrada ya a estas excentricidades. Días después le consulté a Abelardo y le pedí su opinión de aquel nuevo "cliente" de "la Dalila". Le hice una pequeña demostración. Le gustó. "Ahora hay que decirle a Padgett, pero ya ves cómo es de exigente, mirá como jode con "Cundo", me dijo. Hablé con Herman Allan, le hice una pequeña demostración de lo que sería el personaje aquel. Era un tipo fanfarrón y fantoche que hacía uso de un lenguaje grandilocuente. Más o menos la presentación hacia Don Fígaro iba así: "Querido, admirado y nunca bien ponderado trasquilador de hirsutas y por lo regular no muy higiénicas pelambres, habitadas por agresivos y hambrientos artrópodos, para el vulgo piojos, que desfilan por este reconocido centro de acicalamiento personal y que lleva el nombre de aquella agraciada ninfa bíblica que, con sus ardientes encantos atonto al más fuerte de los israelitas cuyo canino nombre, Sansón, pasó a la historia después de haber perdido su vigor al ser desmelenado por las manos no tan virginales de Dalila, permítame presentarme y estrechar su estilizadora diestra con la que a diario y merced el uso de afiladas tijeras, recorta leoninas melenas y cobra ídem cantidades, reduciendo así el magro peculio de los paupérrimos mortales que se atreven a cruzar por el umbral de esta barbería, convertida en peluquería donde usted se gana el sustento diario.

Soy el licenciado Marrascuas, para servir a Usted. "A Padgett le gustó el personaje. Al igual que a "Cundo" y "Margarito", le daríamos la oportunidad de ir abriéndose paso poco a poco. Pero no se llamaría "Marrascuas", sería simplemente el "licenciado" y también llegaría ocasionalmente a la barbería. La competencia entre Radio Centro y HRN iba en aumento. Padgett decidió dedicarse más a "Platicando con mi Barbero" y, poco a poco se fue retirando del programa "Risas y Sonrisas", que producía para La Centro.

***

Después de aquel aciago 12 de Julio, las cosas parecían ir cambiando en el panorama político del país. Al menos, eso era lo que muchos pensábamos y anhelábamos. La primera dama de la nación, doña Alejandrina de Villeda Morales estaba dedicada a la altruista labor de crear y ampliar las actividades de la Junta Nacional de Bienestar Social. Entre los planes, al menos los que nosotros conocíamos, estaba crear un hospital para atender las necesidades de madres e hijos menores de escasos recursos económicos.

Doña "Mina", como cariñosamente le llamaban, había iniciado la humanitaria labor con varias actividades en las cuales se buscaba involucrar a las empresas y público de buena voluntad para que hiciera sus donativos en favor de aquella noble causa. Se anunció un evento especial en el que participarían algunos elementos de la radiodifusión nacional apoyando a un pintor argentino, cuya especialidad era pintar y copiar obras reconocidas en miniatura, "hasta en la cabeza de un alfiler", según decía la promoción publicitaria. Dicho pintor estaría realizando sus obras en la Casa de la Cultura en una especie de maratón artístico radial por cuarenta y ocho horas consecutivas.

A los de nuestro grupo correspondió participar en dicho evento con sketches de "Platicando con mi barbero", "Bingo y Tomasín", que hicieron su apresurado e improvisado debut como pareja humorística en aquel caritativo evento. "Margarito y Cundo", que se habían "dado de alta" en la recientemente formada guardia civil, también hicieron su primera presentación durante aquel programa especial. Era el mes de septiembre de 1960. Después de una de nuestras actuaciones y ya cuando mis compañeros se habían retirado, decidí quedarme en el teatro disfrutando de las actuaciones de otros grupos y viendo al pintor que se dedicaba a plasmar sus creaciones caballete en mano.

Un compañero de micrófono y yo estábamos viendo aquellas actividades cuando la persona que fungía como "maestro de ceremonias", un joven de apellido Mora, interrumpió brevemente la actuación de un trio musical, y anunció que había recibido un llamado de casa presidencial en el que se le comunicaba y lo hacía extensivo a todo el país, pues estábamos en cadena nacional, que "Todo está tranquilo y bajo control en toda la nación". Aquellas palabras nos despertó la curiosidad. Que quería decir con aquello de que todo estaba "tranquilo y bajo control". Haciendo uso de nuestras credenciales nos fuimos a los vestidores y le preguntamos al señor Mora que significaba aquello. No nos pudo o no quiso decir mucho. Se limitó a informarnos escuetamente que, al parecer, la guardia civil había detectado un conato de rebelión en alguna parte de la capital.

El compañero y yo salimos apresuradamente hacia el cuartel de la guardia civil. Llegamos a la altura del Hotel Prado cuando nos detuvo una patrulla fuertemente armada. Había vehículos tipo jeep en el área y los guardias, al parecer con estrictas órdenes, no dejaban pasar ni vehículos ni personas. Nos identificamos, pero eso no nos ayudó mucho. Tratábamos de persuadir a un oficial cuando nos encontramos con el doctor Roberto Suazo Córdova quien era diputado ante el Congreso Nacional por el partido Liberal, años después fue presidente de Honduras, y el licenciado Mario Armando Idiáquez, otro líder de nombre de la misma institución política. Con la autorización de ambos nos permitieron pasar. Preguntamos qué era lo que estaba pasando y nos informaron, en forma rápida que se había detectado un grupo subversivo, que había habido un intercambio de disparos y "todos" los rebeldes habían sido "capturados". Esto había ocurrido en el área conocida como "Los Laureles", hacia donde, abordo de un jeep de la guardia, nos permitieron llegar.[29] En la cima de una pequeña loma y alumbrados por los faros de algunos jeeps estaban sentados varios individuos. Los rodeaban elementos de la guardia civil. Era aproximadamente las nueve o nueve y media de la noche. Reconocí a uno de ellos, era el sargento "mal encarado" que yo había conocido en la Escuela Militar en 1957 y a quien yo había escuchado apodaban "el matón".

Nos ordenaron que nos retiráramos, a bordo del mismo jeep, regresamos a las instalaciones de la guardia. El colega que me acompañaba, que también vivía en La Colonia 21 y yo, nos fuimos a casa, cubriendo nuestro trayecto a pie, pues curiosamente, no había taxis en los alrededores. Temprano al día siguiente leímos un boletín de la guardia civil en Diario Matutino en el que se informaba que en un combate registrado entre elementos de la guardia civil y un grupo de rebeldes fuertemente armados que había sido detectados cerca de "Los Laureles", los "sediciosos" habían sido aniquilados. No se hablaba de bajas en las filas de la guardia.

La prensa escrita también se hizo eco de aquel reporte policial. Al medio día, como era nuestra costumbre con el Licenciado Acosta Mejía, nos fuimos al bar del Lincoln. "Licenciado", comencé diciendo, "no creo que hubo combate en Los Laureles anoche". "Con un compañero estuvimos en la guardia civil y de allí fuimos a "Los Laureles". "Se nos dijo que los rebeldes habían sido arrestados", le dije en tono serio a mi director. Le informé de los dos personajes con los que habíamos hablado y lo que estos nos habían dicho. Según el reporte el encuentro se había registrado a aproximadamente las ocho o nueve de la noche. A las once los dos

29 Los rebeldes habían sido capturados. esto ocurrió en el area conocida como "Los Laureles". (Notas del autor. Notas de diario El Día)

altos funcionarios nos decían "oficialmente" que los sospechosos habían sido arrestados y estaban bajo custodia. Algo no encajaba en aquel cuadro.

El licenciado Acosta me recomendó, en forma seria y de manera sombría, no hacer ningún comentario público, es decir en el radio periódico ni citar los nombres de las personas con las que habíamos hablado. "Que su amigo guarde silencio", sugirió. Se notaba que estaba preocupado. Poco a poco comenzaron a filtrarse detalles de los hechos. Si, al parecer había un grupo que conspiraba en contra del gobierno del presidente Villeda. Habían tenido varias reuniones y buscaban el respaldo de algunos elementos dentro de las fuerzas armadas y del Partido Nacional. Sin embargo, fueron detectados por los servicios de inteligencia de la guardia civil y detenidos por los agentes que comandaba el capitán Rafael Padilla.

Algunos cronistas denunciaron posteriormente que el grupo, de unas quince personas, habían sido arrestados y llevados por la fuerza al área de Los Laureles en donde fueron sumariamente ejecutados. Se mencionaban los nombres de los algunos de ellos, entre los que se encontraba un ex-sargento de la Escuela Militar, a quien apodaban "el matón". Según trascendió, dos de los prisioneros lograron sobrevivir fingiendo estar muertos y escaparon antes de que los cadáveres de sus compañeros fueran retirados de aquel lugar. Los días siguientes fueron de alta tensión entre la ciudadanía. Se registraban fuertes confrontaciones armadas entre elementos de la guardia civil y del primer batallón de infantería con su lamentable secuela de muertes. El tristemente célebre caso de Vargas y Oquelí, fusilados en el polígono de tiro del primer batallón de infantería, era una muestra palpable de aquella extremadamente tensa situación.

***

En el ámbito internacional en Abril se había registrado un hecho histórico. Las Fuerzas armadas y los milicianos del gobierno revolucionario de Cuba, habían propinado una contundente derrota a un grupo de ciudadanos cubanos opuestos al régimen de Fidel Castro. La fuerza invasora, conocida históricamente como "Brigada 2506"[30] apoyada logística y económicamente por la Agencia Central de Inteligencia de Los Estados Unidos y con la decidida ayuda de los gobiernos de Guatemala y Nicaragua fue prácticamente aniquilada en setenta y dos horas. Este enorme fiasco mancho el prestigio del presidente John F. Kennedy, quien había heredado los planes de la invasión de su antecesor, el General Dwight Eisenhower y la misma CIA y cambió radicalmente las relaciones entre Los Estados Unidos, Cuba y muchos países de América Latina. También abrió la puerta a La Unión Soviética creando así, la sombra de una aniquilante confrontación nuclear entre las dos superpotencias. Aquel enorme fracaso sirvió, en su momento, para consolidar y afianzar sólidamente el gobierno de Fidel Castro quien en una comparecencia desde la Plaza de la Revolución se declaró "Marxista Leninista".

***

En el programa "de los barberos", como era conocido ya, buscábamos la manera de reinventarnos creando nuevos personajes y, desde luego, situaciones que nos permitieran continuar con nuestra labor satírico humorística. Un día, después del programa, Padgett se reunió, a solas, con José Rafael Ferrari. Más tarde nos comunicó que le había solicitado un aumento de salario para todo el grupo, según nos dijo, pero que el señor Ferrari se había mostrado renuente y había rechazado la petición. "Creo que no me queda de otra

30 La fuerza invasora, conocida históricamente como "Brigada 2506" fue aniquilada en 72 horas, (Revista Bohemia. Emisiones de Radio Rebelde captadas en Honduras. Notas del autor)

que irme", nos dijo. Julio, por lo regular prudente cuando se trataba de cosas del programa habló esta vez con mucha convicción". "Si vos te vas pues, nos vamos todos", dijo. Hubo un largo silencio, luego, el mismo Julio me preguntó, "vos que decís, ¿te vas o te quedas?". Medité por un momento. "Pues nos vamos" le dije. Padgett le preguntó a Avendaño pero este respondió con evasivas, argumentando que tenía familia que mantener y que José Rafael le pagaba bien. "Todos tenemos familia" dijo Padgett. "Esto es una cuestión de principios, el programa es el número uno a nivel nacional, está bien patrocinado y lo que pedimos es poco en comparación" señaló.

Don Ave dijo algo sumamente interesante. "¿Cómo es que vos estás negociando y ni siquiera nos decís cuánto vas a pedir por cada uno?". Abelardo le señaló a Herman Allan que él creía que sólo había pedido aumento para el solo y, al no recibirlo, nos quería ahora involucrar en grupo. Avendaño decidió quedarse y no acompañarnos. Julio y yo le dijimos a Herman Allan que los dos hablaríamos con José Rafael para tratar de hacerle ver lo justo de nuestra petición. "Como quieran", dijo Padgett. Le dijimos a Lucy, la secretaria de Ferrari que nos anunciara pues queríamos hablar con él. Después de unos minutos comprendimos que no nos recibiría. "Infórmele que estamos decididos a abandonar el trabajo", dijo Julio. Decidimos ir al Jardín de Italia. Hicimos el último intento por convencer a Abelardo pero este estaba firme en su determinación de quedarse en la N.

Una vez en el Jardín nos inclinamos por tomar cerveza, después de todo desde hacía veinte minutos estábamos formalmente desempleados. Analizamos las consecuencias de nuestra decisión. Julio sugirió que habláramos con Manuel Villeda Toledo pues, según él, a Radio Centro le convenía un programa como el nuestro. Herman Allan explicó que él consideraba que esa era una opción pero, sería la última que podríamos escoger pues “no hay que olvidar que Manuel y José Rafael son familia”.

Llevábamos unas dos cervezas y una larga lista de opciones, cuando escuchamos un alegre saludo. “Hola muchachos, ¿cómo va esa barbería?”. Era Don Rafael Silvio Peña, gerente general de Radio América. “Pues está cerrada por ahora”, le contestó Herman Allan. “Acabamos de abandonar la radio porque Ferrari nos ha negado un aumento salarial” dijo. “¡Coño!” exclamó don Silvio en voz alta. “Esa es buena noticia”. Quiero que me den una lista de lo que ustedes piden, ¿son ustedes tres con Avendaño verdad?”. Tenemos que convencer a don Ave”, explicó Julio. “También está Licona”, dije yo, ya es parte del grupo. Padgett hizo una mueca de indiferencia. Hablamos un rato más. Don Silvio pidió otras tres cervezas y un café para él. “Nos vemos mañana a las ocho de la mañana aquí mismo,” nos dijo. “Voy a hablar con el doctor Andonie, le voy a explicar lo que ustedes piden y aunque no me comprometo a nada todavía, mañana les doy una respuesta”.

Pidió la cuenta y le dijo al mesero que lo que pidiéramos se lo cargara a su cuenta personal. “Creo que ya la hicimos”, dijo Julio. “Si, pero tenemos que convencer a Avendaño” le dije. Padgett me preguntó por qué había incluido yo a Licona. Le expliqué que en mi opinión, Ricardo tenía un personaje que podía tener mucho pegue. Se trata de “Flor”, aquel afeminado que, según habíamos visto, eran bien recibido por el público. “Tal vez José Rafael no le preste atención pero Munés si lo puede acaparar. Ya he visto como se ríe cuando “Flor” participa en el programa, le dije. “Más vale que cubramos todas la bases; por otra parte, ¿qué tal si Avendaño decide no acompañarnos?”. Pregunté. “Tiene razón González”, contestó Padgett.

Pedimos otra tanda de cervezas. Después de todo, don Silvio nos había dado carta libre para que pidiéramos lo que quisiéramos. Decidimos regresar a la radio para, entre los tres, convencer a Abelardo de que se uniera al grupo. Se mostró renuente. Argumentaba que tenía familia y muchas responsabilidades que cumplir. “Mirá”, le dijo Padgett, “por lo menos vení mañana al Jardín de Italia, allí va a estar Silvio Peña, si te conviene o no, vos decidís”.

Acordamos todos juntarnos con Don Silvio a la hora convenida. Decidí despedirme de los compañeros que estuvieran en la radio. Me despedí de Riedel, de Lucy de Pavón, la secretaria de José Rafael y del licenciado Brevé Martínez, con quien, a pesar de la diferencia de edades, tenía una buena relación. Siempre me aconsejaba, especialmente cuando se trataba de hacer noticias. Este culpaba a Padgett porque, según él, nos había “enganchado” para salirnos de la radio. “Te deseo buena suerte”, fueron sus palabras. Me dirigí al bufete del abogado Acosta Mejía quien me recibió cordialmente. “Que lo trae por aquí”, creo recordar que me preguntó. Le expliqué lo que había pasado, como el señor Ferrari se había negado a negociar un aumento de sueldo y la oferta que nos había prometido Silvio Peña para el día siguiente.

“Silvio es buena persona y el doctor Andonie es conocido por ser recto y justo, pero yo creo que ustedes debieron renunciar ya con la oferta segura; se corren un riesgo. ¿Qué tal si la oferta que les hacen en Radio América no es mejor de lo que están ganando ahora?”, preguntó “o ¿si no hay oferta”? concluyó. Obviamente hablaba como abogado. Le agradecí por toda la ayuda que me había dado a lo largo de los casi dos años que compartí con él. Me dio un abrazo y me dijo. “Que todo le salga bien”. Fuimos puntuales.

A las ocho de la mañana ya estábamos en la cafetería del Jardín de Italia. Abelardo Enrique nos acompañaba;

cumplió su palabra de llegar a la reunión. Silvio Peña llegó casi al mismo tiempo. Venía sonriente. Acomodó una silla y se unió al grupo. Esto es lo que ofrece el doctor, dijo refiriéndose al doctor Miguel Andonie Fernández, presidente y propietario de Audio Video, la compañía dueña de Radio América.

Puso sobre la mesa una página en la que estaban nuestros nombres con una cantidad mensual, pagadera cada quincena. "Revísenla", dijo don Silvio, mientras ordenaba un café y un sandwichito de jamón con queso. La oferta era muy buena, duplicaba el salario de cada uno de nosotros según el trabajo a desempeñar. Para el caso Herman Allan en calidad de libretista, actor y director del programa, percibiría el salario más alto. Le seguíamos Avendaño y yo y Julio con algo menos. "¿Alguna pregunta?", dijo don Silvio mientras tomaba su café. "¿Qué es lo que esperás de nosotros?" preguntó Padgett. "Muy bien, ustedes harán el programa de los barberos en el mismo horario que tenían en la N. Vos y Tomás Antonio", le dijo a Padgett, harán un segmento al medio día con tu personaje de Bingo y se llamará "Bingo y Tomasín", hablen de lo que quieran; el programa durara media hora, después del noticiero. Quiero que usés el personaje de Margarito Pérez y Pérez, dale de alta en La Guardia Civil,

Este será un programa separado de Platicando con mi Barbero y lo pasaremos a las seis de la tarde y durará media hora. Los centrales serán Margarito y su compañero, vos buscá el personaje, creo que Avendaño tiene uno que se llama "Cundo", usalo. Vos distribuí los demás personajes y ponele el nombre que consideres conveniente. Era obvio que Don Silvio nos escuchaba y estaba al tanto de nuestras actividades. Así, con esta idea de Rafael Silvio Peña, nació el programa "Las Aventuras de Margarito el Guardia". "Vos y Avendaño", dijo dirigiéndose a mí, harán una hora como locutores en el programa que se les designe más adelante.

También trabajaran en el show de Pepsi Cola, que es a partir de las ocho de la noche los viernes. Pedimos un aumento por lo que considerábamos la carga de trabajo.

El Señor Peña nos dijo que estaba autorizado a darnos bonos por el show de Pepsi Cola. Los bonos serían pagados al final del mes, según la cantidad de programas en que cada uno de nosotros hubiera participado. Aceptamos. Don Silvio también estuvo de acuerdo en pagarnos viáticos por programas que hiciéramos en otras ciudades y de entregarnos un bono si el programa era patrocinado. "¿De acuerdo?", preguntó Don Silvio. Contestamos afirmativamente casi al unísono. Nos explicó que el Doctor Andonie quería que firmáramos un contrato que tendría una duración de un año prorrogable. "Que sea por tres, prorrogables", solicitó Padgett.

Don Silvio nos dijo que consultaría eso con el Doctor. Andonie, "aunque no veo problema", señaló. "¿Qué pasó con Ricardo Licona?", pregunté. "¿Qué personajes hace?" preguntó Silvio. Tiene uno muy bueno que se llama "Flor"; es bueno porque le da un cambio al programa cuando estamos cayendo en lo político", le dije. Díganle que venga a verme, hablare con él", dijo Don Silvio. Cuatro días después, un sábado al medio día, firmábamos el contrato en la oficina que el doctor Miguel Andonie Fernández tenía en el último piso de su edificio "Mandofer". Vestíamos nuestras mejores galas, aunque era un fin de semana. Después de la firma de nuestros respectivos contratos, nuestro nuevo jefe nos invitó a que fuéramos a almorzar con él al restaurante "China Palace", contiguo al cine Palace.

El doctor nos acompañó por una hora, almorzando con nosotros y brindando con whisky escocés y excusándose pues tenía que regresar a su oficina. Creemos que dimos cuenta de unas dos botellas de licor. Muy contentos regresamos a la oficina de don Silvio Peña, en donde nos esperaba el fotógrafo que nos había fotografiado durante la ceremonia de la firma del contrato. No hay duda que en esa fotografía se muestra el efecto de los repetidos brindis, buenos deseos y parabienes por la nueva aventura radial que estábamos por comenzar.

RADIO AMÉRICA

Silvio Peña nos recibió por todo lo alto en Radio América. Nos presentó con el personal de la oficina y con el equipo de locutores que estaba en la estación, en diferentes actividades, en ese momento. A algunos yo los conocía de nombre. Conocí personalmente a Alfredo Hoffman Reyes, Marco Antonio Mazariegos Velasco, Richard Pedraza, Frankie Palacios y a un muchacho que nos presentaron como Alberto "El Chato" Morales. También nos presentaron con el equipo de técnicos. Lo interesante aquí fue que todos estaban identificados no por nombre propio sino que por su apodo. Fue así como conocimos al "Cuervo", a "Pacharaca" y a "Tuyo", cuyo nombre era Marco Tulio Díaz.

A partir de ahora ellos serían nuestros grabadores y operadores de audio. La estación estaba ubicada en una amplia casa de esquina situada en la entrada norte del puente de la Isla. Nuestros colegas y nuevos compañeros nos recibieron con mucho entusiasmo. Creo que fue Alfredo quien nos entrevistó en un programa que conducía en horas de la tarde. Como tanto Hoffman como "el chato" Morales y

Mazariegos eran de estatura superior al uno ochenta, unos seis pies de alto, Padgett, haciendo uso de "Bingo" soltó una de las suyas: "Ah papo", expresó coloquialmente, "aquí como que todos son "pipones", "quiere decir que comen bien". Rieron de la ocurrencia . Había unos anuncios promocionales en la voz de "Toño" Mazariegos invitando al público de Radio América, en todo el país, para que estuvieran atentos ya que en los próximos días estará en sus hogares "Platicando con mi barbero".

Don Silvio, muy inteligentemente y haciendo uso de su experiencia radial, nos pidió que empezáramos el programa para cuando estuviéramos instalados en el nuevo edificio. Pronto nos mudaríamos a la antigua sede de la embajada estadounidense, frente al parque Valle y al cuartel San Francisco. Mientras tanto, nos dedicaríamos al montaje de los nuevos programas que nos habíamos comprometido hacer. "Bingo y Tomasín", era un programa fácil. En realidad era un diálogo entre Herman Allan, es decir "Bingo" y yo. Hablábamos de temas generales, sin meternos en política aunque de vez en cuando lanzábamos alguna crítica sutil, pero más que todo recurríamos al sentido humorístico de Padgett, quien escribía algunos libretos y me dejaba la libertad de escribir otros. "Platicando con mi barbero" continuaba con su corriente satírico humorística.

Éste era un programa bastante difícil pues requería de estar cambiando personajes en forma constante, aunque tenía sus "clientes" acostumbrados quienes se encargaban de poner los temas a criticar. En una ocasión, en que nos habíamos ido a refrescar al Drive In "El Pingüino", Herman Allan, que se había comprado una pequeña motocicleta con la que viajaba por todos lados, dejó su pequeño vehículo estacionado entre dos vehículos a uno de los cuales le cerraba la salida en el redondel del restaurante. Platicábamos de temas generales con Avendaño y Licona, cuando llego una jeep/patrulla de la recientemente formada Guardia Civil. Dos de los agentes se bajaron y pidieron unos refrescos. "Estos jodidos no se aventuraron a pedir cerveza", dijo "el viejo Julio", se nota que se están portando bien. Los agentes se marcharon después de haber observado el área. "Yo creí que iban a levantar mi moto", dijo Padgett, consciente de que había dejado mal estacionado su pequeño medio de transporte. Pedimos otras cervezas cuando repentinamente Herman Allan exclamó "¡Ya lo tengo!".

El programa que sugirió Silvio se va a llamar "Las Aventuras de Margarito el Guardia". A Julio le dijo que sería el jefe, Avendaño, con su personaje "Cundo", sería su compañero de aventuras y guardia como él. Después de todo ya ambos eran clientes de "La Dalila", aunque no muy frecuentes lo que era bueno pues su nombre ya era conocido por el público. "De vez en cuando irán a la barbería", dijo, pero su principal campo de acción va a ser el cuartel de la guardia. González va a ser el secretario, explicó. Nos informó que "Margarito" y "Cundo" harían un reporte diario con el jefe. El jefe ordenaría las actas del día al secretario. "Imagínense todo lo que pasa en un cuartel de policía", dijo. Llevan bolos, pleitistas, carteristas, en fin. "Cundo" y "Margarito" ya tenían voz y estilo propio. Julio haría uso de la misma voz pues no era muy ducho en eso de cambiar voces. "González, consígase una voz y una personalidad para el secretario pues este programa también lo vamos a poner en escenarios, aunque de vez en cuando", dijo Herman. Avendaño comentó que el formato que Padgett nos presentaba se parecía al de "La tremenda corte", un programa radial originado en la CMQ de Cuba.

Aquel tenía un juez, un secretario, un personaje central, que era "Tres Patines", dos acusadores y una corte. Padgett respondió que de ninguna manera estaba copiando a "La tremenda corte". Hay diferencias enormes entre uno y otro, dijo, un tanto airado. Explicó que en su concepto, en el programa cubano las picardías las hacía un vago como "Tres Patines", aquí las aventuras y las picardías las hacían "Cundo" y "Margarito". Allá el juez sentenciaba, aquí el jefe los mandaba y los regañaba. Aparte, el "secretario" será el tipo "sobaleva" con el jefe, que de vez cuando, se hará cómplice de las aventuras de los dos guardias. Nos convenció. Me comisionó que le pusiera voz al secretario. Por varios días estuve probando varias entonaciones y ninguna me gustaba. Tampoco a Padgett. Avendaño sugirió que usara mi propia voz. Herman Allan se opuso aduciendo que sonaría muy "locutoril" y "con ese vozarrón", nos va a quitar el sentido informal que buscamos", argumentó Padgett. Faltaban días para que los equipos estuvieran debidamente instalados en el nuevo edificio de la radio y yo todavía no tenía la voz del "secretario", mucho menos su personalidad.

Avendaño y yo nos fuimos una tarde al jardín de Italia. Consumíamos unas cervezas, cuando un alborotado grupo de muchachos, estudiantes a todas luces, entró al salón. Había uno que destacaba por su estatura y por fornido. Entre aquella algarabía uno de ellos llamo a este "Hey, dulce meneo, vení para acá". "¡Ah que jodés vos, hombre!", contestó el interpelado. Me llamó la atención la agudeza de su voz, la que contrastaba con su físico. Cuando Abelardo y yo nos encaminábamos a la radio yo venía repitiendo "Ah, que jodés vos, hombre". No era raro que Padgett, Avendaño y yo, camináramos por las calle imitando voces. Era nuestra manera de ensayo y entrenamiento permanente, como le llamábamos. Eso también lo hacíamos cuando estábamos en algún restaurante, especialmente en el Jardín de Italia, El Salón Verde, la cafetería de la radio o El Pingüino.

Los meseros de aquellos lugares ya nos conocían y estaban acostumbrados y hasta gozaban de nuestras extravagancias. Para quien no nos conocía éramos un grupo de bolos o un puñado de loquitos recién sacados del neuropsiquiátrico.

Don Ave me miró con curiosidad. "Se me pegó lo que dijeron aquellos cipotes", le dije y creo que ya tengo al secretario. Le describí que sería un tipo fornido, después de todo yo todavía tenía algo de volumen y definición muscular debida de mis años de aprendiz de fisicoculturista. Va a ser como a ese que le llamaron "dulce meneo", le dije. También se me quedó el apodo de aquel muchacho, molde para el secretario. Avendaño estuvo de acuerdo. Se lo presenté a Padgett. Le gustó. El cuadro para el debut de "Las Aventuras de Margarito el Guardia", estaba completo.

Uno de los primeros programas de "Margarito" y "Cundo" fue un rotundo éxito, basados en las cartas y telegramas que recibimos de todo el País. Vale la pena reseñarlo. Margarito llegó muy entusiasmado al cuartel y le contó a "Cundo" que se haría muy rico pues se había encontrado lo que "Cundo" entendió eran doce millones que iba a traer un día de estos. Pero no le diga a nadie'. "Acuérdese que Usted y yo. Margarito, "semos" compañeros, amigos, casi hermanos". No se vaya a olvidar de mi '. "Cundo" se lo conto al "Secretario" y de paso le dijo que él y Margarito iban a traer los doce millones para contarlos. Siguiendo su trayectoria de buen "lana", "Cundo" le sacó dinero prestado al secretario. Aquí se lanzaba una crítica sutil en la voz del secretario cuando decidía que le prestaría el dinero, pero con intereses ya que el jefe no le paga ni "siquiera una miseria" y le pagaba cuando San Juan baja el dedo".

"El Secretario" le contó al jefe lo de los doce millones pero, "por favor jefe, jefecito, jefote, jefón, jefazo", no les diga que yo le dije. El jefe se frotaba las manos permitiendo a Margarito y a "Cundo", apalear bolos mal portados. "El secretario", para quedar bien con el guardia lo llamaba por varios nombres que pretendían halagarlo: "Teniente Margarito". "Y eso que esnnnn", contestaba Margarito. Esta fue otra frase que popularizó "Margarito". "Y eso que esnnnn".

Otras veces el secretario pretendía llamarlo, según él, en inglés. "Margot" O "Margaret". Finalmente, después de muchas peripecias, "Margarito" decidió traer el costal con los doce millones, los que iba a enseñar al jefe. Todos estaban a la expectativa. "Capitán Margarito", pregunta el jefe con mucha zalamería, "¿en ese costalito trae los doce millones?". "Así es, jefe". Aquí están los dos semillones de aguacate que me encontré y que voy a sembrar para hacerme rico después. "Verdad que son dos hermosos semillones?". Un día llego Ricardo Licona. Nos lo encontramos en la cafetería del primer piso de la radio. Acababa de hablar con don Silvio y ya era parte del equipo. Trabajaría haciendo algunos personajes en "Platicando con mi barbero", también tendría a su cargo algunos programas en otra de las estaciones de la compañía.

Con Mazariegos nos hicimos amigos casi de inmediato. Lo mismo con Alfredo Hoffman. Un día Alfredo nos enseñó el auto que había comprado. Era un Mercedes Benz, color negro, creo que modelo 58. Abordo de ese auto nos íbamos, los viernes principalmente, ya fuera al "Pingüino", Al "Riviera" a tomar cerveza y comer yuca con chicharrón o a las pupuserías de la carretera del sur. Un día me preguntó Alfredo porque no tenía carro. "No lo he pensado" le dije y, "aparte están caros". Me dijo que antes de comprar su Mercedes él había visto algunos autos, especialmente en la Agencia Merz. "Hay uno que esta bonito" me dijo, "y lo dan barato"; sólo que yo quería uno más grande.

El que me vendían en la Merz es un VW, de cuatro velocidades. ¿Vos sabés manejar carro de cambios?, me preguntó. "Hace algunos años tuve una amiga que me enseño precisamente a manejar en un VW, pero todavía estoy manudo", le contesté. Me había picado la curiosidad y avivado el deseo de tener un auto. Me acordé que yo conocía a Wadi Atala, de la agencia Merz. Lo fui a visitar y, por curiosidad le pregunté acerca del auto que me había mencionado Alfredo. Me lo enseñó. En verdad estaba bonito, como todos los carros cuando se desean, sobre todo por primera vez. Me dio el precio y las condiciones. Podía darle los 500 lempiras que pedía de prima, pero las mensualidades yo las consideraba altas. Eran unos 125 lempiras al mes. Acordamos que le firmaría una letra de cambio por mil lempiras, pagaderos en un año, más los quinientos de prima.

Eso sí, la letra tendría que llevar el aval del doctor Miguel Andonie Fernández, el propietario de la radio. Así los pagos mensuales serían más bajos. Lo consulté primero con Don Silvio, con quien fui a visitar al doctor Andonie. Se mostró dispuesto a ayudarme y firmó la letra. El día que tenía que recoger mi primer auto le pedí a Padgett que me acompañara pues yo no me sentía capaz de manejar en las horas de más tráfico en la tarde. La verdad es que no manejaba muy bien. Herman Allan fue conmigo hasta la agencia y trajo el vehículo a la radio. Él ya había vendido su motocicleta y manejaba un auto pequeño, color gris claro. Creo que era un Peugeot, también de cuatro velocidades. Esa noche después de concluido el "Show de la Pepsi Cola", me atreví a manejar hasta la casa. Entré corriendo ante el asombro de mi esposa y mi mamá. "Vení", le dije. Salió detrás de mí y corriendo ambos fuimos hasta el carro.

La invité a subir y tomando las precauciones del caso, nos fuimos a tomar yo una cerveza, ella un refresco. "¿No querés una cerveza?", le pregunté. "No", dijo. "No puedo". "Hoy fui al doctor y... estoy embarazada". El tercer vástago vendría a este mundo en abril de 1962. Se llamaría Tomás Antonio.

***

En 1961 cumplí 20 años de edad. Celebramos el acontecimiento en casa, con mi familia y la familia de mi esposa. Días después con mis compañeros de programa. A pesar de lo alegre de las celebraciones había algo que me inquietaba.

“Me estaba haciendo viejo.” En diez años más tendré treinta y empezaré la pendiente hacia abajo”, pensé.

Quería hacer algo diferente pero no sabía qué. Entre copa y copa lo platiqué con “Toño” Mazariegos y con Avendaño. Se rieron. “Vos sí que estás loco”, me dijo Mazariegos.” Nosotros somos mayores que vos un par de años y nos sentimos en plenitud de nuestra fuerza y capacidad” señaló, “y aquí estás vos con esa paja de sentirte viejo, a los veinte años”. No pude o no supe explicarles lo que yo quería pues yo mismo no lo sabía. Tenía a mi esposa, dos lindos hijos, casa propia, ganaba adecuadamente como para vivir con cierta comodidad y gozaba, en compañía de mis amigos del programa y de la radio, de un aceptable nivel de popularidad. Pero había algo que me incomodaba. Quería viajar y conocer el mundo y lo más lejos que había llegado había sido las ciudades de Guatemala y San Salvador. Me gustaba mucho México; José Jorge Villeda me había hablado bastante de aquel país y su gente con la que había convivido en sus días de estudiante de publicidad en la capital Azteca.

Por otra parte, su hermano, Guillermo, nos platicaba de los Estados Unidos. Estaba por graduarse de arquitecto en la Universidad de Gainesville, en La Florida. A los veinte años yo estaba casado y eso en sí, ya era una responsabilidad enorme pues nos acompañaban dos hijos con los que se había contraído la solemne obligación de la paternidad.

***

Cuba seguía ocupando prominentes espacios en la prensa mundial. Para Octubre, los servicios de inteligencia de Los Estados Unidos habían detectado, en la parte del territorio cubano más cercana a La Florida, el establecimiento de bases militares con plataformas para cohetes de largo y mediano alcance.

El tablero de ajedrez político-militar mundial estaba nuevamente en la mesa de las crisis bélicas. Esta vez había armas nucleares de por medio. La Unión Soviética, liderada por Nikita Khruschev, aprovechando la coyuntura ofrecida por la desastrosa política de rechazo de Estados Unidos hacia el nuevo régimen cubano, había decidido extender su estrategia militar hacia América Latina, concretamente Cuba, para contrarrestar el cinturón de cohetes nucleares que desde Europa Occidental, apuntaban hacia su territorio.

Cuba sería su punta de lanza.[31] Cohetes con ojivas nucleares amenazando desde la isla a territorio estadounidense serían los elementos de disuasión soviéticos. Lo que siguió en esos "seis días en Octubre" de 1962 ha quedado debidamente registrado en el libro "Lessons in Disaster" del autor Gordon Goldstein. Este autor señala que, basándose en informes y reportes oficiales, ahora de acceso público, las dos superpotencias pusieron al mundo y a la humanidad entera al borde de una catástrofe nuclear de impredecibles consecuencias. Todo comenzó cuando aviones de reconocimiento U2 de Los Estados Unidos, detectaron y fotografiaron el proceso de construcción de las rampas de lanzamiento de cohetes de largo y mediano alcance. Uno de estos aparatos de vigilancia aérea fue derribado sobre territorio cubano por cohetes "tierra-'aire" de fabricación soviética en 1962.

Las tensiones venían en aumento entre la URSS y los Estados Unidos cuando, el primero de mayo de 1960 se dio el derribamiento de un avión espía, tipo U2, sobre territorio ruso.[32] El piloto de esta aeronave, Francis Gary Powers, fue hecho prisionero por los soviéticos. Khruschev había jugado

31 "Cuba sería su punta de lanza" ("Lessons in Disaster" del autor Gordon Goldstein)

32 Las tensiones venían en aumento entre la URSS y Los Estados Unidos cuando,el primero de Mayo de 1960, se dió el derribamiento de un avión espía tipo U-2. (Revista Bohemia. Emisiones de Radio Rebelde captadas en Honduras.Notas del autor)

bien sus peones y tenía suficientes elementos para justificar la presencia militar soviética en el territorio de su nuevo aliado, este a escasas noventa millas de territorio estadounidense. Esos días fueron de incertidumbre para todos. Algunos amigos, que se habían unido a un grupo de activistas anticomunistas que había contribuido a formar un agregado militar, obviamente agente de la C.I.A., de la embajada estadounidense, se presentaron ante este agregado militar para ofrecerse como voluntarios ante la eventualidad de un ataque e invasión a Cuba.

Esa agrupación, con la se habían dado algunos enfrentamientos de menor escala, casi siempre verbal, con grupos estudiantiles de izquierda, había sido bautizada como "La quinta columna". En Radio América, concretamente en "Platicando con mi barbero" nosotros hablábamos, en tono serio, de lo peligroso de la situación. Richard Pedraza hacia comentarios en "Noticiero el Minuto". Sus comentarios, no obstante ser cubano y estar decididamente en contra del régimen de La Habana, eran imparciales y mostraban su capacidad y calidad periodística.

Afortunadamente, la historia registra la forma en que concluyo aquel evento y como la humanidad se salvó de una hecatombe nuclear. La enorme capacidad política del Presidente John F. Kennedy había quedado de manifiesto cuando no solo demostró a Nikita Chruschev, su archirrival soviético, su determinación de detener la instalación de cohetes nucleares en Cuba sino que también supo negociar con los soviéticos el retiro de los cohetes nucleares estadounidenses instalados en Turquía que tenían como blanco el territorio ruso. No se había dado el jaque mate que muchos esperaban y el que se hubiera manifestado con apocalípticos hongos nucleares a ambos lados del océano. Días después en el programa regresamos a la normalidad critico- satírico- humorística. Decíamos que Honduras, como amiga de Estados Unidos, había puesto sus "divisiones" armadas a la disposición de su "aliado" del norte y que por eso los soviéticos habían echado pie atrás.

***

Estábamos en la cafetería de la radio cuando llego Ricardo Licona. Nos saludó con la voz de su personaje "Flor" y a continuación nos hizo una demostración de otro personaje en el que estaba trabajando. Era una lora. La imitación de una lora no es nada fácil, pero Ricardo, con talento excepcional, nos convenció de que el sí podía imitar, casi al mismo tiempo, la voz de "Flor" y la que desde ahora sería su "Lorita". Los personajes serían "Flor" y su "Lorita". Nos llegaban más invitaciones. Fuimos de visita a Danlí. El cine en el que nos presentamos estaba a reventar. Nos había acompañado el coronel Mario Laínez a quien por su corta estatura pero recia musculatura, apodaban "Súper Ratón". El coronel, como le decíamos, era parte de un trio musical y se acoplaba muy bien con sus compañeros, aunque estos no eran militares. Curiosamente, entre ellos se bromeaban cáusticamente. "Ustedes no son militares", les decía cuando les quería llamar la atención para que fueran más disciplinados y llegaran a los ensayos a tiempo. "Ni vos sos cantante", le respondían.

Terminando nuestra actuación se nos acercó una dama, algo entrada en años pero bien acicalada y maquillada. Pidió específicamente saludar a "Don Fígaro". Este la saludó amablemente e intercambio palabras de agradecimiento con la señora, quien le sonreía constantemente. "Ya el viejo amarro", dijeron Avendaño y Licona, quien había hecho un extraordinario monólogo, usando alternativamente a "Flor" y a "La Lorita". Me grabé el tono de voz de la admiradora de Julio. Días después, estando en el cierre del programa, me salí del libreto y "entré" a la barbería. "Hola Fígaro", le dije, haciendo una voz femenina entrada en años. "¿Ya no te acordás de mí?". "Soy yo, Perdularia" y vine para ver si me podes unos centavos dar para darles leche a los cipotes que han estado a pura tortilla con sal".

Julio salto prácticamente pues no se esperaba aquella improvisación, pero mantuvo control. "¿Perdularia?", preguntó extrañado. "Sí, viejo, acordate que nos conocimos allá donde nació el niño, en Belén". Esa vez hasta Padgett rio a carcajadas en el programa. Momentos después y ya en nuestro centro de operaciones, que era en lo que se había convertido la cafetería de la radio, Herman Allan me amonestaba alegremente. "No joda González, les he dicho que no se salgan del libreto y es lo primero que usted hace". "Usted todo lo quiere hacer a su manera", dijo en tono airado "Pero le gustó, ¿verdad?", contesté. Aceptó que el personaje, con todo y nombre, le había gustado y que la incluiría en los próximos libretos. "Vamos a crearle una "relación" a "Fígaro", dijo.

Pero, como todos los personajes nuevos, entraría en forma paulatina. "¿De dónde saco el nombre de "perdularia"? me preguntó. Le conté que había nacido después de la presentación que habíamos tenido en Danlí y cuando aquella señora llegó específicamente a saludar "al viejo". A Julio no le parecía la presencia del nuevo personaje: "Vos me estás creando problemas en la casa", me dijo un día. "¿Por qué?" le pregunté; "mi mujer piensa que es que de verdad ando o he andado con otra", contestó secamente. Ricardo Licona, que estaba cerca y había escuchado la conversación dijo entre risas "Como dice Mona Bell (una cantante chilena de moda en esa época). Ya lo sabía, al viejo lo cachimbea la mujer". "Vos cállate jodido y deja de hablar papadas", fue la respuesta de Julio.

Por alguna razón que nosotros desconocíamos, las cosas, era obvio, no andaban muy bien entre Padgett y Avendaño.

A veces se ignoraban o se hablaban a medias. Cuando se le preguntaba, Abelardo se limitaba a decir que "quiere güevos con este Padgett" y Padgett decía que "Don Ave hace cosas que no me gustan". Pero hasta allí. Por el "Show de Pepsi Cola" desfilaron varios artistas de nombre internacional. Fue así como conocimos a "Los Tres Reyes", "Los Hermanos Rigual", "Los Panchos" y otros. Una mañana, después del programa y tomando nuestro acostumbrado café con sandwichito, llegó don Silvio. "Quiero hablar con ustedes", dijo con firmeza. "Con los cuatro"!!. Nos invitó a que fuéramos a su oficina. Contrario a la amabilidad y cordialidad que siempre mostraba, esta vez parecía estar molesto. Subimos al segundo piso y nos reunimos en su despacho. Nos dijo que sería breve. Y así fue. "Platicando con mi barbero" había bajado ligeramente en los ratings de auditorio. "La Aventuras de Margarito el Guardia" estaba muy bien. "Bingo y Tomasín", también había bajado y había que darle mayor agilidad. "Si es necesario, métanse a la política", nos dijo. Padgett argumentó que estábamos cargados de trabajo pues eran tres programas diferentes al día. Aparte teníamos el "Show de Pepsi Cola", que también requería libreto separado. Don Silvio respondió diciendo que en lo de los libretos había un poco más de libertad pues, le dijo a Padgett, "Tomás Antonio y Avendaño, también libretéan o a veces improvisan y eso lo hace menos monótono". Herman Allan entonces presentó un argumento que hasta ese momento nos había sido desconocido. "Si, pero a mí me cobran por libretear". Salté de inmediato. "A ver Padgett, ¿cuándo le he cobrado a usted o a don Silvio por los libretos que hago?". "No, usted no, González" contestó. Comprendimos de inmediato el porqué de la tensión que habíamos venido observando entre Herman Allan y Avendaño. Don Silvio guardó silencio por un momento y luego nos dio una noticia que nos entusiasmó bastante. "Va a venir Miguel Aceves Mejía", informó. "Lo vamos a presentar en funciones especiales desde el Teatro Centenario. La presentación será por tres días y habrá pago extra para cada uno de ustedes." Nos despidió, menos a Avendaño y a Padgett, con quienes quería hablar en privado. Nunca trascendió lo que hablaron. Lo cierto es que Avendaño dejó de escribir libretos y se limitaba a improvisar, de vez en cuando, algunas líneas, especialmente en "Platicando con mi barbero".

***

Con mi familia salíamos los fines de semana abordo de aquel magnífico VW el que a veces cargaba más del número de personas para el que había sido construido. Sábados o domingos nos íbamos a Mateo a orillas de un pequeño río en donde los niños jugaban alegremente y se divertían tirando piedras al agua y mirando lo que, para ellos, eran peces que no pasaban de ser brillantes olominas. En dos o tres oportunidades nos fuimos todos a las playas de Cedeño. La pasábamos muy bien. Un viernes por la tarde, sabiendo que no habría programa de la Pepsi Cola esa noche, mi mamá me pidió que la llevara a visitar a su prima María Rodríguez, que estaba de visita en Tegucigalpa procedente de la ciudad de Los Ángeles, en donde residía desde hacía ya varios años. La llevé a con gusto. Saludé a doña María, le pregunté por sus hijos, mis primos Wilfredo e Ismar. "También están allá", me dijo. Wilfredo está estudiando e Ismar pronto va a ir a prestar servicio militar pues ya le llamaron del ejército, dijo. Me contó algo que marcaría mi vida a partir de ese momento. "Ismar se presentó en un concurso de aspirantes a locutor en una radio en español pero, ya ves, lo llaman del servicio militar y ya no va a poder". Le pedí más detalles de la radio. "Hay una que es bastante popular, se llama Radio Kali", me informó y transmite las 24 horas".

Agregó que los locutores que trabajaban en esa estación ganaban muy bien, según se había informado y disfrutaban de un status social bastante respetable. Aquello se me grabó profundamente y cambiaría decididamente el rumbo de mi carrera profesional.

El show con Miguel Aceves Mejía sería el martillazo decisivo en la idea que había sembrado en mí la información que sobre la radio en español de Los Ángeles me había dado doña María a quien mi mamá había ido a visitar pues tenía la intención de viajar a Los Estados Unidos. Su prima, doña María, tenía un Boarding House y mi madre deseaba tener más información acerca de aquel país, particularmente de la ciudad de Los Ángeles.

Cuando terminó aquella visita de cortesía mi madre venía entusiasmada. Deseaba visitar y, así lo había acordado, a su prima. Hablamos en forma casual de su pretendido viaje "pero", me dijo, "no sé por dónde empezar, María dice que tengo que llenar algunos requisitos y presentar una solicitud en el consulado de Estados Unidos." Se me ocurrió decirle que le pediría más detalles al abogado Gustavo Acosta Mejía quien me daría la información requerida. Días después visité a mi amigo en su bufete. Le pedí y me dio los detalles que yo quería. Me explicó, sin embargo, que si lo que mi mamá quería solicitar era una visa de residente, tendría que llenar una serie de trámites diferentes a los de lo de la visa de turista. Aparte estaba de por medio su edad, como me había explicado el licenciado Acosta quien me dijo que no era lo mismo en el consulado expedir una visa de residente a una persona joven que a una de mayor edad, particularmente mujer. Se lo comenté a mi mamá y casi con indiferencia le pregunté: "¿Te querés quedar allá?, ¿por qué?". Me dio una respuesta vaga.

***

Parecía que las cosas no andaban muy bien entre Avendaño Y Padgett. Contrario a los primeros días de nuestra llegada a Radio América, notábamos un distanciamiento cada vez más acentuado entre ambos. Esto inclusive, se notaba en los programas en los que participábamos todos, especialmente en "Las aventuras de Margarito, el Guardia". En una ocasión, dentro del libreto, Padgett, más bien "Margarito", tuvo un intercambio de palabras improvisadas con su compañero de aventuras, "Cundo". "Mire Cundo", dijo, "lo que pasa es que usted todavía no bota el monte y todo le da miedo, en lugar de "Cundo" debía llamarse "dundo". Avendaño se puso colorado pero logró controlarse y en forma rápida riposto:' "No, Margarito, es que usted sólo quiere apalear bolos para morderlos sólo. Usted es un penco subido". Afortunadamente intervino Julio, en su papel de "el jefe". Los mando a callar diciendo: "¡Silencio!" o los meto a la bartolina a los dos. Ese programa tuvo tremendo éxito, especialmente porque por primera vez se usaba la palabra "morder", equivalente a cometer un acto de soborno por parte de un agente de la ley.

Obviamente, los que se mostraron disgustados con nosotros fueron a los agentes y oficiales de la guardia civil, quienes consideraron que les estábamos atacando y acusando de corrupción. Eso quedó de manifiesto en una oportunidad en que yo manejaba por la calle del Guanacaste. Oí el silbato de un agente, quien me levantó la mano en señal de alto. Me detuve. Me pidió la licencia y le mostré una hoja de permiso temporal especial que me había extendido el capitán Rafael Padilla. El agente leyó el documento. "Lo detuve", me dijo, "¿por qué anda manejando con las luces apagadas?", era de noche. Luego dijo algo que yo no esperaba. "¿Así que usted es uno de esos que trabajan en la radio y que nos acusan de morder y apalear bolos?". "Le voy a confiscar este permiso y le voy a dar una esquela. Me dio una citación policial.

El cuartel de la Guardia Civil quedaba a menos de media cuadra del edificio de Radio América. Al día siguiente le comenté a López Fuentes lo que había pasado. "Hablá con el Capitán Padilla", me recomendó. Así lo hice fui a las oficinas y pedí hablar con dicho funcionario. Le expliqué lo que había pasado y le comenté que, al parecer, aquel agente estaba molesto por los chistes que hacíamos en el programa de "Las Aventuras de Margarito el Guardia". "La verdad", dijo, "es que ustedes nos están criticando mucho y los agentes miran eso como una burla". Acepté la explicación que me daba pero traté de hacerle ver que tanto en ese programa, como en "Platicando con mi barbero", también criticábamos a otros funcionarios del gobierno y de las fuerzas armadas y ninguno de ellos nos había hecho ningún reclamo. Me dijo algo que más tarde compartiría con mis compañeros. "Sólo que esos funcionarios no están todos los días exponiéndose en la calle, como estén nuestros agentes", dijo en tono serio.

No obstante pidió el expediente y anuló la esquela y procedió a extenderme otro permiso provisional. El permiso que yo portaba y que me había confiscado el celoso agente de la ley, había caducado hacía ya varias semanas. Cuando le comenté el incidente a mis compañeros Avendaño culpó a Padgett diciendo que en casi todos los libretos que este escribía para "Las aventuras", había una crítica abierta en contra de la "Guardia Civil". Herman Allan protestó con vehemencia aduciendo que Abelardo exageraba pues él no criticaba a nadie y "Margarito" era un personaje que más bien trataba de humanizar a los agentes policiales. Licona y yo escuchábamos aquel intercambio verbal al que Julio López Fuentes, haciendo gala de un sentido de diplomacia bien utilizada, puso fin invitando a unos "traguitos" con su respectiva "boquita" de tortillita tostada con frijolitos fritos".

***

En esos días se había unido al equipo de Noticiero "El Minuto", un muchacho que comenzaba a darse a conocer como reportero y lector de noticias. Era sumamente amable y cordial con todos nosotros, especialmente con el equipo de "Platicando con mi barbero". Me parece que había trabajado en la N o en Radio Comayagüela. Se trataba de Juan Bautista Vásquez de quien Richard Pedraza decía que reunía todos los requisitos para ser un buen comentarista radial. Siempre me llevé muy bien con Juan Bautista. Siempre que nos saludábamos el hacía uso de un amable "Ajá, Tomasito, ¿cómo le va"?

Otro que llegaba y escribía comentarios, en mi opinión, bien enfocados y con una lógica que enmarcaba con mucha elocuencia, era Amílcar Santamaría, cuyos artículos eran leídos en el noticiero matinal, en algunas ocasiones, por Richard Pedraza. También con Amílcar tenía yo, una buena relación. Algunos decían que sus comentarios eran muy "vitriólicos", especialmente cuando criticaba al gobierno.

***

En una ocasión el coronel Oswaldo López Arellano nos invitó a que fuéramos a una hacienda de Marcala, creo que era una hacienda de un familiar que él tenía en aquella ciudad. Extendió la invitación a todo el equipo de "Platicando con mi barbero" y nos informó que viajaríamos abordo de una avioneta de la fuerza aérea, la que estaría piloteada por el coronel Armando Escalón. Era la primera vez que nosotros viajábamos abordo de un aparato de este tipo y, desde luego, fue toda una experiencia inolvidable. Licona se encargó de hacerla todavía más memorable ya que en la pequeña maleta, que cargaba consigo, pues la avioneta era para seis pasajeros, llevaba una botella de whisky "para calmar" los nervios pues el pequeño avión se sacudía con fuerza cada vez que entrábamos en área de turbulencia.

Esto, para el coronel Escalón, todo un as de la Fuerza Aérea de Honduras, era normal pues sabía controlar aquella aeronave. Para nosotros era otra historia. Creo que fue la primera y posiblemente la única vez que vi a Julio López Fuentes rezando seriamente. Me parece que decía algo así como “Padre Nuestro, ten piedad de nosotros”. Creo que todos nosotros, en nuestro fuero interno, estábamos odiando el momento en que aceptamos aquella invitación. El único que mantenía la calma y hasta reía alegremente era el coronel Escalón. “Ya vamos a salir de esta zona que tiene muchos bolsones de aire”, nos dijo. En efecto, minutos después el avión navegaba tranquilamente y nosotros, entre trago y trago que “para calmar los nervios” nos daba Licona, admirábamos el bello paisaje, lleno de pinares, sobre el que volábamos. Aterrizamos sin mayor novedad. Nos esperaba el coronel López y un grupo de amigos. Nos hospedaron en una casa amplia en donde, por demás está decirlo, los anfitriones no escatimaron esfuerzo por hacernos sentir bien. Entre los que nos recibieron en el campo de aterrizaje, una larga pista de terracería, estaba, aparte del coronel López, mi tío materno José María “Chema” Durón. “Púchica”,” ustedes sí que vienen colorados y medio “carones” dijo sonriendo el coronel. Era muy campechano y sumamente amable con nosotros. Se me grabó su expresión y entonación al decir “púchica”. El Coronel Escalón le explicó que habíamos encontrado turbulencia y habíamos casi terminado la botella que Ricardo trajo para calmar los nervios. “Se van a tener que terminar otra cuando se vayan de regreso el domingo”, dijo el coronel López riendo. Desde luego que la invitación obedecía a un evento que se celebraba esa noche en un centro social de aquella pequeña como colonial ciudad y, naturalmente, el coronel quería que hiciéramos una de nuestras presentaciones. Primero hicimos un sketch de “Bingo y Tomasín” en el cual Padgett, quien me había criticado por usar la palabra “huevos” en una de nuestras presentaciones en la ciudad de Tela, hizo reír al público cuando en el diálogo me preguntó: “oye Tomasín, ¿sabes cómo está el costo de la vida entre nosotros ahora?”. “No Bingo, sé que todo está caro pero no conozco las estadísticas, dime tú como está la cosa". "Bueno Tomasín, para empezar, la cosa esta dura porque fíjate que antes cuando ibas al mercado, un huevo costaba un peso". Le interrumpí como lo acordaba el libreto: "¿Y ahora?", ¿están más baratos?". "Al contrario, ahora ganarse un peso cuesta un huevo" contestó, ante la risa generalizada del público.

En el sketch de "Platicando con mi barbero" el éxito fue aún mayor. Herman Allan y Avendaño comenzaron con una dialogo entre "Margarito" y "Cundo" que habían ido a cortarse "la melena", como decía "Cundo". Más adelante "Don Fígaro" encendió un radio ficticio, en donde en un también ficticio noticiero tanto el "coronel" y "el doctor", daban declaraciones al noticierista, que era yo. El "doctor" decía algo así como: "En el devenir histórico de los pueblos, cuando se une la simbiosis cívico mística es cuando el pueblo, tiene que querer a su presidente, es el imperativo categórico inevitable para el avance a una sociedad mejor. Hemos ganado la botella...Digo, la batalla, ni un vaso atrás, beberemos, cha cha cha, siempre adelante. ¡Salud!", elevaba un vaso. (El lema de presidente era: "Hemos ganado la batalla. Ni un paso atrás, venceremos".) Luego le tocó el turno al "coronel", quién dijo más o menos. "Púchica hombre, es que como garantes de nuestro lema inmarcesible de Honor, Lealtad, Sacrificio, nosotros los soldados de la patria estamos y no andamos con papadas porque estamos conscientes de que debemos llegar al sacrificio máximo en aras de aquello que dijo el que lo dijo, el derecho ajeno es la paz...cabecera departamental de este municipio. He dicho y lo digo de nuevo...Salud y púchica, ya los veo a todos carones porque están chupando en serio".

Esto último lo improvisé recordando su saludo de la bienvenida al medio día. Levantaba también un vaso. Todos rieron y aplaudieron. Ricardo Antonio se llevó la noche cuando, en la caracterización de "Flor", hizo su entrada "alocada" a la barbería para que "Fígaro" le pintara los "colochos". Fue una presentación inolvidable, como la llamaba Padgett. El Coronel y sus asistentes nos felicitaron. "Creo que me imitas bien, pero yo no digo esas papadas así", me dijo. "También imitas bien al doctor", agregó en tono alegre. Sin embargo, yo no había mencionado ni especificado nombre alguno. Regresamos a Tegucigalpa sin mayores contratiempos. Fue un vuelo tranquilo, sin turbulencia, durante el cual hacíamos recuerdos de lo bien que nos habían atendido en la casa del coronel López Arellano y lo alegre y bien organizado del evento la noche del viernes. El coronel López Arellano derrocó al presidente Villeda Morales en 1963 y se convirtió en jefe de estado. Por medio de golpes militares fue jefe de estado tres veces.

El coronel Escalón nos platicó de las diferentes rutas que le había tocado cubrir y nos comentó que una de las de mayor turbulencia era la que llevaba a puerto Lempira, en el departamento de gracias a Dios. Ahí hay una zona de fuerte turbulencia y eso que por los regular los vuelos los hacemos en aviones DC3. Aterrizamos al filo del mediodía. Agradecimos y nos despedimos del coronel Escalón.

***

Nos estábamos preparando para la presentación que tendríamos en el teatro Centenario acompañando a Miguel Aceves Mejía. Padgett decía que deseaba hacer algunos cambios en nuestra presentación. Proponía que tanto Avendaño, como él, vistieran un uniforme similar al que usaba la Guardia Civil. A Julio López Fuentes le propuso que vistiera un uniforme caqui y yo, en mi calidad de secretario debía vestir un saco y corbata.

Abelardo se mostró displicente y dijo que le daba lo mismo vestir un uniforme o simplemente usar el vestuario regular. Yo me opuse a vestir saco y corbata. Le expliqué a Herman Allan que la imagen que yo tenía del secretario estaba más acorde con la forma de vestir y comportarse de aquel estudiante que había visto en el Jardín de Italia. Le dije que lo que buscaba era el contraste. Pantalón "Blue Jean" o algo similar, una camiseta ajustada para mostrar la musculatura. Me pondría un bigote, lo que le daría una imagen bastante masculina al "secretario", la que contrastaría con la atiplada voz que usaría. También le informé a Padgett que quería salirme del libreto si se presentaba la oportunidad. Curiosamente estuvo de acuerdo en la improvisación y en el vestuario. "El viejo" estuvo en total desacuerdo en vestir un uniforme caqui. "No jodás, hombre", dijo cuándo le tocó su turno, "como crees que me voy a poner un uniforme caqui si los guardias visten color gris. Los militares se van a "arrechar" si me presento como jefe de la guardia vistiendo uniforme de "chafa" y los guardias se van a encachimbar conmigo por lo mismo". Tenía lógica lo que decía. Herman Allan argumentó que lo nuestro era una actuación y que nosotros no teníamos ninguna preferencia política, al menos en el aire pues nuestro programa era satírico-cómico y no le hacía propaganda a ningún bando. Avendaño argumentó que estaba de acuerdo con el "viejo". "Por mi parte yo no estoy de acuerdo en que nos pongamos un vestuario que semeje al uniforme de la guardia. Ya viste lo que paso el otro día con Tomás Antonio cuando lo detuvieron", dijo. Curiosamente fue Licona, quien no era parte de "Las aventuras de Margarito", quien presentó la propuesta más sensata. Nos hizo ver que "Margarito el guardia" era un personaje genérico.

El nombre del programa no era "Margarito el Guardia civil", sino que simplemente "el guardia", lo que lo hacía genérico y se podía tomar como guardia de seguridad nada más. Yo expuse la idea de que eso cambiaba todo el concepto del programa ya que también contábamos con un "jefe" y un "secretario", lo que lo hacía aparecer como un cuartel policial. "Entonces," dijo Licona, que sean guardias voluntarios, así no se identifican con un solo grupo. Acordamos que ninguno de los personajes vestiría uniforme o ropa que lo identificara con la guardia civil. Herman Allan dijo que en cuanto a "Platicando con mi barbero", que sería la presentación estelar con Aceves Mejía, quería que cambiáramos libreto. Nos informó que había estado pensando en darle mayor participación a "flor" y su "lora". Comisionó a Licona a que escribiera algunos temas adecuados a sus dos personajes. También dijo que quería crearle una "novia" a "don Fígaro" y para ello usaríamos a "doña Perdularia" el personaje que yo había creado improvisadamente cuando actuamos en Danlí. "Ese personaje esta bueno pues nos saca de la rutina", dijo Padgett. "Lo malo", dijo Licona riendo, "es que al "viejo" lo van a cachimbear en su casa". Nos reímos.

Cada uno de nosotros tendría que escribir un libreto según los personajes que le tocaba representar. Padgett dijo que daría mayor participación a "flor" y a "doña perdularia" y a "don Fígaro", para irlos fogueando y promocionando para cuando llegara el día de la presentación. Serían dos shows diarios. El primero en arrancar sería el de las "Aventuras de Margarito el Guardia" y su compadre "cundo" y el segundo, el estelar, "Platicando con mi barbero".

Una semana después se inició la promoción de la presentación de Miguel Aceves Mejía, "el rey del falsete", "Las aventuras de Margarito, el guardia" y Platicando con mi barbero" con todos sus personajes. La "gran" presentación se haría cuatro semanas después. Estábamos en el mes de septiembre de 1962. Celebramos mi cumpleaños número 21 en una de las muchas "truchas" que había en el entonces pequeño caserío de Suyapa. Fue Mazariegos el de la idea pues, según dijo "sólo una vez se cumple 21 años". Recuerdo que estuvieron con nosotros, aparte de Mazariegos, Hoffman, Licona, "el viejo" Julio, Roberto González, un magnífico locutor y actor de radio novelas, Abelardo Avendaño y, desde luego, yo.

Padgett se disculpó aduciendo otros compromisos que tenía que cumplir. Mazariegos nos confió que aquel lugar, ubicado en una casa de esquina a la entrada del pequeño poblado, era su favorito pues a él lo trataban con especial atención. Los propietarios del lugar no escatimaron esfuerzo por quedar bien con nosotros. Como habíamos pedido una botella de whisky, nos sirvieron "boquitas" de carne asada de Olancho, con su respectiva dotación de tortillitas recién salidas del comal. También nos dieron, hasta donde recuerdo, boquitas de frijolitos fritos con chicharrón y chorizo asado. El inconveniente fue que muchas personas que nos habían reconocido se arremolinaron en torno a nuestra mesa y casi no podíamos departir a gusto. "Allí están los barberos" o, allí están los de Radio América", eran los comentarios que escuchábamos. Muchos se nos acercaron a preguntarnos por "Margarito". Otros querían saludar a "don Fígaro" y así por el estilo. Nos retiramos cuando ya caía la tarde. Teníamos que hacer el "Show de Pepsi Cola". Creo que el show de esa noche fue uno de los más comentados por mucho tiempo. En uno de los actos, entre "Cundo', Margarito, "el jefe" y "el secretario", se desarrollaba una conversación entre los dos primeros. Fue Avendaño quien, algo "alegre" por la celebración de la tarde le dijo a Margarito, saliéndose del libreto e improvisando algunas líneas:" Oiga Margarito, usted sabe que yo lo "apreceyo" con todo mi aprecio y usted me cae bien hasta la ignominia, por eso le voy a decir una cosa, cuando usted vaya a ser papá, permítame cumplir con el sagrado deber de bautizarle el chiquito". No sé si las carcajadas del público se debieron al impromptu o a la expresión de Padgett, quien rápidamente dijo: "eso no estaba en el libreto, "dundo". "No se encachimbe, hombre," dijo Abelardo personificando a "Cundo", y siempre continuando con la línea de la improvisación, "si yo sólo quiero que usted "seya" mi compadre, así como aquel presidente de Guatemala que vino el año pasado a bautizarle el chiquito al doctor. Las risas y los aplausos fueron estruendosos. Padgett, a través de "Margarito" se limitó a decir: "¡ahhh! ta güeno puesnn". Terminado el programa hubo un conato de reyerta entre Abelardo y Herman Allan. Este decía que no aceptaría que ninguno de nosotros volviera al programa después de haber tomado licor. Sumamente enojado, Herman Allan reclamaba que Abelardo lo había tomado por sorpresa al improvisar aquellas líneas. Julio y yo le hicimos ver que al público, era evidente, le había gustado la forma en que se había desarrollado el sketch, lo que había quedado demostrado no sólo por las risas que el diálogo había provocado, sino que por los sonoros aplausos que la actuación de ambos había generado. Aparte, le dijimos, "al público ni le interesa ni sabe si estábamos improvisando o no, simplemente le gusto lo que hicieron ustedes dos. Punto. "Llegó el día de la presentación de Miguel Aceves Mejía. Eran dos actuaciones, una a las tres de la tarde y la segunda a las siete de la noche. Prácticamente tuvimos "casa llena" en los tres días que duró la presentación. El famoso intérprete mexicano era una persona bastante amable y accesible, al menos con nosotros pues algunos de los integrantes del mariachi que le acompañaban se quejaban de que se mostraba sumamente arrogante y exigente con ellos. "¡Es un hijo de la chingada!", nos dijo uno de los músicos. Esta era la primera vez que, al menos yo, escuchaba aquella expresión. Nos comentaron que habían hecho la gira por varios países de América Latina, habían estado en Argentina, en donde, nos dijeron, el famoso interprete se había comportado sumamente altanero con casi todos ellos. Al parecer, la acompañante de Aceves Mejía, una exuberante rubia, era de aquella nacionalidad.

Estábamos en el camerino del "rey del falsete". Hablamos de varias cosas. Nos felicitó por el programa que habíamos hecho y nos auguró muchos éxitos. Nos habló de lo mucho que le complacía estar en Honduras y nos informó que después de Tegucigalpa, el viajaría a Los Ángeles, en donde tenía amistades, descansaría unos días para luego regresar a México, en donde empezaría la filmación de una película. Me interesó la conversación. Le pregunté acerca de la radio en español en aquella ciudad estadounidense.

Me sorprendió agradablemente cuando me informó que él era amigo y "compadre" del director de Radio Kali, la estación en Español, número uno de Los Ángeles, según expresó con cierto nivel de orgullo. Le pregunté si había otras estaciones que transmitieran en nuestro idioma. "Hay una más", dijo, "es la KWKW". "Bueno, siendo así, tiene que haber una número uno y una número dos", pensé. Le comenté que yo estaba interesado en viajar a Los Ángeles en donde yo también tenía familiares y ya que él era amigo del director de una de estas dos estaciones de radio, le agradecería mucho si me permitía usar su nombre con el director de Radio Kali, pues mi intención era probar suerte y tratar de emplearme en la radio de Los Ángeles." Mi compadre se llama Tony Moreno", me dijo. A continuación en un trocito de papel, escribió nombre y dirección de la radio. Guardé aquel papel con mucho cuidado.

Me informó con toda honestidad, que no era fácil conseguir un empleo en la radio en español de Los Ángeles. Me preguntó para cuando tenía planeado mi viaje. Le informé que sería hasta el próximo año, 1963. "Aunque es un mercado muy grande, sólo hay dos estaciones de radio que transmiten en español y desde luego la competencia por un empleo es muy dura", dijo. Se ofreció amablemente a dar una buena recomendación para mí, ante su amigo y compadre.

Realmente yo no estaba seguro todavía si debía tomar seriamente aquella idea de viajar a Los Estados Unidos, prácticamente a aventurar. En Radio América tenía un empleo que parecía ser sólido. Ganaba un buen sueldo que me aseguraba a mí y a mi familia, una situación económica más o menos holgada. Pero había algo que ya días me había hecho reflexionar en el rumbo que seguía nuestro grupo radial. Había constantes roces entre Padget y Avendaño.

Es cierto, también yo había tenido momentos tensos con Herman Allan y, en menor escala, con Abelardo, pero los habíamos solucionado poniendo un poco de buena voluntad. Es más, entre Padgett y yo había nacido una relación amistosa que, en ocasiones, parecía llegar a los límites de lo fraternal. Frecuentemente salíamos a departir y a tomar una, o más de una copa. Cambiábamos impresiones acerca de los programas a nuestro cargo y hacíamos comentarios diversos acerca de la realidad nacional.

Sin embargo, entre mis dos compañeros parecía que se profundizaban las diferencias, que ya daban paso a un antagonismo que, al menos para mí, no tenía sentido alguno. López Fuentes y Licona también mantenían una prudente distancia y evitaban involucrarse en lo que ellos también consideraban problemas ajenos. Herman Allan actuó en una sola presentación. Adujo que tenía algunos problemas que solucionar y eso le impedía continuar en el escenario por un par de días; exactamente lo que duraría la presentación. Tuvimos que reorganizar los libretos, especialmente el de "Margarito el guardia" pues Padgett se había ausentado. Nos tocaría a mí, a Avendaño, Licona y López Fuentes, el hacer el sketch. Lo malo era que no teníamos el tiempo suficiente para crear un libreto en el que se diera una explicación por la ausencia de "Margarito". "Vamos, a lo que salga", dijo Licona. Quedamos en que "el jefe" y "el secretario", abrirían la escena en la oficina policial. Después entraría "Cundo" trayendo a "un bolo alborotador" arrestado. Este sería Licona, quien tenía la facilidad de improvisar para decir cualquier cosa; después de todo, era el papel de un "bolo" y los bolos pueden decir lo que quieran. Antes del ingreso de "Cundo y su arrestado, "el jefe" le preguntó al secretario por sus dos "mejores agentes". "Margot", improvisé, "está enfermo, se fue aquí cerca al "Mamá Chepa", se comió unos chicharrones rancios y le dio "ranciadera". El público rio alegremente. Seguimos con la conversación hasta que entró "Cundo" con "el bolo", quien venía trastabillando y diciendo incoherencias. "Cundo hizo su reporte al "jefe" cuando el "bolo" gritó a todo pulmón". "Que viva el guaro, la prostitución y el crimen". "Que viva, que viva"!! gritó a su vez el secretario aplaudiendo y dando saltitos. Agente "Cundooo", gritó "el jefe", "meta a ese bolo al sótano y usted secretario, pague una multa de cincuenta lempiras y cien "culucas". "Ay jefe, pero ¿por qué?" preguntó el secretario. "Por complicidad con un "bolo" y por irrespeto al sagrado uniforme de la guardia" dijo el iracundo jefe. Todo había sido una acertada improvisación. Nuestras presentaciones fueron exitosas. La conversación con Miguel Aceves Mejía me había entusiasmado; al menos sabía ya con certeza que en la ciudad de Los Ángeles existían dos medios radiales en donde, pensaba cándidamente, podría encontrar empleo rápidamente.

Es más, tenía el nombre y la dirección del director de una de éstas y la recomendación de Miguel Aceves Mejía. No obstante mi entusiasmo, también sabía que tenía una atadura muy fuerte: mi esposa, los niños, mis padres y hermanos. Si yo tomaba aquella determinación tendría que dejar atrás todo lo que me ligaba al país que me había visto nacer. Analicé los diferentes obstáculos. Eran una gran mayoría. Si bien es cierto que contaba con medios económicos para dejar una base, al menos temporal, a mi esposa. También meditaba profundamente acerca de la posibilidad de no encontrar puertas abiertas de inmediato que me permitieran entrar con seguridad a la radio en español de Los Ángeles.

En este caso tendría que buscar un medio alterno para ganarme la vida. Hice un balance de mis posibilidades. Sabía que, aunque no había hecho la presentación de mi tesis y no tenía un diploma que me respaldara, al menos conocía los elementos necesarios para acreditarme como perito mercantil. Pero no hablaba inglés. Doña María Rodríguez, mi tía, me había informado cuando la visité en compañía de mi mamá, que la mayoría de los inmigrantes nuevos se ganaban la vida en diferentes ramos del enorme mercado laboral de aquella ciudad.

"Algunos lavan carros, otros lavan platos, trabajan en fábricas y ganan bien", afirmaba. Tenía mucho que meditar. Y meditar profundamente. Después de nuestra presentación con Miguel Aceves Mejía, don Silvio Peña comenzó a jugar con la idea de hacer otras presentaciones en el interior del país. Tenía planeado traer nuevamente a Los Hermanos Rigual, a Celio González Y posiblemente a Celia Cruz.

Los Rigual ya habían tenido una presentación en el "Show de Pepsi Cola" en donde el público los había recibido con mucho entusiasmo y los había despedido con enorme admiración. Yo me hice amigo de Carlos Rigual, el vocalista del grupo. Una noche, después de concluir el "show de Pepsi Cola", Padgett nos invitó a Avendaño y a mí a tomar unas copas. Fuimos al lugar de costumbre, "El Zanzíbar". Comenzamos la sesión de copas con temas generales. De pronto Herman Allan nos dijo que quería que participáramos con él en un proyecto que estaba considerando desde hacía varios días. "Voy a abrir un semanario. Se llamará "El Travieso", nos dijo. Nos adelantó que ya tenía la imprenta en donde se haría la impresión de dicho periódico el que, como su nombre lo indicaba, sería de crítica sana y humorística. "González", me dijo, "quiero que usted piense en algunas secciones, no más de tres y vos, Avendaño, también créate tres secciones."

También nos informó que ya había estado en pláticas con algunos inversionistas así como con varios clientes que comprarían publicidad. "También habrá otros participantes que van a escribir artículos y comentarios", nos dijo. Preguntamos cuándo consideraba el que estaría listo todo. Nos dio un plazo de cuatro semanas. Estaba muy entusiasmado con la idea pero, expresó seriamente", necesito que me den los títulos, el concepto de sus respectivas columnas lo más pronto posible. Abelardo preguntó cuál sería nuestro salario. "Vamos a comenzar con cuarenta lempiras", dijo. "¿Por sección?" pregunté. "No, al mes", fue su respuesta.

Avendaño y yo aceptamos con la condición que mirábamos el resultado positivo del semanario, tanto en la venta callejera como con los patrocinadores, se nos subiera el salario a unos cien lempiras mensuales. Accedió. Días después le presenté el concepto de las secciones que me había encomendado: "Los Horóscopos para dundos", "En Broma y en Serio" y "El Santoral de la semana". Avendaño presentó los títulos de sus secciones "Loco-noticias", "Cositas que nadie tiene" y uno más, cuyo título no logré registrar.

La primera edición salió y fue todo un éxito de ventas así como de patrocinio pues había numerosos anuncios de clientes que querían publicitar su negocio en aquel semanario que prometía tener gran futuro. No era para menos, lo promovíamos en los programas que estaban a nuestro cargo y Padgett, con mucha sagacidad, le había pedido permiso a don Silvio Peña, para qué, un día a la semana se llamara "El Show del Travieso" y se vendiera entre el público asistente.

***

Sólo recuerdo que se apellidaba Carballo. Era agente de la guardia civil y, aunque nunca cruzamos palabra ni nos conocimos personalmente, su nombre trascendió a los medios cuando se informó que el agente Carballo había caído víctima de los disparos hechos por soldados del primer batallón de infantería durante un enfrentamiento que se había registrado en las cercanías del mercado San Isidro. La razón de aquel incidente había tenido su origen cuando el agente Carballo, en compañía de otros dos guardias intercambiaron palabras con los soldados que se habían bajado de su camión militar para hacer algunas compras en una pequeña pulpería del área. De las palabras a la acción y de ahí a la tragedia.

Dos soldados resultaron heridos y Carballo terminó perdiendo la vida después de haber recibido dos balazos de rifle M-1. Por la espalda. Hubo un agrio intercambio de acusaciones. La guardia civil denunciaba a los militares como asesinos y estos acusaban a los agente de la guardia como provocadores. Ese incidente volvió a poner de manifiesto que las cosas no andaban nada bien en el país y que las tensiones entre el gobierno civil y las fuerzas armadas aumentaban día con día. Me tocó vivir una experiencia meses después de aquel fatal incidente.

Regularmente nos encontrábamos el mayor Juan Alberto Melgar, el teniente Óscar Ordeñez y yo, para ir a cenar y tomar una copa en un restaurante ubicado en Comayagüela. En esa oportunidad el teniente Ordoñez, a quien familiarmente llamábamos "Moca", me invitó a cenar y, desde luego, a brindar con las consabidas copas. Hablábamos de generalidades y departíamos alegremente, cuando entraron al lugar tres agentes de la guardia civil. Nos miraron con cierto recelo y, aunque "Moca' no vestía su uniforme militar, al parecer lo reconocieron por el corte de cabello o tal vez, simplemente ya conocían de él. Escuchamos algo así como: "Allí están esos chafarotes hijos de puta". Con un gesto de cabeza señalaron en dirección a nuestra mesa. Sé que nos pusimos tensos, pero no dijimos nada. "Moca" pidió la cuenta y salimos del lugar. Cuando pasábamos por la puerta volvimos a escuchar, y esta vez claramente, la forma despectiva en que se refirieron a nosotros: ”chafas culeros”, dijo uno de ellos.

Salimos. Una vez afuera “Moca” me preguntó dónde tenía mi auto. Le comenté que lo había dejado en la radio. “Te voy a llevar allá”, me dijo. Cuando ya habíamos arrancado, lo recuerdo vívidamente, pasábamos por la escuela Lempira, el teniente sacó su arma de reglamento, que llevaba entre la camisa. “¿Vas a regresar? ”, le pregunté. “Primero te voy a ir a dejar”, me dijo. “Ya sé quiénes son esos pendejos”. “Pues regresamos juntos”, le contesté, sacando mi revolver 38, también entre mi camisa. “No jodás”, contestó. “Vos sos civil, aparte sos liberal y este no es asunto tuyo”. “Sí,” le dije. “pero vos sos mi amigo así que este cachimbeo es de los dos”. Detuvo el carro frente a las instalaciones de la Empresa Álvarez.

Me miró fija y seriamente. “De verdad que vos sos cachimbón”, comentó secamente. Arrancó el auto. “Mejor vamos a echarnos un cachimbazo a otro lado”, le dije. Nos fuimos al Duncan Mayan. Así desactivamos lo que pudo haber desencadenado una confrontación de impredecibles consecuencias. Sin embargo “Moca” dijo algo que medio elevo un poco los caldeados ánimos del momento. “Por hijos de puta como esos es que mataron a “La Garza”, dijo. Se refería a un oficial adscrito al Primer Batallón de Infantería a quien apodaban “La Garza” y quien había caído en un enfrentamiento a balazos en el que se vieron involucrados tres agentes de la recientemente creada Policía de Seguridad, la que había sido organizada después de la fallida intentona golpista del coronel Armando Velásquez Cerrato.

El incidente había ocurrido en el interior de una cantina, no muy lejos del restaurante en donde el teniente Ordoñez y yo habíamos cenado minutos antes. Esa cantina estaba ubicada en las inmediaciones de “El Obelisco”, casi frente al cuartel general de La Escuela Militar. “Si”, le dije, “pero no te olvides que por eso fusilaron a Vargas y Oquelí en el polígono del batallón”. Carlos Oquelí y Enrique Vargas eran dos hombres jóvenes, miembros del Partido Liberal, que habían tomado las armas y luchado como voluntarios en contra de los policías que se habían unido al intento de Armando Velásquez Cerrato por derrocar al gobierno del Doctor Villeda Morales.[33] Ambos habían pasado a formar parte como agentes de la nueva Policía de Seguridad, organizada y dirigida por don Agripino Flores Aguilar, destacado militante del Partido Liberal. Según los reportes de la época, Vargas, Oquelí y otro agente de nombre Mauro Tejada, al parecer, habían coincidido en la cantina para ingerir unas copas.

Ahí se encontraron con el oficial, con quien tuvieron un violento altercado verbal, provocando de inmediato un intercambio de disparos en el que perdió la vida el militar. Al trascender la noticia, el comandante del Primer Batallón, mayor Gregorio García, inició la búsqueda de los tres agentes. Al dar con el paradero de estos, el destacamento que los buscaba los tomó prisioneros y los trasladó rápidamente a las instalaciones del cuartel militar en donde, después de recibir una brutal golpiza, fueron llevados al polígono de tiro, siendo Vargas y Oquelí, sumariamente ejecutados. Tejada recibió clemencia cuando se puso de rodillas ante el mayor García, quien le perdonó la vida.

Era la noche del seis de septiembre de 1959. Tejada moriría años después en La República Dominicana,[34] donde, según los reportes, trabajaba para el Buró Federal de Investigaciones, F.B.I, de Los Estados Unidos. “Bueno”, ellos se lo buscaron”, dijo “Moca”, refiriéndose al sonado caso. “Nada

33 Carlos Oquelí y Enrique Vargas, eran dos hombres jovenes que habìan tomado las armas...(datos proporcionados por el periodista y escritor Mario Hernan Ramírez y su esposa, la periodista Elsa de Ramírez.)

34 Tejada Moriría años después en República Dominicana. (Periodistas Mario H. Ramírez y Elsa de Ramírez)

lo justifica", le dije. "Ya te salió lo colorado", dijo mi amigo sarcásticamente. Decidimos cambiar de conversación. Días después un grupo de compañeros y yo coincidimos en una reunión social. En la misma estaban el Mayor Juan Alberto Melgar y el Teniente Ordoñez. "Tomasito", dijo el Mayor, "me comentó el Teniente Ordoñez lo que pasó la otra noche. Usted sí vale la pena". "Gracias Mayor" le dije. "Creo en la solidaridad verdadera cuando estamos entre amigos". Le comenté a mi esposa lo que había pasado. Su reacción no se hizo esperar. "Irresponsable" fue el calificativo más amable que escuché de sus labios. "Andar con esas burradas, ahora que vas a ser papá nuevamente". La escuché en silencio hasta que se desahogó. Así que ¿esperábamos otro hijo?. "¿Cuántos meses tenés?", le pregunté. "Dice la doctora que cuatro o cinco semanas" contestó secamente. Dos días después me cayó otro aguacero de regaños. Esta vez era mi madre a quien mi esposa había contado lo del incidente con el Teniente Ordoñez y los guardias civiles. "Ya me comentó Ero lo que hiciste el otro día", dijo comenzando el diluvio de recriminaciones. "Ya tenés tres hijos, y uno más en camino y vos haciendo estas tonterías y metiéndote a líos que no son tuyos. ¿Que no tuviste suficiente con lo del doce de Julio? ¿Qué crees que sos, que todo lo querés hacer a tu manera? No te olvidés que tenés estos tres niños. ¡¡Estás actuando como un atorrante, irresponsable!!. Algo te pudo haber pasado y vos creés que tus amigos, por muy amigos y militares que sean ¿van a responder por tu familia?".

Recibí la avalancha en silencio. Las dos tenían razón.

***

Días después le comenté a Avendaño con quien compartíamos cervezas en el Jardín de Italia. "Mira avecilla, le dije usando el nombre familiar con el que a veces le llamaba; me voy. Creo que ya toque fin aquí". Me escuchó en silencio y me dijo que entendía y comprendía mis motivos. Esa tarde fui al ministerio de Relaciones Exteriores a pedir información para sacar mi pasaporte. El trámite era sencillo. Cuatro fotografías, partida de nacimiento y formulario de dos páginas. El pasaporte me lo entregarían en tres días los que, gracias a la sempiterna burocracia, se convirtieron en cuatro semanas. Mientras tanto fui a visitar a mi mentor y amigo, el licenciado Gustavo Acosta Mejía para que me orientara en los trámites. Me informó que tenía que ir al Consulado de Estados Unidos, sacar la solicitud de visa de inmigrante y cumplir con los requisitos que ellos me solicitaran.

Este trámite fue fácil y rápido. Me asombré de la eficacia de aquella legación consular. Los requisitos para entrar a Estados Unidos como residente permanente eran relativamente sencillos. Pasaporte de Honduras, mostrar medios económicos como cuenta bancaria, propiedades en el país de origen, dirección permanente en la ciudad a la que se viaja y razones por las que se solicitaba la visa de residente permanente. La solicitud también incluía: Nivel educativo del solicitante. Los graduados de colegio o universidad tenían preferencia.

Tuve que pedir una constancia en el colegio al que había asistido en el que se confirmaba que había cursado hasta el quinto año de educación contable y que había presentado mis exámenes finales con éxito, pues al no presentar la tesis, no contaba con el respectivo diploma que me acreditaba como graduado. También me pedían antecedentes penales, estado de salud, resultados de exámenes médicos de sangre, orina y heces y, lo más importante, tomas pulmonares de rayos X. Después de pasar por estos trámites y una vez que la solicitud fuera aprobada, vendría la promesa y juramentación en el consulado, de reportarse al servicio selectivo de los Estados Unidos.

El agente consular que me entrevistó me informó que este era un requisito ineludible pues una vez en territorio estadounidense, todo hombre entre 18 y 35 años de edad, estaba llamado a prestar servicio militar. Esto era obligatorio. "Carne de Cañón", pensé. Por unos días y, con la excepción de Avendaño, mantuve en secreto mí ya firmemente adoptada decisión.

Mi esposa estaba de acuerdo, a medias. Mi mamá dijo entender mis motivos y le escribió a su prima informándole que yo había decidido viajar a Los Ángeles. El día en que, finalmente, me entregaron el pasaporte y mientras departíamos en grupo, les comenté a mis compañeros que había tomado la firme decisión de irme a Los Estados Unidos. Les mostré mi pasaporte. El viaje sería, posiblemente, en los siguientes tres o cuatro meses. Avendaño me felicitó, lo mismo que Licona, Mazariegos y Hoffman. Padgett fue crítico. A su duro estilo. "González", comenzó diciendo, "usted está tomando una decisión bastante alocada. De ser alguien aquí va a pasar a ser nadie allá". "Mire Padgett", contesté. "Hay radios en español allá. La voy a hacer, no me cabe la menor duda".

A continuación solté una frase que desató una conversación que prácticamente terminó en debate debido al tema y al lógico efecto de los "whiskitos", a los que Herman y nosotros éramos aficionados, especialmente los días de pago. "Como dijo Fidel Castro cuando estaba en México y refiriéndose a su regreso a Cuba para empezar la revolución: "Si salgo, llego, si llego, entro, si entro triunfo". "Pues yo también, voy a salir de aquí, voy a llegar allá y voy a triunfar". Como si fuera ayer, lo recuerdo hoy. "Eso es de mediocres", dijo Padgett duramente. "Aquí es donde se debe triunfar, ir a otro país a buscar lo que se tiene aquí es de timoratos", sus palabras. "Mira Padgett, nadie es profeta en su tierra", intercedió Mazariegos y yo creo que todos tenemos el derecho de buscar nuestro lugar, en donde sea". "La verdad" dijo Hoffman, es que ustedes han triunfado aquí. Tienen varios programas que todavía tienen mucho auditorio. Por qué no tratar de probar suerte en otro lado? Otros compañeros han logrado triunfos fuera de Honduras. Mira a Rolando Moya Posas la hizo en El Salvador. "El "loco" Mourra en Guatemala y así por el estilo; yo estoy pensando en irme a Europa", concluyó. "Estados Unidos es otra cosa" respondió Padgett.

Avendaño, que había permanecido escuchando y en silencio dijo algo más que elevó y hasta caldeó los ánimos de la conversación. "La verdad es que aquí no salimos de la misma papada. Sólo somos críticas y envidias. Somos cachimbones para hablar de los demás pero no nos fijamos en lo que hacemos. Por eso estamos jodidos. Luego nos quejamos de que los "turcos' vienen a quitarnos lo que tenemos y a adueñarse de todo; pero ellos vienen a trabajar no a estar con estas papadas de chismes y jodederas. Vivimos frustrados por que decimos que los que vienen de otros países logran triunfar aquí. La verdad es que nosotros tenemos la culpa. Nadie nos quita nada, nosotros lo perdemos todo por pendejos".

Era obvio que las palabras de Abelardo, en cierto sentido, respondían a una realidad muy arraigada en la idiosincrasia de un amplio sector de nuestra población y la que se manifestaba en una especie de reprimida xenofobia. Herman Allan me había picado con aquello de "mediocres" y "Timoratos". Decidí contestar a su "puya"." Usted Padgett, habla de mediocridad y temor" comencé diciendo despacio y midiendo mis palabras. "Me voy a un país en donde se habla un idioma que no conozco, en donde no tengo amigos como aquí, en donde hay otra cultura. Aquí dejo a mis hijos, mi esposa, a ustedes, mis compañeros, a mis amigos; sé que no va a ser fácil, pero voy a lograr mi meta. Voy a trabajar en la radio de allá. Es más, estoy seguro que si lo logro, le voy a abrir el camino muchos de ustedes y ¿sabe qué? Voy a aprender el inglés.

Me puse una meta de cinco años. Si no logro lo que quiero en cinco años, entonces me regresaré con "la cola entre las patas" a buscar trabajo otra vez aquí. Pero lo voy a lograr. ¡¡Puta!!, si eso es ser timorato o mediocre, como usted dice, pues explíqueme el significado de cada uno de esos adjetivos. "Como sea" contestó Herman Allan condescendientemente, "su decisión es alocada, pero usted siempre ha hecho las cosas a su manera", según veo. "¿Y a la manera de quién voy a hacer mis cosas"?, pregunté. "Yo soy yo, punto". La conversación, acalorada por momentos, se extendió por varios y largos minutos. Ya medio acalorados, por la plática y el licor, culpábamos a la generación anterior por no haber sabido darnos un país de verdad, tan solo por defender sus derechos de cerriles caudillos.

"Lo que quiso hacer AVC es muestra de ello", dijo Hoffman. "Si continuamos así vamos a ser la generación perdida", dijo. Padgett insistía, "no somos la generación perdida, con deserciones así, González yéndose a Estados Unidos, vos Hoffman queriendo irte a Europa los que nos quedemos seremos la generación traicionada". Sus palabras eran duras, calaban profundo. Pero era su estilo. Estuve tentado por gritarle y preguntarles si alguno de ellos cuando la patria estaba amenazada desde afuera había ofrecido su vida para defenderla. Quise preguntarles, especialmente a Herman Allan: "ustedes dicen ser auténticos liberales y seguidores del doctor Villeda porque creen en el pero, ¿dónde estaban el doce de Julio?" Preferí guardar silencio.

"González", dijo Padgett, casi paternalmente, "usted va a ir a sobrevivir a un país que usted mismo admite que no conoce, con un idioma distinto que usted no habla y con gente con costumbres totalmente diferentes a las nuestras; no cree que es mejor vivir aquí, que sobrevivir allá?". "Tiene razón", contesté. "por ahora voy a sobrevivir. Pero voy a lograr mi propósito, no me cabe la menor duda. Ahora, si no logro lo que me propongo espero tener siempre una patria y unos amigos que me puedan recibir con los brazos abiertos. Como decía José Ingenieros, "quien no se arriesga, no vive", dije.

"No jodás", dijo Avendaño. "Vos y yo siempre hemos sido y seguiremos siendo amigos. Fuiste mi testigo y padrino de bodas y estuviste conmigo en momentos difíciles de mi vida y eso no lo olvido. "Cierto", dijo Toño Mazariegos, "este Tomás siempre ha sido buen amigo. Cuando murió mi hijo menor, él estuvo conmigo en todo momento, yo tampoco olvido eso" expresó. La conversación estaba tomando un giro diferente. Comenzaba a apretarme un nudo en la garganta pues las palabras de mis dos amigos, lo sé, eran sinceras.

Hoffman le dio un cambio proponiendo un whiskito doble para brindar "por la generación perdida". Mazariegos no quitaba el dedo del renglón. "No somos la generación ni traicionada ni perdida", exclamó. "Si esto sigue por donde va, seremos la generación sin futuro. Seamos claros en algo", dijo Padgett," las montoneras y levantamientos no son exclusividad de Honduras. Allí está El Salvador con manifestaciones de estudiantes y obreros en contra del gobierno. Guatemala, ya con una guerrilla muy combativa y organizada, Nicaragua ni se mueve bajo el control de Somoza. Todo Centroamérica esta jodida" exclamó. "No, no toda la región; Costa Rica no tiene estos problemas y aunque tenga otros obstáculos, los "ticos" van resolviendo en forma civilizada lo que nosotros solo queremos solucionar a tiros" dije. "¿Por qué no podemos ser así?", pregunté. "Por qué aquí hay más rifles que pupitres y más balas que libros," respondió Hoffman y agregó algo que, creo, caló profundamente en todos nosotros. "Aquí", dijo con su pausada manera de hablar "no pasamos de los mismo. Si no hablamos del gobierno, tenemos que hablar de los militares y si no de los "cheles", o los "cachurecos". Siempre lo mismo. La prensa, en donde hay gente pensante y capacitada, se ha quedado encerrada en lo mismo. Si hablamos de arte tiene que ser de arte extranjero. Si hablamos de cine, tiene que ser de México o Estados Unidos, que nos han jodido con su penetración cultural. Ni siquiera tenemos una casa grabadora de discos.

Los salvadoreños ya tienen sus disqueras, lo mismo "los chapines" y, nosotros? Tenemos buenos cantantes, con mucho talento pero, quién les da la oportunidad? "Es que estamos encerrados en una mentalidad de aldea", intercedió Mazariegos." Por eso hay que buscar nuevos horizontes", concluyó Hoffman.

"Hay otra cosa" pregunté, "ya ven los rumores que corren. Ustedes, creen que el Doctor Villeda va a entregar el poder en una transición pacífica?". "Esos sólo son rumores" dijo Padgett. "Pero cuando el río suena es porque piedras trae", contestó Toño Mazariegos. "Hay algo más que me obliga a irme", dije. Guardaron silencio esperando alguna confidencia especial. "Mis hijos", agregué. "Tengo tres hijos, y uno más en camino y me preguntó, ¿en qué tipo de país van a crecer?". "Yo quiero para ellos una patria en donde puedan crecer con tranquilidad, sin temor a nada, sin sobresaltos, en donde se puedan educar para tener un futuro sólido, sin que tengan que vivir en zozobra, sin tener que meterse a huelgas estudiantiles para hacer valer un derecho. Sin que tengan que disparar un rifle para defender en lo que creen. Yo no quiero que mis hijos crezcan escuchando ecos de disparos o haciendo disparos por que a alguien se le ocurrió querer tumbar al gobernante de turno. Mucho menos, quisiera que se metieran a montoneras en donde todos pierden y nadie gana, excepto los políticos de siempre. Honduras es mi cuna y es mi patria, pero nuestra patria no cuenta, al menos por ahora y a saber hasta cuando, con verdaderos líderes que la saquen del marasmo en que se encuentra. Es doloroso, pero es la realidad".

Herman Allan habló con voz lenta. "Tiene razón, pero somos nosotros los que debemos luchar por cambiar las cosas. Yo también tengo hijos, Mazariegos, Avendaño, Hoffman, todos tenemos hijos nacidos aquí y estoy seguro que queremos lo mejor para ellos. No creo que irse a otro país, sea la mejor solución. Recuerde que en Estados Unidos hay mucha discriminación, no sólo porque usted es blanco lo van a recibir con los brazos abiertos. He leído del trato que le dan a los mexicanos, es insultante y hasta inhumano". "Sí", respondí. "Yo también he leído acerca de la discriminación, pero si cumplo con la ley y con mi trabajo, y no me meto en problemas alcanzaré la meta.

Me cuentan algunos paisanos que han venido de visita después de estar allá que aquí lo que manda es la ley del más fuerte. Allá, a pesar de todo, lo que manda es la fuerza de la ley". "Lo mismo pasa en Holanda", dijo Hoffman. "Al parecer allí, a diferencia de Estados Unidos, la discriminación es penada por la ley y no es que sea un delito, es simplemente cuestión de educación y civismo". Por largo rato nos enfrascamos en una discusión relacionada con algo en lo que todos estuvimos de acuerdo: En los Estados Unidos la constitución es la ley suprema de la nación, en ella se establece que todos los hombres han sido creados igual, con derechos inalienables otorgados por El Creador. Discutimos de lo inconsecuente, sin embargo, del comportamiento de la sociedad estadounidense, en donde por un lado se habla de respetar profundamente la constitución, pero por el otro, se violentan sus postulados al permitir la discriminación racial y hasta propiciar la formación oficial de grupos como el Ku Klux Klan, cuyo fin fundamental es promover el odio en contra de los negros, los judíos y otras minorías raciales.

Don Ave suavizó el ambiente pidiendo otros whiskitos para brindar por los que estábamos por irnos y por los que se quedaban.

***

La noticia de que yo me iba a los Estados Unidos en busca de trabajo en la radio en español de Los Ángeles, se extendió como reguero de pólvora en el gremio. Varios de mis compañeros llegaron a Radio América para cerciorarse de que tenía ese viaje en mente. Entre los que llegaron a pedirme información recuerdo a Cruz Núñez, un excelente actor de teatro y radionovelas, Roque Morán, Franqui Palacios, "El Chato" Morales y otros más. Mazariegos, cuando vio que yo había recibido los documentos de aprobación del consulado estadounidense, me dijo que el trataría de buscar la manera de buscar suerte en otros lares también. Aunque, "los medios me faltan", según expresó.

Alfredo Hoffman me dijo varios días después que había ido a la embajada de Holanda a buscar apoyo para un programa de intercambio cultural por medio del cual tendría acceso a un empleo en Radio Netherlands. Uno o dos años después logró su propósito. Las palabras y hasta las críticas de mis compañeros tenían mucho sentido, especialmente las de Herman Allan quien, según me comentaron mis compañeros años después, había tratado de buscar un mejor futuro tratando de abrir puertas en el altamente competitivo ambiente artístico de la capital de México. Durante esos días reflexioné profundamente en el paso que estaba por dar. Hubo momentos en que me jalaba la idea de cancelar el viaje y dedicarme con mayor ahínco a mi trabajo, a mi familia y a mis compañeros. Curiosamente, en esos días y bajo esas circunstancias, el recuerdo del Licenciado Gustavo Adolfo

Alvarado, mi profesor de sociología en el H.P.U. y por extensión, el nombre de José Ingenieros, aparecían y venían al rescate. Hojeaba las páginas de "El Hombre Mediocre". Leí varias veces aquella frase: "Los mediocres jamás cosechan rosas por temor a la espina".

Un mes antes de mi partida fui a visitar al abogado Gustavo Acosta Mejía. Tenía que despedirme de él. Había sido no sólo mi mentor en cuestiones del periodismo radial, sino que también mi protector cuando se me lanzaban críticas debido a mi juventud y por consiguiente a mi falta de experiencia en el ámbito de la comunicación social. Esa despedida no fue fácil. Al abogado Acosta Mejía yo le tenía un aprecio único, un cariño casi filial y le guardaba un agradecimiento especial. El día que le visité en su bufete me concedió todo el tiempo posible. Llegado el medio día me convidó a ir a su acostumbrado rincón, el conocido bar del Hotel Lincoln y el que visitamos juntos cuando yo había laborado y compartido micrófonos con él en los servicios informativos de HRN. Esta vez también compartimos un par de whiskies.

En ese momento yo me sentía que estaba en compañía del hermano mayor que nunca tuve o con el padre del que me hubiera gustado ser amigo. Me dio algunos consejos acerca de la manera más efectiva para poder salir adelante en Estados Unidos. "Aprenda el inglés, le hará más fácil la lucha", me dijo entre otras cosas, siempre mostrando aquella sonrisa cristalina y franca. Fue mi amigo y confidente de todos los días. Al despedirnos nos dimos un fuerte apretón de manos, seguido de un cálido abrazo. "Si alguna vez llegara a tener algún problema allá, no se olvide que esta mano amiga esta acá", me dijo.

Le agradecí entonces el haberme distinguido con una amistad firme y sin dobleces, como es la amistad sincera que entregan los hombres de bien, aquellos que, al menos para mí, con sencillez y bondad demuestran su grandeza de espíritu. Con la despedida me convencí de que, a pesar de la diferencia de edades, había comprensión y entendimiento entre nosotros. El confiaba en mí, yo en él. Comprendí que en la vida el joven que no tiene un mentor es como el marino que se lanza al mar sin una brújula.

Estos sencillos pensamientos los dedico a su memoria.

***

Celebramos con mi familia la navidad de 1962. Fue una celebración, para mí, agridulce. A nivel profesional y aunque la popularidad de “Platicando con mi Barbero”, continuaba sólida, “Las Aventuras de Margarito el Guardia” estaba en su apogeo, con “Bingo y Tomasín” todavía popular, ya se podía notar una cada vez más displicente actitud por parte de Padgett, quien hasta entonces era el eje y motor de los programas.

Esto no era bien visto por los demás compañeros quienes, aunque cada quien con extraordinario talento, consideraban que la constante y notoria ausencia de Herman Allan minaba lo que hasta ahora había sido, a pesar de los altibajos normales en cada cuadro artístico de este tipo, un grupo bien cimentado y gustado por el público a nivel nacional. Por otro lado, pronto saldría de mi país, dejando atrás lo que más quería; mis hijos, mi esposa, mis padres y hermanos. Pero la decisión había sido tomada. Me aventuraría en la búsqueda y cosecha de la rosa del éxito en otro país a pesar del natural temor a la espina que representaba lo incierto y lo desconocido. El reto había sido aceptado. La suerte estaba echada.

Los Ángeles, California, marzo 23, 2016.

ACERCA DEL AUTOR

Tomás Antonio González

Reseña biográfica

Lugar de nacimiento: Tegucigalpa, Honduras.

Egresado del Colegio de Contadores Públicos Héctor Pineda Ugarte. H.P.U.

ACTIVIDADES Y SERVICIOS PROFESIONALES EN HONDURAS

Radio Morazán, 1957.

Radio Comayagüela, 1957-1958.

HRN, La Voz de Honduras, 1958-1960.

Radio América, 1960-1963.

En Los Ángeles, California, U.S.A.

KWKW Radio, 1967-1979.

KLVE Radio, 1980-1981.

KSKQ Radio, 1984-1987.

KTNQ Radio, 1987-1997.

KWKW Radio, 1997-2003.

KWSY Radio Visa 2004.

ENTREVISTAS Y REPORTAJES

Entrevista con el Presidente de México Luis Echeverría Álvarez. (Palacio Municipal, Tijuana, Baja California. Julio 1971).

Entrevista con el Presidente de México Miguel de La Madrid. (Palacio Nacional. Septiembre 1987).

Entrevista con el General Anastasio Somoza, Managua, Nicaragua. (Palacio Nacional. Junio 1978).

Entrevista con el Presidente de E.U. Jimmy Carter (La Casa Blanca. Mayo 1978).

Entrevista con el presidente de E.U. Bill Clinton (La Oficina Oval, vía telefónica. Octubre 1995).

Entrevista con el Vice Presidente Al Gore. (Los Ángeles, California. Agosto 1999).

Entrevista con Ricardo Chávez Ortiz, secuestrador aéreo. Abordo de un avión secuestrado. (Ganador del Micrófono de Oro que otorga La Asociación de Radio y TV del Sur de California. 1972).

Entrevista con Javier Pérez de Cuellar, Secretario General de la O.E.A. (Cumbre Iberoamericana de Guadalajara, México. Julio 1991).

Reportaje Especial. Primera Cumbre Iberoamericana. Guadalajara, Jalisco, México. (Julio, 1991).

Reportaje especial. Violentos desordenes destruyen el Este de Los Ángeles.(Ganador del Micrófono de Oro. 1975).

Esterilización Forzada entre mujeres de grupos étnicos minoritarios.

Reportaje Investigativo (Ganador del Micrófono de Oro. 1973).

Huracán Fifí, destrucción y caos en Honduras. (Ganador del Micrófono de Oro. 1974).

Primera Reunión Cumbre Reagan-Gorbachov. (Ginebra, Suiza. Noviembre, 1985).

Segunda Reunión Cumbre Reagan-Gorbachov. (Moscú. Mayo, 1988)

Devastador terremoto, pánico y destrucción en Managua. (Ganador del Micrófono de Oro. 1973).

Destructor sismo sacude la capital de México. (1985).

Terremoto en San Salvador y la guerra. La doble tragedia del pueblo salvadoreño. (Ganador del Micrófono de Oro. 1986).

Niñas teniendo niños. Documental. (Ganador del Micrófono de Oro. 1987).

Rutas del Norte. Reportaje Investigativo acerca del trasiego de drogas hacia los Estados Unidos. (Ganador del Micrófono de Oro. 1993).

Reportaje Especial. Toma de posesión, presidente George W. Bush. Washington. (Enero, 2006).

La Historia de un ilegal. Reportaje Investigativo. (Ganador del Micrófono de Oro. 1986)

Reportaje especial. (Papa Juan Pablo Segundo visita Cuba. Enero 1998).

La Luz de Oro, ¿congregación religiosa o grupo estafador? Reportaje Investigativo. (Ganador del Micrófono de Oro.2001).

El día en que cayó y callo Rubén Salazar. La inexplicable muerte de un reportero. (Ganador del Micrófono de Oro. 1971).

OTROS RECONOCIMIENTOS

Congressional Recognition Award. (Otorgado por el Caucus Hispano del Congreso Federal, Washington. Presentado por el congresista Esteban Torres. 1990).

Certificado de Reconocimiento. (La Municipalidad de Los Ángeles. Julio. 1986).

Certificado de Reconocimiento. (Condado de Los Ángeles. Marzo, 2005).

Honor al Merito. (Asociación de Prensa Latinoamericana. Diciembre 1971).

TITULO: "ASÍ ÉRAMOS"

Describe quienes eran algunas de la figuras relevantes de la radiodifusión nacional de Honduras, algunos de ellos todavía activos, en la década de los cincuenta y sesenta.

Revela interioridades de la creación de algunos programas de alto nivel de popularidad tales como Platicando con mi barbero, Las Aventuras de Margarito el Guardia, Diario Matutino y otros, en los que se vieron involucrados, por medio de humorismo satírico y la crítica seria, políticos altamente reconocidos del acontecer nacional, entre estos, Presidentes y Jerarcas Militares. También describe el ambiente vivido, no sólo en Honduras, sino que en toda la región Centroamericana en lo que muchos, en su momento, consideraron la "generación traicionada" en el ámbito de la comunicación social.

CPSIA information can be obtained
at www.ICGtesting.com
Printed in the USA
LVOW04s1151191116
513697LV00010B/525/P